DESHACER LA ANSIEDAD

JUDSON BREWER

DESHACER LA ANSIEDAD

La nueva ciencia que te ayudará a romper el ciclo de preocupación y miedo que domina tu mente

PAIDÓS.

Obra editada en colaboración con Editorial Planeta - España

Título original: *Unwinding Anxiety*

Esta edición ha sido publicada por acuerdo con Avery, un sello editorial de Penguin Publishing Group, una división de Penguin Random House LLC.

Ilustraciones: Julia Miroshnichenko

Bajo el sello editorial PAIDÓS M.R.
Avenida Presidente Masarik núm. 111,
Piso 2, Polanco V Sección, Miguel Hidalgo
C.P. 11560, Ciudad de México
www.planetadelibros.com.mx
www.paidos.com.mx

Primera edición impresa en España: febrero de 2022
ISBN: 978-84-493-3899-1

Primera edición impresa en México: julio de 2022
ISBN: 978-607-569-313-2

Impreso en los talleres de Impregráfica Digital, S.A. de C.V.
Av. Coyoacán 100-D, Valle Norte, Benito Juárez
Ciudad De Mexico, C.P. 03103
Impreso en México – *Printed in Mexico*

Para Adicta a Amazon

SUMARIO

PARTE 2
ACTUALIZAR EL VALOR DE LA RECOMPENSA DE TU CEREBRO: LA SEGUNDA MARCHA

PARTE 3
ENCONTRAR LA OFERTA IMBATIBLE PARA TU CEREBRO: LA TERCERA MARCHA

INTRODUCCIÓN

La ansiedad está en todas partes. Siempre lo ha estado. Sin embargo, en los últimos años ha dominado nuestras vidas como nunca lo había hecho antes.

Mi propia historia con la ansiedad se remonta muy atrás en el pasado. Soy médico: psiquiatra, para ser exactos. Años después de esforzarme por ayudar a mis pacientes a superar su ansiedad y sentir que estaba perdiéndome algo importante en su tratamiento logré relacionar la ansiedad, la investigación en neurociencia de mi laboratorio, centrada en el cambio de hábitos, y mis propios ataques de pánico. Fue entonces cuando todo cambió. Tuve un momento de revelación cuando advertí que una de las razones por las que la gente no sabe que padece ansiedad es porque esta se oculta en los malos hábitos. Creo que ahora hay más individuos ineludiblemente conscientes de su ansiedad, tanto si intentan superar un hábito como si no.

Nunca pensé en convertirme en psiquiatra. En realidad, no sabía qué tipo de médico quería ser cuando empecé a estudiar en la Facultad de Medicina. Tan solo sabía que pretendía unir mi amor por la ciencia con mi deseo de ayudar a los demás. Los programas combinados de licenciatura y doctorado en Medicina están diseñados para que el estudiante pase los dos primeros años en la Facultad de Medicina, donde conoce los datos y los conceptos. A continuación, cursa los dos años de doctorado y se centra en un campo científico específico, en el que aprende a investigar. Luego regresa al punto de partida y acaba el tercer y el cuarto año de facultad antes de acceder a la residencia, momento en el que se especializa en un campo concreto.

Cuando empecé en la facultad, no estaba obcecado por convertirme en determinado tipo de médico. Me fascinaba la complejidad y la belleza de la fisiología y la cognición humana, y quería saber cómo funcionamos. Normalmente los dos primeros años de la licenciatura en Medicina aportan a los estudiantes el tiempo y el espacio necesarios para descubrir la predilección por una u otra especialización. Más tarde, durante las rotaciones en los centros hospitalarios de tercer y cuarto año, confirmarán dicha decisión. Completar un programa combinado de licenciatura y doctorado en Medicina lleva unos ochos años, así que supuse que tenía mucho tiempo para descubrir qué era lo que más me atraía, y me concentré en aprender todo cuanto pude. Completar el doctorado me llevó cuatro años, el tiempo suficiente como para olvidar lo aprendido en los dos primeros años en la facultad.

Por lo tanto, concluido el doctorado, al regresar al punto en el que lo había dejado en la facultad, elegí psiquiatría como primera rotación, a fin de volver a aprender todo lo que había olvidado en mis años de doctorado respecto a cómo tratar a los pacientes. Nunca había pensado en convertirme en psiquiatra, dada la imagen generalmente negativa con la que el cine los representa, y en la facultad circulaba la broma de que la psiquiatría es para «trastornados y haraganes», es decir, que se convierte en psiquiatra el demente o el perezoso. Sin embargo, aquella rotación en psiquiatría me abrió los ojos a lo que más tarde entendí como una confluencia entre casualidad y oportunidad. Descubrí que me encantaba trabajar en el centro hospitalario y que conectaba muy bien con los problemas de mis pacientes psiquiátricos. Supe que era perfectamente feliz al intentar ayudarlos a comprender su mente y que pudieran afrontar sus problemas con una mayor eficacia. Aunque me gustaron la mayor parte de las rotaciones, nada me interesó tanto como la psiquiatría, y por eso me decanté por esta especialidad médica.

Al licenciarme y empezar el programa de residencia en Yale, descubrí que no solo la psiquiatría era una buena elección para mí, sino que había desarrollado un vínculo aún más profundo con los pacientes que se enfrentaban a adicciones. Empecé a meditar nada más iniciar la carrera, una actividad que mantuve diariamente a lo largo de los ocho años de formación de licenciatura y doctorado. En cuanto conocí con más detalle los problemas de adicción de mis pacientes, comprendí que eran idénticos a los que había conocido en mi propia formación en meditación: problemas vinculados al ansia, la avidez, el deseo de aferrarse a las cosas. Para mi sorpresa, descubrí que compartíamos un lenguaje y un campo de batalla.

La residencia también fue el periodo en el que se manifestaron mis ataques de pánico, alimentados por la falta de sueño y la sensación de no estar preparado, junto a la incertidumbre de estar de guardia y no saber si se me iba a estropear el busca en mitad de la noche y qué desastre me estaría esperando al llamar al control de enfermería. Todo ello causó un estrago generalizado en mi psique. ¡Y no hablemos de empatizar con mis pacientes ansiosos! Por suerte, mi práctica de meditación me resultó de gran utilidad. Fui capaz de aplicar mis conocimientos de mindfulness para superar los ataques de pánico que me quitaban el sueño. Mejor aún, y en ese momento no sabía por qué, estas destrezas me ayudaron a no añadir combustible al fuego del pánico: aprendí a trabajar la ansiedad y el pánico, y a no preocuparme ni perder los nervios si me sobrevenía otro ataque, lo que mantuvo la ansiedad a raya y evitó que desarrollara un verdadero trastorno del pánico. También descubrí que podía enseñar a los demás a ser conscientes de las emociones incómodas (en lugar de acostumbrarse a evitarlas); podía ofrecerles un método para gestionar y trabajar sus emociones que no consistiera en prescribirles una simple pastilla.

Hacia el final de mi residencia fui consciente de que prácticamente nadie investigaba la ciencia de la meditación. Teníamos delante lo que parecía una gema oculta, algo que me había ayudado con la ansiedad extrema (y que probablemente también podría ser útil a mis pacientes), y nadie exploraba por qué o cómo funcionaba. Por ello, durante la década siguiente me propuse crear un programa para ayudar a las personas a superar sus hábitos perniciosos, poderosamente vinculados e incluso impulsados por la ansiedad. De hecho, la ansiedad es, en sí misma, un hábito dañino. Ahora es una epidemia. Este libro es el resultado de esa investigación.

En la película *Marte*, hay un momento en el que personaje de Matt Damon exclama «¡mierda!» al darse cuenta de que se ha quedado atrapado en el planeta rojo. Durante una tormenta de viento, todos sus compañeros escapan a la seguridad de su nave espacial y lo dan por muerto. El protagonista se sienta en su puesto de avanzada marciano, con su simpática sudadera de la NASA, e intenta animarse con un discurso entusiasta: «Ante estas circunstancias, no me queda otra opción. Recurriré a la ciencia para salir adelante», dice Matt.

Inspirándome en Matt Damon, en este libro he recurrido a la ciencia para superar la ansiedad.

Hay muchos libros sobre estos temas: volúmenes gruesos y delgados, algunos con títulos con gancho, historias fantásticas y métodos secretos o «trucos» para tener éxito. Pero digamos que no todos abundan en descubrimientos neurológicos.

Te prometo que este libro desborda ciencia. Ciencia actual, realizada en mi laboratorio a lo largo de muchos años y con participantes reales (primero en Yale, luego en la Universidad Brown). También he publicado artículos que otras personas leen y sobre los que escriben, así que por ese lado también estamos cubiertos.

He investigado durante décadas, y me encanta aprender y descubrir cosas nuevas. Sin embargo, debo decir que la conexión más interesante y relevante que he descubierto es el vínculo entre la ansiedad y los hábitos; por qué aprendemos a ponernos ansiosos y cómo, incluso, eso se convierte en un hábito. Establecer esa relación ha respondido a mi pregunta de por qué nos preocupamos, lo cual ha satisfecho buena parte de mi curiosidad científica y, lo más importante, ha resultado fundamental a la hora de ayudar a mis pacientes a comprender y afrontar su propia ansiedad.

Como veremos, la ansiedad se oculta en los hábitos de la gente. Se esconde en su cuerpo mientras aprenden a desconectar de esas emociones a través de un sinfín de conductas diferentes. Gracias a esta conexión, puedo ayudar a mis pacientes a entender cómo han creado hábitos en torno a muchos aspectos de la vida, desde beber alcohol en exceso, la alimentación motivada por el estrés o la procrastinación como forma de afrontar la ansiedad. También he podido ayudarlos a descubrir por qué se esforzaban y fracasaban a la hora de superar la ansiedad y otros hábitos. La ansiedad alimenta otras conductas, que a su vez la perpetúan, hasta que la espiral escapa a todo control y acaban en mi consulta.

Uno de los grandes aprendizajes que me ha aportado la psiquiatría es la validez de la máxima «cuanto menos se sabe, más se habla». En otras palabras, cuanto menos comprendemos un asunto o situación, mayor será nuestra tendencia a llenar el vacío con palabras. Una mayor verborrea no equivale a una mejor interpretación o comprensión de lo que les ocurre a nuestros pacientes. De hecho, cuando no sabemos de qué estamos hablando, cuantas más palabras utilicemos, mayores serán las oportunidades de cavar un pozo de errores y caer en él; y si caemos en el pozo, conviene deja de cavar, ¿verdad?

Fue una lección dolorosa, pero descubrí que lo de «cuanto menos se sabe, más se habla» también se aplicaba a mi persona. ¡Ya ves! Yo no era una excepción a la regla: podía decir tonterías, como si por hablar más ayudara más a mis pacientes. Si hiciera exactamente lo contrario, es decir, mantener la boca cerrada, poner en práctica la mente «ignorante» propia del zen y esperar hasta descubrir una conexión clara en lugar de intentar sonar como un psiquiatra, entonces podría ayudar realmente a los demás.

El lema «menos es más» también se aplica a otros ámbitos al margen de la psiquiatría; por ejemplo, en ciencia. A medida que hablaba menos y escuchaba más, descubrí que los conceptos que estaba desarrollando, relacionados con el cambio de hábitos, se pulían y se simplificaban con el tiempo. Sin embargo, como científico, debía tener cuidado y no creerme mis propias expectativas. Los conceptos eran sencillos, pero ¿realmente funcionaban? ¿Y eran operativos en un entorno ajeno a mi consulta externa? Así pues, en 2011, cuando mi primer gran ensayo clínico para dejar de fumar mostró una asombrosa tasa de abandono del hábito *cinco veces* superior al tratamiento «estándar», empecé a explorar cómo podíamos utilizar esas «armas de distracción masiva» *(smartphones)* para ayudar a las personas a superar sus malos hábitos. También recurrí a la ciencia para salir adelante y descubrí que podíamos obtener notables resultados en ensayos clínicos reales. Y por *notables* me refiero a una reducción del 40% en los atracones en individuos obesos o con sobrepeso, una reducción del 63% en el trastorno de ansiedad generalizada (y casi ese nivel de beneficio en médicos ansiosos), y así sucesivamente. Hemos llegado a demostrar que la formación basada en una aplicación es útil para abordar redes neuronales específicas relacionadas con el tabaquismo. ¡Sí, con una *app*!

Los resultados de mi práctica psiquiátrica clínica, mis investigaciones y la elaboración de conceptos han dado forma a este libro, que espero que resulte una guía útil y pragmática para que cambies tu comprensión de la ansiedad y la afrontes con eficacia; y, como extra, te libere de todas esas adicciones y hábitos innecesarios.

Parte 0

COMPRENDER TU MENTE

> Un problema no puede ser resuelto por la misma conciencia que lo ha creado.
>
> Meme de internet atribuido a Albert Einstein

Tal vez te preguntes por qué he titulado el inicio de este libro «Parte 0» en lugar de «Parte I». La respuesta es que la «Parte I» es lo que sucede una vez que comprendemos lo que está pasando. La «Parte 0» tiene que ver con lo que ocurre antes de ser conscientes de que padecemos ansiedad.

Ten presente esto mientras lees: la «Parte 0» te mostrará la psicología y la neurociencia que explican cómo surge la ansiedad, lo cual te proporcionará un marco de referencia con el que empezar a trabajar. La «Parte I» te enseñará a identificar los detonantes de la ansiedad (y lo que la propia ansiedad despierta). La «Parte II» te ayudará a comprender por qué caes en ciclos de miedo y preocupación, y cómo actualizar tus redes de recompensa cerebral para poder liberarte. Y la «Parte III» te mostrará sencillas herramientas que aprovechan los centros de aprendizaje del cerebro para romper los ciclos de la ansiedad (y otros hábitos).

CAPÍTULO 1

LA ANSIEDAD SE HACE VIRAL

La ansiedad es como la pornografía. Es difícil de definir, pero sabes lo que es cuando la ves.

A menos que no puedas verla, claro.

En la universidad, yo era un tipo ambicioso de personalidad tipo A y me encantaban los desafíos. Crecí en Indiana como uno de los cuatro hijos de una madre soltera, y cuando llegó el momento de elegir universidad, envié la solicitud a Princeton porque mi asesor escolar me dijo que jamás lo conseguiría. Al llegar al campus (sin conocerlo previamente), me pareció que era un niño en una tienda de caramelos: me sentí anonadado ante la avalancha de oportunidades que se me presentaban y quería hacerlo todo. Quise entrar en un grupo de canto *a capella* (y me rechazaron legítimamente), me uní al equipo de remo (por un semestre), toqué en la orquesta (y fui copresidente de su órgano de gobierno en mi último año), organicé excursiones para el programa al aire libre, participé en el equipo de ciclismo (por un periodo relativamente breve), aprendí escalada en roca (invertía, religiosamente, muchas horas a la semana en la pared de escalada), formé parte de un colorido equipo de marcha conocido como los Lebreles de la Casa del Hachís, y mucho más. La experiencia universitaria me gustó tanto que en verano me quedaba en el campus, donde me curtí en el laboratorio de investigación. Ah, y complementé mi licenciatura en Química con un título en interpretación musical, para redondear mi educación. Cuatro años que pasaron como una exhalación.

Cuando estaba a punto de acabar mi último año y me preparaba para acceder a la Facultad de Medicina, pedí una cita con el médico de la universidad porque, pese a toda mi actividad, me encontraba mal.

Tenía calambres estomacales y una hinchazón severa, y a ello se unía la urgencia de acudir rápidamente al baño para aliviar los intestinos, algo que nunca antes me había ocurrido. Empeoró tanto que tuve que planificar las rutas de mis carreras diarias para asegurarme de que había un baño cerca. Cuando le expliqué mis síntomas al médico (era la época anterior a Google, por lo que no me presenté en la consulta con la arrogancia del autodiagnóstico previo), me preguntó, inquisitivamente, si estaba estresado o ansioso. Respondí que en modo alguno, que eso era imposible, porque hacía ejercicio cada día, comía saludablemente, tocaba el violín, etcétera. Mientras él escuchaba pacientemente, mi mente insistía en negar la ansiedad y saqué a relucir una posibilidad (remotamente) plausible: había ido de excursión hacía poco, y, sin duda, no purifiqué correctamente el agua (aunque soy muy cuidadoso con este tipo de cosas y nadie más enfermó).

«Debe ser giardiasis», una infección amebiana que se contrae al ingerir agua sin purificar en entornos naturales y que se manifiesta en forma de diarrea severa; eso fue lo que le planteé al doctor con la mayor convicción posible. Sí, sabía lo que era la giardiasis (después de todo, era médico), y no, mis síntomas no parecían propios de dicha dolencia. Yo no quería ver lo que tenía delante: estaba tan estresado que mi ansiedad se somatizaba en mi cuerpo, porque mi mente la ignoraba o la rechazaba de plano. ¿Ansioso? Ni hablar. Yo no.

Tras diez minutos en los que intenté convencer al médico de que yo no podía padecer ansiedad, y que no tenía algo que él llamaba síndrome de colon irritable (y que se manifiesta con los mismos síntomas que yo le estaba describiendo), se encogió de hombros y me recetó el antibiótico que supuestamente iba a limpiar mis intestinos de *Giardia*, causa teórica de mi diarrea.

Evidentemente, mis síntomas continuaron, hasta que al fin descubrí que la ansiedad adopta muchas formas, desde un ligero nerviosismo antes de un examen a grandes ataques de pánico e incluso apretones intestinales que me obligaban a memorizar todos los baños públicos de Princeton, Nueva Jersey.

Un diccionario *online* define la ansiedad como «la sensación de preocupación, nerviosismo o inquietud típicamente suscitada por un acontecimiento inminente o una situación de resultado incierto». Esto lo abarca prácticamente todo. Ya que todo acontecimiento que esté a punto de suceder es inminente y como lo único de lo que podemos estar seguros es de que todo es incierto, la ansiedad puede aflorar en cualquier lugar, situación o momento del día. Podemos tener un asomo de ansiedad cuando un compañero de trabajo pasa una diapositiva con los resultados trimestrales de la empresa, o un brote de ansiedad si el mismo colega asegura que en las próximas semanas habrá despidos y aún no se sabe cuántas personas perderán su empleo.

Hay quien se despierta con ansiedad por la mañana, con un nerviosismo que lo mantiene despierto como un gato hambriento, que va seguido por una preocupación inquebrantable que lo mantiene más y más alerta (sin necesidad de café) y persiste a lo largo del día sin que el individuo sea capaz de descubrir el motivo. Es el caso de mis pacientes con un trastorno de ansiedad generalizada (TAG), que se despiertan ansiosos, pasan el día preocupados y alargan su preocupación bulímica hasta la noche, alimentándola con el pensamiento «¿por qué no puedo dormir?». Otros individuos sufren ataques de pánico que sobrevienen de repente o (como me ocurre a mí) los despiertan en mitad de la noche. Otros se preocupan por cuestiones o asuntos específicos, y, sin embargo, permanecen impertérritos ante otros acontecimientos o categorías que supuestamente deberían ponerles nerviosos.

Evidentemente, sería muy antipsiquiátrico por mi parte no mencionar que existe una dilatada lista de trastornos de la ansiedad. A pesar de mi formación médica, siento ciertas dudas a la hora de etiquetar algo como un trastorno o una dolencia, porque, como veremos enseguida, buena parte de estas situaciones se manifiestan como consecuencia de un ligero desajuste de los procesos naturales (y normalmente útiles) de nuestro cerebro. Es como etiquetar «ser humano» como una dolencia. Cuando se manifiesta un «trastorno», pienso que la mente/cerebro se asemeja a una cuerda de violín ligeramente desafinada. En esta situación, no consideramos que el instrumento sea defectuoso ni nos deshacemos de él, sino que revisamos lo que está mal y tensamos (o aflojamos) las cuerdas para seguir tocando. Sin embargo, para simplificar el diagnóstico y la facturación, los trastornos de la ansiedad abarcan toda una gama, desde fobias específicas (por ejemplo, el miedo a las arañas) al trastorno obsesivo-compulsivo (por ejemplo, la preocupación ante los gérmenes, que se traduce en un constante lavado de manos) y al trastorno de ansiedad generalizada (que básicamente es lo que parece: una preocupación excesiva ante las cosas cotidianas).

Lo que acciona el interruptor y transforma la ansiedad cotidiana en un «trastorno» pertenece a la mirada de quien establece el juicio clínico. Por ejemplo, para cruzar el umbral y merecer un diagnóstico de trastorno de ansiedad generalizada, alguien debe padecer una ansiedad y una preocupación excesivas en relación con «una gran variedad de cuestiones, acontecimientos o actividades», y ello debe ocurrir «durante al menos seis meses y de una forma notablemente excesiva». Me encanta la última parte: «notablemente excesiva». Tal vez me dormí en la clase en la que nos explicaron cómo determinar exactamente cuándo la preocupación pasa de ser insuficientemente excesiva a claramente excesiva y marca que ha llegado la hora de sacar el bloc de recetas y recurrir a la medicación.

Como la ansiedad es un proceso interno que no aparece en forma de gran tumoración visible a un lado de la cabeza, debo formular a mis pacientes toda una batería de preguntas para descubrir cómo se manifiesta en ellos. Ciertamente, yo no supe que padecía ansiedad hasta que sumé dos más dos y acabé por relacionar la exhaustiva localización de los baños en mi ruta para correr con la preocupación. Según los manuales médicos, entre los síntomas típicos de la ansiedad se incluyen nerviosismo, agitación, cansancio, dificultad para concentrarse, irritabilidad, dolores musculares y problemas para dormir. Sin embargo, como es fácil de entender, estos síntomas, por sí solos, no te colocan un cartel en la espalda en el que todo el mundo pueda leer «ESTA PERSONA ES ANSIOSA». De modo similar a mi experiencia universitaria, cuando negaba mi ansiedad, tengo que ayudar a mis pacientes a establecer la relación entre estas manifestaciones y lo que pasa en su mente antes de seguir adelante.

Para ayudar a entender hasta qué punto la ansiedad se puede manifestar de forma diferente en la vida de una persona, permíteme ofrecerte dos ejemplos de mujeres fuertes y dinámicas.

Mi esposa, Mahri, una profesora universitaria de cuarenta años, muy querida por sus alumnos e internacionalmente conocida por su investigación, no recuerda cuándo apareció su ansiedad. Ya en la universidad, después de una conversación con su hermana y su primo, empezó a reconocer ciertas particularidades familiares como manifestaciones de este fenómeno. Poner una etiqueta a lo que parecía extravagante de forma aislada, pero era meridianamente claro como patrón, fue una revelación. Ella lo expresa así: «La ansiedad era tan sutil que solo cuando la nombramos en nuestra familia pudimos reconocerla en nosotros mismos». Descubrió que, desde que ella podía recordar, su abuela, su madre y su tía presentaban cierto nivel de ansiedad. Por ejemplo, cuando Mahri era una niña, su madre trataba de planificarlo todo como forma de intentar controlar cada situación. Esto era muy evidente cuando salían de viaje. Mahri odiaba viajar porque la ansiedad de su madre se manifestaba en forma de brusquedad (irritabilidad) hacia ella, su padre y su hermana.

Solo cuando Mahri reconoció la ansiedad en su familia, descubrió que ella también la padecía. En una entrevista informal, realizada para este libro antes de tomar el desayuno, reflexionó sobre el modo en que esta situación se manifestaba en ella: «Es una especie de emoción de baja intensidad y carente de objeto en sí misma. Se adhiere a cualquier situación o pensamiento específico. Es como si mi mente buscara algo por lo que sentir ansiedad. Anteriormente habría dicho que se trataba de nerviosismo. Era difícil separarlo de mis experiencias vitales, porque creía que estaba vinculado a cambios legítimos en la vida y las circunstancias». Sí, esta es una característica esencial de la ansiedad generalizada: nuestra mente selecciona un objeto inocuo y empieza a preocuparse por él. Para muchos, la ansiedad es un incendio forestal que empieza encendiendo una cerilla de noche, un fuego alimentado por las experiencias cotidianas y que se extiende y se recrudece a medida que pasa el día.

Al final de nuestra conversación, cuando nos disponíamos a desayunar, Mahri añadió: «La gente que no me conoce no sospecharía que es algo a lo que me enfrento constantemente». Se deba o no a su formación como psiquiatra, doy fe de ello: ante sus colegas y estudiantes universitarios aparece fresca como una rosa. Sin embargo, los dos somos capaces de percibir cuándo la ansiedad se ha apoderado de ella, a menudo disimulada en su afán por concentrarse en un acontecimiento futuro que empieza a planificar. Es como si su cerebro eligiera un objeto o periodo de tiempo dotado de cierta incertidumbre inherente (por ejemplo, el fin de semana), se acelerara debido a su falta de estructura y luego, con cada trazo de planificación mental, intentara moldear esa arcilla hasta conferirle una forma conocida. Para los artistas, un bloque de arcilla implica muchas posibilidades. Para los viajeros, un fin de semana promete aventuras. Para los nerviosos, esa falta de estructura implica ansiedad. Mahri y yo compartimos una broma en la que yo le planteo una variación de esta pregunta: «¿Has planeado esta mañana cómo planificar la tarde para planificar la noche?».

En contraste con la lenta quemadura de la ansiedad generalizada, algunas personas sufren ataques intermitentes de pánico. Pensemos en Emily, compañera de habitación de Mahri en la universidad (una buena amiga nuestra que está casada con uno de mis mejores amigos de la Facultad de Medicina; ellos nos presentaron a Mahri y a mí). Como abogada, Emily trabaja en asuntos políticos de alto nivel, entre ellos negociaciones internacionales. Empezó a tener ataques de pánico en la Facultad de Derecho. Le pedí que explicara cómo eran. En el correo electrónico de respuesta, los describió así:

> Fue en el verano entre mi segundo y tercer año en la Facultad de Derecho cuando tuve la suerte de conseguir un puesto temporal como asociada para un gran bufete de abogados. Como asociada

temporal, a menudo te invitan a las casas de los compañeros del bufete, para cenar con sus familias y otros asociados a tiempo parcial y asociados fijos. Se supone que es una experiencia que genera vínculos y te permite conocer la vida personal de quienes trabajan para el bufete. En julio, después de una de estas cenas, que fue divertida, volví a casa, me acosté y me dormí enseguida. Sin embargo, unas dos horas después, me desperté bruscamente, con el corazón acelerado, sudando y respirando con dificultad. No sabía qué andaba mal: no había tenido un mal sueño ni nada por el estilo. Salí de la cama y empecé a caminar, con el objetivo de detener aquel episodio. Estaba tan preocupada que llamé a mi marido, que trabajaba en el turno de noche, en emergencias, en un hospital, y le pedí que volviera a casa, y así lo hizo. Por último, mis síntomas se atenuaron, supe que iba a sobrevivir, pero seguía sin comprender qué había pasado.

Cuando ese otoño regresé a la Facultad de Derecho para cursar mi último año, con la perspectiva de un empleo a tiempo completo en el bufete, me relajé y no sufrí ningún otro incidente que pueda recordar. Pero los ataques de pánico volvieron al verano siguiente, casi siempre siguiendo el mismo patrón: me despertaba de improviso pocas horas después de haber conciliado el sueño con normalidad. Estaba estudiando para el examen de abogacía, lo que en sí mismo es una experiencia dura, y a la vez, mis padres, que habían estado casados durante treinta años (y habían sido felices, hasta donde yo sabía) de pronto anunciaron su divorcio. Además, cuando empecé a trabajar en el bufete, donde pasaba largas horas, un asociado de más edad, cuya oficina era contigua a la mía, decidió «hostigarme» y tratarme como si fuera de su propiedad, sermoneándome respecto a que yo no tenía ningún control sobre mi vida porque pertenecía al bufete, y lo agradecida que debía estar por aquella oportunidad. Esta espantosa combinación de acontecimientos o circunstancias, que aparentemente me despojaban de cualquier tipo de control sobre lo que yo consideraba mi vida, fueron la causa de una serie de ataques de pánico durante un periodo de seis meses. Acudí a unas cuantas sesiones con un terapeuta e hice mi propia investigación, y por aquel entonces ya era consciente de lo que pasaba. En cuanto supe de qué se trataba [ataques de pánico], sentí que recuperaba cierto control. Me decía a mí misma: «Sientes que vas a morir, pero eso no va a pasar. Es tu cerebro el que juega contigo. Tú decides qué pasará después». Aprendí a respirar profundamente para dejar atrás el ataque de pánico y a concentrar intensamente mis pensamientos en el acto de serenarme.

Por supuesto, no todo el mundo tiene la capacidad de razonamiento y concentración sobrehumanas –a lo Míster Spock– de Emily, pero, en contraste con la descripción de la lenta evolución de la ansiedad generalizada de Mahri, la historia de Emily demuestra que la ansiedad puede ser como una tetera, que se calienta y se calienta hasta que acaba por estallar, a menudo en mitad de la noche. Y tanto en Emily como en Mahri, solo al nombrar el tipo de ansiedad específica que padecían pudieron empezar a trabajar con ella.

Tanto si somos auténticos médicos o si simplemente recurrimos al doctor Google, la cuestión es que la ansiedad, clínica o de otro tipo, no es fácil de diagnosticar. Todos sucumbimos a ella –forma parte de la vida–, pero es fundamental cómo la afrontamos. Si no sabemos cómo o por qué se manifiesta, podemos quedar atrapados en distracciones temporales o fijaciones a corto plazo que en realidad la alimentan, creando malos hábitos en el proceso (¿alguna vez has comido helado o galletas mientras estás estresado?). O podemos pasarnos toda la vida reforzando nuestra ansiedad mientras intentamos curarla («¿por qué no puedo descubrir por qué siento ansiedad y arreglarlo?»). Este libro trata de todo esto.

Juntos exploraremos cómo la ansiedad surge a partir de mecanismos básicos de supervivencia del cerebro, cómo puede convertirse en un hábito que se autoperpetúa y qué podemos hacer para cambiar nuestra relación con ella a fin de reducir su impacto. Y tenemos un extra: en el proceso, también aprenderemos a tratar con otros hábitos (y a trabajar con ellos).

La ansiedad no es nueva: en una carta a John Adams, fechada en 1816, Thomas Jefferson escribió: «Existen mentes lúgubres e hipocondriacas, habitantes de cuerpos enfermos, disgustadas con el presente y consternadas por el futuro; siempre contando con que ocurrirá lo peor, porque puede acontecer. ¡A ellos debo decirles cuánto dolor nos han costado los horrores que jamás sucedieron!».[1] Aunque estoy muy lejos de ser un historiador, imagino que Jefferson tenía muchas razones para sentir ansiedad: desde ayudar a construir un nuevo país a vivir con su hipócrita actitud hacia la esclavitud (escribió que «todos los hombres son iguales», que la esclavitud era una «depravación moral» y una «mancha repugnante», que representaba una gran amenaza a la supervivencia de la nueva nación norteamericana, pero él esclavizó a más de seiscientas personas a lo largo de su vida).[2]

En nuestro mundo moderno, con unos avances tecnológicos que contribuyen a producir un suministro de alimentos más estable en una nación de un cuarto de milenio de antigüedad, podríamos esperar menos razones para sentirnos preocupados. Antes de la COVID-19, la Asociación Americana para la Ansiedad y la Depresión estimaba que unos 264 millones de personas en todo el mundo padecían un trastorno de ansiedad.[3] En un estudio que ahora parece antiguo, ya que sus datos fueron recopilados entre 2001 y 2003, el Instituto Nacional de Salud Mental informó de que el 31 % de los adultos estadounidenses experimentan un trastorno de ansiedad en algún momento de su vida, y que un 19 % de la población ha sufrido alguno en el último año.[4] En las dos últimas décadas, la situación ha empeorado. En 2018, la Asociación Psicológica Americana (APA) encuestó a mil estadounidenses adultos para indagar la fuente y el nivel de la ansiedad que padecían. El estudio descubrió que el 39 % de los estadounidenses aseguraban sentirse más ansiosos que en 2017, y un número equivalente (39 %) presentaba el mismo nivel de ansiedad que el año anterior.[5] Esto supone casi el 80 % de la población.

¿De dónde procede toda esta ansiedad? El mismo trabajo de la APA puso al descubierto que el 68 % de los encuestados atribuía su preocupación a cuestiones relacionadas con la salud y la seguridad, aspectos a los que se debía que fueran entre moderada y extremadamente ansiosos. El 67 % consideraba que la economía era su fuente de estrés, seguida por la política (56 %) y las relaciones interpersonales (48 %). En su encuesta «Stress in America» [Estrés en Estados Unidos], de 2017, la APA averiguó que el 63 % de los ciudadanos consideraba que el futuro de la nación era una gran fuente de estrés, y el 59 % marcó la casilla «Estados Unidos se encuentra en el punto más bajo de su historia».[6] Hay que recordar que estamos hablando de 2017, tres años antes del azote de la COVID-19.

A partir de la observación de que la enfermedad mental tiende a ser más común en regiones de Estados Unidos con un nivel socioeconómico más bajo, hay quien se pregunta si los países menos ricos –en los que necesidades básicas como una fuente de alimentación estable, agua limpia y la seguridad pueden llegar a ser importantes agentes estresantes– tendrían tasas de ansiedad más elevadas. Para responder a esta pregunta, un estudio publicado en *JAMA Psychiatry* en 2017 analizó las tasas del trastorno de ansiedad generalizada en todo el mundo.[7] ¿Estás preparado para esto? La prevalencia durante la vida era superior en los países con más ingresos (5 %), más baja en países con ingresos medios (2,8 %) y muy baja en las naciones más pobres (1,6 %). Los autores opinaron que las diferencias individuales en la tendencia a preocuparse tienden a manifestarse más en las condiciones de relativa riqueza y estabilidad de los países con ingresos altos. Abunda la especulación al respecto. Por ejemplo, tener cubiertas las necesidades básicas podría proporcionar más tiempo de ocio, que nuestro cerebro de supervivencia aprovecharía para buscar amenazas o aspectos por los que preocuparse, lo que ha llevado a algunos a definir a esta población como «los angustiados». Sin embargo, las personas con trastorno de ansiedad generalizado están muy lejos de tener buena salud: la mitad de los individuos de este estudio informaron de una incapacidad severa en uno o más ámbitos de la vida. Pienso en mis pacientes con trastorno de ansiedad generalizada como en participantes olímpicos en el «deporte» de resistencia a la ansiedad: se preocupan más y durante más tiempo que cualquier otra persona en este planeta.

Con la aparición de la pandemia de la COVID-19, las primeras estimaciones consideran (¡menuda sorpresa!) que los niveles de ansiedad se han disparado. Un estudio transversal realizado en China en febrero de 2020 descubrió que la prevalencia del trastorno de ansiedad generalizada era del 35,2%; y hablamos de una fase relativamente temprana en el gran esquema de la pandemia.[8] Un informe procedente del Reino Unidos, fechado a finales de abril de 2020, afirmaba que «la salud mental se había deteriorado» en comparación a las tendencias pre-COVID-19.[9] Otro estudio realizado en Estados Unidos en abril de 2020 descubrió que el 13,6% de los encuestados informaban de un severo trastorno psicológico.[10] Esto supone un drástico incremento del 250% en comparación con 2018, cuando solo el 3,9% comunicaba este nivel de preocupación.

Solo tenemos que observar nuestra propia experiencia o las redes sociales para confirmarlo por nosotros mismos. Los desastres a gran escala, como la pandemia de la COVID-19, casi siempre vienen acompañados por el aumento de un amplio espectro de trastornos mentales, entre ellos la ansiedad y la drogadicción. Por ejemplo, casi el 25% de los neoyorquinos aseguraron haber aumentado el consumo de alcohol después de los ataques del 11-S, en 2001,[11] y seis meses después del incendio forestal de Fort McMurray (el desastre más costoso en la historia de Canadá), los síntomas del trastorno de ansiedad generalizada subieron hasta el 19,8% en los residentes de la zona.[12]

La ansiedad no viene sola. Tiende a aparecer con algunos amigos. El mismo estudio de *JAMA* de 2017 descubrió que el 80% de las personas con trastorno de ansiedad generalizada experimentaron otro trastorno psiquiátrico importante; fundamentalmente, la depresión. Un trabajo reciente realizado en mi laboratorio descubrió un dato similar: el 84% de los individuos con trastorno de ansiedad generalizada presentaban trastornos comórbidos.

Y la ansiedad no surge de la nada. Nace de algo.

CAPÍTULO 2

EL NACIMIENTO DE LA ANSIEDAD

La ansiedad es un extraño animal.

Como psiquiatra he aprendido que la ansiedad y su primo cercano, el pánico, nacen del miedo. Como neurocientífico conductual, sé que la principal función evolutiva del miedo es ayudarnos a sobrevivir. En realidad, el miedo es el mecanismo de supervivencia más antiguo que tenemos, pues nos enseña a evitar situaciones peligrosas en el futuro a través de procesos cerebrales conocidos como *refuerzo negativo*.

Por ejemplo, si cruzamos una calle con tráfico, giramos la cabeza y vemos que un coche se dirige directamente hacia nosotros, instintivamente saltamos hacia atrás, en busca de la seguridad de la acera. Esa reacción de miedo nos ayuda a aprender rápidamente que las calles son peligrosas y que debemos acercarnos a ellas con cuidado. La evolución nos lo ha simplificado mucho. Tanto que solo necesitamos conocer tres elementos en situaciones como esta: una señal del entorno, una conducta y un resultado. En este caso, acercarnos a una calle con mucho tráfico (la señal del entorno) nos indica que antes de cruzar hemos de mirar a ambos lados (la conducta). Cruzar la calle ilesos (el resultado) nos enseña a recordar que hemos de repetir la acción en el futuro. Compartimos esta herramienta de supervivencia con todos los animales. Incluso la babosa marina, la criatura con el sistema nervioso más «primitivo» que conoce la ciencia (veinte mil neuronas en total, en comparación con los aproximadamente cien mil millones de neuronas del cerebro humano), utiliza el mismo mecanismo de aprendizaje.

En algún momento durante el último millón de años, los seres humanos desarrollaron una nueva capa encima del cerebro de supervivencia, más primitivo; los neurocientíficos la denominan corteza prefrontal o CPF (desde la perspectiva anatómica, esta región cerebral «reciente» está situada justo detrás de la frente y los ojos). Implicada en la creación y la planificación, la corteza prefrontal nos ayuda a pensar y a planificar el futuro. Predice lo que acontecerá en el porvenir a partir de nuestra experiencia pasada. Sin embargo, esta región del cerebro necesita información adecuada para que sus predicciones sean exactas. Si no disponemos de ella, nuestra corteza prefrontal nos presentará diferentes versiones de lo que podría ocurrir, para ayudarnos a elegir el mejor camino. Lo hace por medio de simulaciones basadas en acontecimientos anteriores que han tenido lugar en nuestra vida y que presentan cierta analogía morfológica. Por ejemplo, los camiones y los autobuses son lo suficientemente parecidos a los coches como para que asumamos con certeza que debemos mirar a ambos lados para evitar cualquier vehículo que se desplaza a gran velocidad.

Y aquí entra la ansiedad.

La ansiedad surge cuando nuestra corteza prefrontal no dispone de suficiente información para predecir el futuro con precisión. Lo hemos visto con la COVID-19, cuando apareció en el escenario mundial a principios de 2020. Como ocurre con cualquier virus o patógeno de descubrimiento reciente, los científicos se apresuraron a estudiar las características de la COVID-19, a fin de descubrir su contagiosidad y letalidad y actuar en consecuencia. Sin embargo, en especial en los primeros días del descubrimiento, predominaba la incertidumbre. Sin la información correcta, a nuestra mente le resultaba fácil elaborar relatos amenazantes y temerosos, a partir de las últimas noticias que habíamos leído u oído. Y debido a la configuración de nuestro cerebro, cuanto más alarmantes son las noticias –lo que aumenta nuestra sensación de peligro y de aprensión–, mayores son las probabilidades de recordarlas. Añadamos los elementos del miedo y de la incertidumbre –la enfermedad y la muerte de miembros de la familia, la perspectiva de perder el empleo, la difícil decisión de a qué escuela enviar a nuestros hijos, la preocupación ante cómo reactivar la economía de forma segura, etcétera– y obtendremos un buen montón de malas noticias que nuestro cerebro tendrá que clasificar.

Hemos de advertir que el miedo no equivale a la ansiedad. El miedo es un mecanismo de aprendizaje adaptativo que nos ayuda a sobrevivir. Por su parte, la ansiedad es desadaptativa; nuestro cerebro pensante y planificador escapa a nuestro control cuando no dispone de suficiente información.

Podremos entenderlo mejor si observamos la rapidez con que se produce la respuesta del miedo. Si empezamos a cruzar una calle con mucho tráfico y un coche se dirige directamente hacia nosotros, retrocedemos automáticamente. En esta situación, no tenemos tiempo para pensar. Procesar toda esa información (coche, velocidad, trayectoria, etcétera) en nuestra corteza prefrontal lleva mucho tiempo, y tomar una decisión («¿debería dar un paso atrás o se apartará el coche?»), aún más. Podemos dividirlo en tres escalas de tiempo muy distintas que diferencian los reflejos, el aprendizaje y la ansiedad:

1. Inmediata (milisegundos).
2. Aguda (de segundos a minutos).
3. Crónica (de meses a años).

Esa *reacción inmediata* ocurre en el nivel de la supervivencia. En esta situación no aprendemos nada, tan solo evitamos un perjuicio. Esto tiene que suceder muy rápida e instintivamente. Regresar a la acera es algo que ocurre a tal velocidad que nos damos cuenta de lo que ha pasado una vez concluida la acción. Esta reacción empieza en el sistema nervioso autónomo del cerebro primitivo, que actúa rápidamente y al margen de nuestro control consciente para regular todo tipo de situaciones, como la cantidad de sangre que tu corazón bombea o que los músculos reciban un mayor flujo sanguíneo que el tracto digestivo. Nos salva la vida porque, cuando se presenta una amenaza inmediata, no tenemos tiempo para pensar; el pensamiento es un proceso mucho más lento. En otras palabras, la reacción de enfrentamiento, evasión o inmovilidad nos mantiene vivos el tiempo suficiente para pasar a la siguiente fase y aprender de ella.

En cuanto has escapado del peligro, sientes la potente subida de adrenalina y empiezas a procesar lo que ha pasado *(aprendizaje agudo)*. El pensamiento de que has estado a punto de perder la vida te ayuda a relacionar el hecho de cruzar la carretera con la idea de peligro. Tu memoria podría incluso rastrear uno o dos recuerdos lejanos; la voz de tus padres surge en tu mente y te acuerdas de la primera vez que te regañaron por no mirar a ambos lados antes de cruzar la calle. El disgusto de la temerosa reacción psicológica contribuye a tu aprendizaje: aparta el teléfono móvil y mira a derecha e izquierda antes de cruzar. Tengamos presente la rapidez de este aprendizaje. No necesitamos pasar meses en terapia, intentando descifrar si hemos albergado el deseo de morir o si fuimos adolescentes rebeldes; se trata de aprender a prestar atención en situaciones peligrosas. Relacionamos una calle con tráfico con el atropello de un vehículo; irónicamente, aprendemos rápido aquello que nuestros padres nos querían enseñar cuando éramos niños (fíjate hasta qué punto es mucho más efectivo el aprendizaje derivado de la experiencia en relación con lo que aprendemos extrapolando conceptos; nuestro cerebro es muy bueno en eso). Como ocurre con las cebras que saltan y cocean, o con los perros que tiemblan después de sobrevivir a situaciones estresantes, es importante que aprendamos a liberarnos del exceso de energía asociado a la descarga de adrenalina en la situación «potencialmente letal», para que no desemboque en un cuadro de estrés postraumático o de ansiedad crónica. Contárselo a alguien no será suficiente; habrá que realizar alguna actividad física, como gritar, sacudirse, bailar o cualquier otro tipo de ejercicio físico.[1]

El cerebro primitivo y el moderno trabajan juntos para ayudarnos a sobrevivir: cuando actuamos instintivamente (salimos de la calzada) y aprendemos a partir de esas situaciones (miramos a ambos lados antes de cruzar), viviremos lo suficiente como para planificar el futuro («debo asegurarme de que mis hijos sepan que ese cruce es peligroso»). Cuando todo marcha bien, la corteza prefrontal cumple con su cometido. Aprovecha la información de experiencias pasadas y la proyecta hacia el futuro para modelar y predecir lo que podría o no ocurrir, de modo que, en lugar de reaccionar a lo que está pasando en el momento presente, podamos planificar lo que vendrá a continuación. Todo esto es perfecto siempre y cuando dispongamos de la información suficiente para realizar una buena predicción. Cuanto más seguros estemos de lo que va a suceder, mejores serán la predicción y la planificación.

Como una semilla que necesita un suelo fértil, tu primitivo cerebro de supervivencia crea las condiciones para que la ansiedad se manifieste en tu cerebro pensante *(crónico)*. Aquí es donde nace la ansiedad. Miedo + incertidumbre = ansiedad. Por ejemplo, ¿qué sientes la primera vez que tus hijos deciden ir solos caminando a la escuela o recorren unas pocas manzanas para ir a casa de algún amigo o amiga? Has sido muy cuidadoso a la hora de enseñarles los peligros de cruzar la calle, de hablar con extraños, y todo lo demás. Pero en cuanto los pierdes de vista, ¿qué hace tu mente? Empieza a imaginar los peores escenarios.

En ausencia de una experiencia pasada o de información (exacta), nos resultará muy difícil desconectar el interruptor de la preocupación y planificar serenamente el futuro. Nuestro cerebro pensante y planificador carece de un interruptor de información, de modo que cuando no encuentra un volumen suficiente de esta pueda entrar en modo suspendido hasta que haya más información disponible. Muy al contrario. La ansiedad nos empuja a la acción. «¡Consígueme información!», nos grita en los oídos (curiosamente, desde el interior de nuestra cabeza). E intentamos recordar todas las películas de espías que hemos visto para seguir en secreto a nuestros hijos y asegurarnos de que llegarán a salvo a su destino (sin nosotros).

En términos generales, da la impresión de que un volumen mayor de información es algo positivo (si podemos conseguirla). Después de todo, tener más conocimiento nos permite controlar mejor la situación, porque la información es poder, ¿verdad? Con la llegada de internet, no es que esta materia prima escasee precisamente, y, sin embargo, la exactitud queda enterrada bajo el volumen de contenidos. Cuando prácticamente todo el mundo puede postear cualquier cosa y es recompensado no por su veracidad, sino por su sentido del humor, su capacidad de escándalo o su efectismo, la red se llena de información difícil de asimilar (las *fake news* se extienden seis veces más rápido que las noticias veraces). Esto no contribuye a hacernos sentir que conservamos el control. Desde una perspectiva científica, el impacto de una excesiva información a la hora de tomar decisiones se denomina *sobrecarga de elecciones.*

Alexander Chernev y sus colegas de la Escuela de Administración Kellogg, de la Universidad Northwestern, han identificado tres factores que reducen significativamente nuestra capacidad de tomar decisiones: el nivel superior de dificultad en la tarea, una mayor complejidad en el conjunto de posibilidades y (¡sorpresa!) una mayor incertidumbre.[2] La vida en la era de la disponibilidad de la información a cualquier hora produce una mayor complejidad, debido a su enorme volumen. Obtener una infinidad de artículos en una búsqueda en Google es como ir a la playa para mojarnos los pies y descubrir que un tsunami se dirige hacia nosotros. La sensación de que jamás estaremos al día en el ciclo de las noticias (porque ahora podemos saber lo que sucede en cualquier parte del mundo y a cualquier hora del día) o incluso mantener el ritmo de nuestras redes sociales es como buscar un vaso de agua porque tenemos sed, solo para descubrir que no tiene fondo.

La sobrecarga de información no solo resulta abrumadora, sino que altera su naturaleza: la información contradictoria (y potencial y deliberadamente engañosa) produce, naturalmente, una mayor incertidumbre. No es necesario señalar hasta qué punto el cerebro odia las historias contradictorias. ¿Por qué? Son el culmen de la incertidumbre (examinaremos sus orígenes evolutivos en el capítulo 4). Y, desgraciadamente, la complejidad y la incertidumbre aumentarán a medida que las técnicas de manipulación de la información sean más sofisticadas (por ejemplo, con las *deep fakes*).

Cuanto menos verídica sea la información, un estado que normalmente suele ir acompañado por el impulso de opinar sobre ella (lo que se añade al volumen de información que hay que asimilar), mayor será la activación de la corteza prefrontal, que aprovecha cualquier sustrato disponible mientras intenta presentar rápidamente todos los escenarios hipotéticos para que podamos valorarlos. Evidentemente, esto apenas puede considerarse planificación, pero nuestro cerebro no sabe hacerlo mejor. Cuanto más inexacta sea la información que incorpora la corteza prefrontal, peor será el resultado. Y a medida que los escenarios son más sombríos (lo que tiende a suceder cuando la corteza prefrontal se empieza a desconectar debido, irónicamente, al auge de la ansiedad), nuestra fisiología de enfrentamiento, evasión o inmovilidad puede activarse hasta el punto de que pensar en estas posibles (pero muy improbables) situaciones nos hará sentir en peligro, aunque la amenaza solo esté en nuestra mente. *Voilà!* Ya está aquí la ansiedad.

Volvamos al ejemplo en el que permitimos que nuestros hijos recorran solos tres manzanas, de camino a la escuela o a casa de un amigo. En los «viejos tiempos» (antes de los teléfonos móviles), nuestros padres nos enviaban a la selva y tenían que esperar que regresáramos a casa (o llamáramos desde la casa del amigo para hacerles saber que habíamos llegado bien). Ahora los padres pueden equipar a sus hijos con cualquier tipo de dispositivo de rastreo imaginable antes de que salgan de casa, para saber dónde se encuentran en todo momento. Y al monitorizar cada paso que dan, tienen la posibilidad de preocuparse a lo largo de todo el camino («Se ha parado, ¿por qué?, ¿está hablando con un desconocido o atándose los cordones?»). A cada fragmento de información incierta, el cerebro produce cualquier escenario hipotético concebible. El cerebro planificador intenta pensar en todas las contingencias en un esfuerzo por echar una mano. ¿Mejora sustancialmente la seguridad de los niños? Probablemente no, sobre todo si la comparamos con el aumento de la ansiedad que desencadena.

Sí, la ansiedad es un complemento evolutivo. Cuando el aprendizaje basado en el miedo se acompaña de incertidumbre, la bienintencionada corteza cerebral no espera el resto de los ingredientes (por ejemplo, más información). En cambio, aprovecha lo que tiene a mano en ese momento, recurre a la preocupación para hacer la masa, enciende el horno de la adrenalina y cuece una hogaza de pan que no hemos pedido: una hogaza de ansiedad grande y caliente. Y en el proceso de elaboración, nuestro cerebro almacena un poco de masa madre para ocasiones posteriores. La próxima vez que planifiquemos algo, recurrirá a esa masa madre de la ansiedad de la despensa mental y la añadirá como «ingrediente esencial» a la mezcla, hasta el punto de que ese sabor amargo se impondrá a la razón, la paciencia y al proceso de búsqueda de información adicional.

Como la COVID-19, la ansiedad también es contagiosa. En psicología, la propagación de una emoción de una persona a otra recibe el acertado nombre de *contagio social*. Nuestra propia ansiedad puede despertar o desencadenarse a partir de una simple conversación con una persona ansiosa. Sus palabras temerosas son como un estornudo que aterriza directamente en nuestro cerebro, infectando emocionalmente la corteza prefrontal e induciéndola a perder el control a medida que nos preocupamos por cualquier cosa, desde una posible enfermedad en un miembro de la familia al temor a perder el empleo. Wall Street es un gran ejemplo de contagio social. Vemos cómo el mercado bursátil alcanza un pico y se desploma; los índices bursátiles son un indicador de nuestra febril ansiedad colectiva en un momento determinado. En Wall Street existe una cosa llamada índice de volatilidad (VIX, por sus siglas en inglés), también conocido como índice del miedo, y apuesto a que no te sorprenderá que alcanzara su cota más alta en marzo de 2020, cuando los corredores de bolsa empezaron a entender el desastre sin precedentes en el que se había sumido el mundo.

Cuando no podemos controlar la ansiedad, esa fiebre emocional se transforma en *pánico* (que un diccionario *online* define como «un miedo o ansiedad repentinos e incontrolables, que a menudo provoca una conducta extremadamente irreflexiva»). Abrumada por la incertidumbre y el temor al futuro, nuestra corteza prefrontal –la parte racional de nuestro cerebro– se desconecta. Lógicamente, sabemos que no necesitamos almacenar un suministro de papel higiénico para seis meses, pero al recorrer los pasillos del supermercado y ver un carrito atiborrado de paquetes de Scottex, la ansiedad nos infecta y activamos el modo supervivencia. «Debemos. Comprar. Papel. Higiénico.» Nuestra corteza prefrontal solo vuelve a activarse cuando, en el aparcamiento, intentamos pensar en cómo introducir todo ese papel higiénico en el coche o transportarlo en el metro.

Por lo tanto, ¿cómo mantener activa la corteza prefrontal en tiempos de incertidumbre? ¿Cómo evitar el pánico? En muchas ocasiones, he visto cómo mis pacientes ansiosos pretendían suprimir la ansiedad o salir de ella por medio del raciocinio. Por desgracia, la voluntad y el razonamiento dependen de la corteza prefrontal, que en esos momentos críticos está desactivada y fuera de juego. Por ello, en lugar de eso, empiezo enseñándoles cómo funciona su cerebro para que así puedan comprender de qué manera la incertidumbre debilita la capacidad de su cerebro para afrontar el estrés y lo prepara para la ansiedad cuando el miedo los atenaza. Saber que la incertidumbre produce ansiedad, que a su vez puede desembocar en pánico, les permite mantenerse alerta. Y el mero hecho de saber que su cerebro de supervivencia entra rápidamente en acción (aunque un tanto equivocado al no disponer de información suficiente) ayuda a mis pacientes a serenarse un poco.

Pero este es solo el primer paso. Nuestro cerebro se pregunta constantemente «¿y si...?». Al acceder a las redes sociales y buscar la última información, todo lo que recibimos es más miedo y especulación. El contagio social no conoce barreras físicas y puede difundirse desde cualquier lugar del mundo. En lugar de buscar información desesperadamente, necesitamos añadir algo más fiable y que nos ayude a trabajar nuestras emociones. Irónicamente, el antídoto al pánico depende de nuestro instinto de supervivencia: consiste en aprovechar esos mismos mecanismos de aprendizaje que conducen a la preocupación y la ansiedad.

Para jaquear nuestro cerebro y romper el ciclo de la ansiedad debemos ser conscientes de dos cosas: que la ansiedad o el pánico se apoderan de nosotros y qué provoca esa ansiedad o ese pánico. Esto nos servirá para descubrir si nuestra conducta nos está ayudando realmente a sobrevivir o actúa en sentido contrario. El pánico es susceptible de inducir conductas impulsivas potencialmente peligrosas; la ansiedad nos debilita mental y físicamente, y también tiene consecuencias a largo plazo. Ser conscientes de estos efectos perjudiciales contribuye a que el sistema de aprendizaje del cerebro determine el valor relativo de estas conductas: los comportamientos más valiosos (provechosos) se sitúan en un lugar superior en la jerarquía de recompensas de nuestro cerebro y, por lo tanto, tienen más probabilidades de ser repetidos en el futuro, mientras que los menos valiosos (poco provechosos) caen a la parte más baja (volveremos sobre ello en el capítulo 10).

Una vez que seamos conscientes de la inutilidad de la ansiedad, podremos aplicar la *oferta imbatible* (véase el capítulo 15), *u oferta más grande y óptima* (OMGO). Como nuestro cerebro elegirá las conductas más provechosas simplemente porque sientan mejor, podremos entrenarnos en sustituir las viejas conductas habituales, como la preocupación, por aquellas otras naturalmente más útiles.

Por ejemplo, al inicio de la pandemia de la COVID-19, los responsables de salud pública nos advirtieron de que no nos tocáramos la cara, porque es más fácil infectarnos por un virus si hemos tocado el pomo de una puerta o una superficie contaminada y luego nos tocamos el rostro. Si descubrimos que tenemos la costumbre de hacerlo (algo muy habitual en muchas personas: un estudio publicado en 2015 comprobó que nos tocamos la cara una media de veintiséis veces por hora),[3] podremos estar atentos a este comportamiento. Con ese detonante, podemos retroceder y descubrir si nos estamos preocupando como parte de una conducta mental («¡oh, no, me he tocado la cara, puede que enferme!»). En lugar de entrar en pánico, podemos respirar profundamente y preguntarnos: «¿Cuándo me lavé las manos por última vez?». Al tomarnos un respiro y plantear esta pregunta, le damos a la corteza prefrontal la oportunidad de activarse y hacer lo que mejor sabe: pensar («¡vale, me acabo de lavar las manos!»). Así potenciamos la certidumbre: si nos hemos lavado las manos, no hemos salido, etcétera, la probabilidad de enfermar es muy baja.

La autoconciencia también nos ayuda a fomentar unos buenos hábitos de higiene a través del aprendizaje por refuerzo: nos sentimos mejor si acostumbramos a lavarnos las manos, y será más fácil tranquilizarnos en los momentos en que nos tocamos la cara por accidente o por costumbre (o porque nos pica). Al mismo tiempo, si nos cuesta mantener el hábito del lavado de manos, la conciencia más la incertidumbre nos dan una patada en el trasero para que lo hagamos con regularidad, o al menos cuando regresamos de un espacio social en el mundo real; esa sensación natural de incomodidad nos invita a la acción. Cuanto mayor sea nuestra capacidad de comprender los efectos y los sentimientos beneficiosos asociados a una buena higiene en comparación con las emociones negativas de la incertidumbre o la ansiedad, nuestro cerebro tenderá de forma natural a lo primero, sencillamente porque le sienta mejor.

Comprender estos sencillos mecanismos de aprendizaje nos ayudará a «tranquilizarnos y seguir adelante» (así es como los londinenses afrontaron la incertidumbre de los constantes bombardeos aéreos en la segunda guerra mundial), en lugar de hundirnos en la ansiedad o en el pánico frente a la incertidumbre. A veces, cuando la mente descarrila a merced de la preocupación del día, podemos detenernos y respirar hondo mientras esperamos a que la corteza prefrontal vuelva a activarse. Una vez que esté operativa, podremos comparar la sensación de ansiedad y la de calma y pensar con claridad. Para nuestro cerebro, es algo evidente. Y más importante, cuando aprovechamos el poder de nuestro cerebro para superar la ansiedad, ampliamos nuestro aprendizaje para abordar otras tendencias habituales. Tan solo hace falta un poco de práctica para que la oferta más grande y óptima se transforme en un nuevo hábito no solo en el caso de la ansiedad, sino más allá.

Aunque la ansiedad nace del miedo, necesita alimento para crecer y prosperar. Para ayudarnos a ver con claridad lo que alimenta la ansiedad, primero necesitamos saber cómo se forman los hábitos, a fin de comprender cómo opera la mente.

CAPÍTULO 3

HÁBITOS Y ADICCIONES COTIDIANAS

Odio decírtelo, pero eres adicto a algo.

Al leer la palabra *adicto*, tus primeros pensamientos se dirigen al alcohol, a la heroína, los opiáceos y otras drogas ilícitas. También tiendes a pensar que la adicción es algo que le pasa a *los demás*. Un amigo, un familiar o un compañero de trabajo que lo ha pasado muy mal (o que lo sigue pasando mal) te viene a la mente en cuanto tu cerebro compara su situación con la tuya. De hecho, no me sorprendería si dices en voz alta: «Ni hablar, no soy adicto. Solo tengo algunas costumbres incómodas de las que me cuesta desembarazarme».

Imagino que esa es tu primera reacción, porque es exactamente lo que yo he pensado durante mucho tiempo. Solo soy un tipo normal que ha crecido en el corazón de la normalidad: Indiana. Mi madre se aseguró de que me comiera las verduras, recibiera una educación y me mantuviera alejado de las drogas. Sin duda me aprendí sus lecciones de memoria –¿tal vez incluso demasiado?–, porque aquí estoy, pasados los cuarenta, soy vegetariano y tengo demasiados títulos (un doctorado y la licenciatura en Medicina). Todo lo que un chico puede hacer para que su madre se sienta orgullosa. Sin embargo, no sabía nada sobre las adicciones.

En realidad, solo llegué a aprender algo en los años de formación como psiquiatra residente en Yale. Vi a pacientes adictos a las metanfetaminas, la heroína, el alcohol, el tabaco, etcétera. Muchos eran adictos a múltiples sustancias al mismo tiempo, y muchos habían pasado por periodos de rehabilitación. En la mayoría de los casos, eran personas normales e inteligentes que conocían bien el perjuicio que su adicción causaba a su salud, sus relaciones, a las personas que los rodeaban –en otras palabras, a su vida en general–, pero no podían recuperar el control. Era tan desconcertante como triste.

Observar la experiencia de mis pacientes trajo a primer plano la exigua definición de adicción: «Uso continuado a pesar de las consecuencias adversas». La adicción no se limita al uso de sustancias químicas como la nicotina, el alcohol y la heroína. El uso continuado a pesar de las consecuencias adversas va más allá de la cocaína, los cigarrillos o cualquier otra sustancia perniciosa que yo había evitado siempre. Esa definición –volvamos a escucharla otra vez, por si queda alguna duda: «Uso continuado a pesar de las consecuencias adversas»– podría aplicarse a *cualquier cosa*.

Este pensamiento hizo que me detuviera en seco. Mientras trataba a los pacientes que habían arruinado su vida por el uso de alguna sustancia muy nociva, me rondaba una pregunta inquietante: «¿Y si la raíz de la adicción no es la sustancia en sí misma, sino que se encuentra en un lugar más profundo? ¿Qué es lo que provoca la adicción en realidad?». ¿Podría la ansiedad ser un hábito, o incluso una adicción? En otras palabras, ¿cuán obvias son las consecuencias adversas de la ansiedad? ¿Podemos volvernos adictos a la preocupación? En la superficie, parece que la ansiedad nos ayuda a cumplir con nuestras tareas. Da la impresión de que la preocupación nos ayuda a proteger a nuestros hijos de todo mal. Pero ¿la ciencia respalda estas afirmaciones?

Entre los investigadores en psicología hay una broma extendida, según la cual, al dirigir una investigación, en realidad «nos investigamos a nosotros mismos». Estudiamos nuestras propias anomalías, taras y patologías (conscientes o inconscientes) a fin de abrirnos camino hacia la cuestión en un sentido más amplio. Por lo tanto, me examiné a mí mismo, y también pregunté por sus hábitos a amigos y compañeros de trabajo. En pocas palabras: encontré adicciones en todas partes. Y este es el aspecto con el que se manifestaban: compras continuadas a pesar de las consecuencias adversas. Un anhelo continuado a pesar de las consecuencias adversas. Jugar a videojuegos de forma constante pese a las consecuencias adversas. Comer sin tregua pese a las consecuencias adversas. Soñar despierto continuadamente pese a las consecuencias adversas. Comprobar constantemente las redes sociales pese a las consecuencias adversas. Preocupación continuada pese a las consecuencias adversas (sí, como veremos, la preocupación tiene muchas y significativas consecuencias adversas). La adicción no se limita a las presuntas drogas duras y a las sustancias adictivas. Está en todas partes. ¿Es esto una novedad o nos hemos perdido algo?

La respuesta: es algo viejo y nuevo. Empecemos con lo nuevo.

El nivel de cambio en nuestro mundo en los últimos veinte años supera con creces todos los cambios de los últimos doscientos años. Nuestros cerebros y nuestros cuerpos no lo han asimilado, y eso nos está matando.

Utilicemos el lugar donde crecí –Indianápolis, Indiana, en el centro del Medio Oeste, el culmen de lo anodino– como ejemplo. Si yo viviera en una granja en el siglo XIX y quisiera un nuevo par de zapatos, tendría que uncir el caballo al carro, ir a la ciudad, contarle al responsable del almacén general el tipo de calzado que quiero (y la talla), volver a casa, esperar un par de semanas para que el zapatero realizara el encargo, volver a uncir el caballo al carro, regresar a la ciudad y (asumiendo que tengo el dinero para pagarlos) comprar los malditos zapatos. ¿Ahora? Puedo encontrarme en un atasco de tráfico, y en un impulso de frustración, clicar en un anuncio que he visto en mi correo electrónico (sí, enviado porque Google sabe que me gusta comprar zapatos), y, por arte de magia, uno o dos días más tarde (gracias a Amazon Prime), un par de zapatos perfectamente apropiados aparecen en la puerta de mi casa.

No hace falta ser un psiquiatra especializado en adicciones para entender que la operación realizada en dos minutos y dos clics tiene más probabilidades de inducirnos a comprar zapatos que la experiencia de dos meses.

El mundo moderno ha sido progresivamente diseñado para crear experiencias adictivas en aras de la comodidad y de la eficacia. Esto se aplica a las cosas (como calzado, comida, etcétera) y conductas (como ver la televisión, mirar las redes sociales o jugar a videojuegos). Y también a los pensamientos, como la política, el amor o la necesidad de conocer las últimas noticias: las aplicaciones de citas y las noticias electrónicas han sido progresivamente concebidas para incluir elementos que enganchen y titulares diseñados para el *clickbait*. En lugar de periódicos consagrados por el tiempo que nos entregan un ejemplar en la puerta una vez al día, que nos permite elegir lo que leemos, las *start-ups* y los grandes grupos de comunicación modernos deciden qué información nos ofrecen y cuándo nos la ofrecen. Pueden rastrear nuestras búsquedas en internet, lo que les aporta información sobre el tipo de artículos que más nos interesan y que clicamos más asiduamente. A partir de este *feedback*, redactan artículos más atractivos y con un potencial gancho para ese perfil de lectores, en lugar de limitarse a transmitir las noticias. Tengamos presente hasta qué punto en la actualidad hay más titulares redactados en forma de preguntas o respuestas parciales en comparación con hace diez años.

Por otra parte, como todo está inmediatamente disponible al instante a través de nuestra televisión, ordenador portátil y *smartphone*, las empresas aprovechan cada momento de debilidad (aburrimiento, frustración, ira, soledad, hambre) para ofrecernos un sencillo chute emocional (compra estos zapatos, come esta comida, mira estas noticias). Y estas adicciones se materializan y consolidan en hábitos, de manera que dejan de parecer adicciones; adoptan la forma de nuestra personalidad.

¿Cómo hemos llegado hasta aquí?

Para responder a esta pregunta, hemos de remontarnos en el tiempo, a una época anterior a *La casa de la pradera*. Hemos de retrotraernos al momento en el que nuestro cerebro desarrolló la capacidad de aprender.

Recordemos que nuestro cerebro alberga componentes nuevos y antiguos. Los nuevos facilitan el pensamiento, la creatividad, la toma de decisiones, etcétera. Pero estas nuevas capas se acumulan encima de las más antiguas: regiones que evolucionaron para ayudarnos a sobrevivir. Un ejemplo que ha aparecido en el capítulo 2 es el instinto de enfrentamiento, evasión o inmovilidad. Otro aspecto del «cerebro antiguo» que he tratado brevemente es lo que se conoce como *sistema de aprendizaje basado en recompensas*. El aprendizaje basado en recompensas depende del refuerzo positivo y negativo. En pocas palabras, tendemos a repetir aquello que nos hace sentir bien (refuerzo positivo) y a evitar lo que nos hace sentir mal (refuerzo negativo). Esta capacidad es tan relevante y evolucionó hace tanto tiempo que los científicos la han encontrado en las babosas marinas; como mencioné anteriormente, se trata de organismos cuyo sistema nervioso solo posee veinte mil neuronas (un descubrimiento por el que Eric Kandel mereció el Premio Nobel). Imagina: solo veinte mil neuronas. Es una criatura similar a un coche reducido a los elementos esenciales necesarios para correr (y frenar).

En la prehistoria, el aprendizaje basado en recompensas era extremadamente útil. Como el alimento era difícil de localizar, nuestros velludos ancestros encontraban algo, y sus farragosos y diminutos cerebros gruñían: «¡Calorías..., supervivencia!». El hombre de las cavernas probaba la comida –deliciosa– ¡y listo! Sobrevivía.

Cuando el hombre de las cavernas ingería azúcar o grasas, su cerebro no solo relacionaba los nutrientes con la supervivencia, sino que también liberaba un compuesto químico conocido como *dopamina*, un neurotransmisor esencial para aprender a vincular determinados lugares con ciertos comportamientos. La dopamina actuaba como una pizarra primitiva, en la que aparecía escrito: «Recuerda lo que estás comiendo y dónde lo has encontrado». El hombre de las cavernas se forjaba una memoria dependiente del contexto y, con el tiempo, aprendía a repetir el proceso. Busca alimento, consume el alimento. Sobrevive. Siéntete bien. Repítelo. Detonante/señal, conducta, recompensa.

Avanzamos hasta la noche de ayer. No te sentías muy bien –tuviste un día duro en el trabajo, tu pareja dijo algo que te hirió o recordaste el momento en el que tu padre abandonó a tu madre por otra persona– y te acordaste de la barrita de chocolate con leche cremosa extra Lindt Excellence en el frigorífico. En la actualidad, encontrar comida no es tan complicado como lo era para el hombre de las cavernas, por lo que desempeña un papel diferente, al menos en el mundo [hiper]desarrollado. Nuestro cerebro moderno dice: «Eh, no uses la dopamina solo para recordar dónde está el alimento. La próxima vez que te encuentres mal, ¡prueba algo rico y te sentirás mejor!». Damos las gracias a nuestro cerebro por esta gran idea y pronto descubrimos que al comer chocolate o helado cuando estamos tristes o decaídos, nos sentimos mejor. Es el mismo proceso de aprendizaje experimentado por el hombre de las cavernas, pero ahora el detonante es diferente: en lugar de una señal de hambre procedente de nuestro estómago, es una señal emocional –tristeza, abatimiento, dolor, soledad– la que induce el deseo de comer.

Pensemos en la adolescencia. ¿Recuerdas a aquellos chicos rebeldes que fumaban a las puertas del instituto? Queríamos molar tanto como ellos, y por eso empezamos a fumar. El hombre de los anuncios Marlboro no era un cretino, y esto no era causalidad. Veíamos algo que molaba. Fumábamos para molar. Nos sentíamos bien. Repetíamos. Detonante, conducta y recompensa. Y cada vez que reiterábamos la conducta, reforzábamos esta secuencia cerebral.

Antes de que lo sepamos –pues no se trata de un suceso consciente–, la forma de afrontar una emoción o de mitigar los agentes estresantes se transforma en un hábito.

Se trata de un momento crucial, por lo que debes leer esto lentamente: con los mismos mecanismos cerebrales que el anónimo hombre de las cavernas, nosotros, genios modernos, hemos pasado del *aprendizaje para la supervivencia* a *matarnos literalmente a nosotros mismos* con estos hábitos. Una situación que ha empeorado exponencialmente en los últimos años. La obesidad y el tabaquismo se cuentan entre las principales causas de morbilidad y mortalidad evitables en todo el mundo. Sin dejarse intimidar por la medicina moderna, los trastornos de ansiedad ocupan el primer lugar en las gráficas como dolencias psiquiátricas predominantes.

Por otra parte, los individuos se pasan la mayor parte de su tiempo *online* obteniendo pequeñas recompensas de dopamina al clicar aquí y allá, dar a «me gusta» o recibirlo. Cada uno de estos hábitos y trastornos han sido creados por nuestro cerebro primitivo, que intenta ayudarnos a sobrevivir en un mundo nuevo.

Y los resultados no son buenos.

No me refiero solo al estrés, los atracones, las compras compulsivas, las relaciones tóxicas, la adicción a internet o la ansiedad general que todos parecemos afrontar constantemente. Si alguna vez quedas atrapado en un bucle de preocupación, sabrás lo que quiero decir:

- Detonante: pensamiento o emoción.
- Conducta: preocupación.
- Resultado/recompensa: evasión, planificación excesiva, etcétera.

Así, un pensamiento o emoción hace que el cerebro empiece a preocuparse. Esto da como resultado evitar el pensamiento o la emoción negativos, que parecen más gratificantes que el pensamiento o la emoción originales.

Recapitulemos.

Nuestros cerebros nos han ayudado a sobrevivir. Cuando éramos cavernícolas hambrientos, recurríamos al aprendizaje basado en recompensas para recordar dónde estaba la comida. Ahora este proceso de aprendizaje es aprovechado para inducir deseos, evocar emociones... y crear hábitos, conductas compulsivas y adicciones.

Las empresas lo comprendieron hace tiempo.

La industria alimentaria gasta miles de millones de dólares para descubrir la cantidad exacta de sal, azúcar y la consistencia crujiente idónea para que los alimentos sean irresistibles. Las empresas de redes sociales invierten miles de horas corrigiendo sus algoritmos para asegurarse de que te interesan los *posts*, vídeos e imágenes perfectos que te mantendrán navegando durante horas (mientras recibes los anuncios de las empresas publicitarias asociadas). Los creadores de noticias optimizan sus titulares para inducir el *clickbait*. Los comerciantes *online* diseñan sus webs con ganchos como «otros clientes como tú también compraron...» para mantenerte navegando hasta que compres algo. Está en todas partes y seguirá creciendo e intensificándose.

Y es peor de lo que pensamos: en el mundo moderno hay activos otros «optimizadores de la adicción».

En primer lugar, el tipo de aprendizaje de refuerzo ansiogénico (es decir, que te incita a desear) recibe el nombre de *refuerzo intermitente*. Cuando un animal recibe una recompensa no sometida a un calendario regular o que parece aleatoria (intermitente), las neuronas de la dopamina reaccionan más de lo habitual. Pensemos en la última vez que nos regalaron algo inesperadamente o nos hicieron una fiesta sorpresa. Apuesto a que te acuerdas, ¿verdad? Esto es así porque las recompensas *inesperadas* liberan dopamina en tu cerebro en una proporción mucho mayor que las *esperadas*.

Los casinos ofrecen un ejemplo de cómo funciona este mecanismo en el mundo comercial. Han regulado tan bien el refuerzo intermitente que disponen de una fórmula o algoritmo que regula las máquinas tragaperras para que estas ofrezcan «premios» el número de veces necesario para que los usuarios sigan jugando, aunque de media todos los jugadores pierden dinero (es la fórmula «ganadora» del casino).

Aquí tenemos otro: Silicon Valley. El refuerzo intermitente se extiende a todo lo que nos alerta de algo nuevo. Recordémoslo: es nuestro cerebro primitivo, que recurre a los únicos trucos que conoce para intentar sobrevivir en el moderno mundo acelerado e hiperconectado. Sin embargo, esa región del cerebro ignora la diferencia entre un tigre dientes de sable y un correo electrónico que nuestro jefe nos envía a altas horas de la noche. Por lo tanto, todo tipo de alerta –desde el antiguo «tienes un *email*» de <aol.com> al zumbido en tu bolsillo que te anuncia un nuevo «me gusta» en tus redes sociales– provoca una respuesta en tu cerebro primitivo. Tu correo electrónico, Twitter, Facebook, Instagram, Snapchat, WhatsApp, el filtro de búsqueda de un apartamento de tres dormitorios y dos baños con encimera de granito en Idealista, todo lo que asegura que te mantengas conectado, está diseñado para suscitar una adicción máxima, en especial porque estos dispositivos no suenan, pitan, zumban o te envían mensajes a intervalos regulares.

El segundo optimizador cotidiano de la adicción en el mundo moderno es la *disponibilidad inmediata*. Comprar unos zapatos en el siglo XIX suponía un gran esfuerzo, y eso era bueno. Si yo quería un nuevo par de zapatos para celebrar el fin de la guerra de Secesión, no podía pedirlos impulsivamente, dando por descontado que llegarían a mi granero al día siguiente. Y como el proceso era arduo, lento, consumía tiempo y, en esencia, no era inmediato, yo tenía que evaluar minuciosamente los costes y los beneficios. Los zapatos que tenía ¿realmente estaban desgastados o aún podía usarlos más tiempo?

El tiempo es fundamental para permitir que toda esa excitación nos inunde («¡oh, zapatos nuevos, ¡qué guay!») y, lo que es más importante, se desvanezca. El tiempo nos concede..., bueno, nos concede tiempo para recuperar la sobriedad, de modo que el dulce néctar del instante se disuelva en la realidad de la necesidad.

Sin embargo, en el mundo moderno podemos ocuparnos de cualquier deseo o necesidad casi al instante. ¿Estresada? No hay problema. Hay magdalenas en la tienda de la esquina. ¿Aburrido? Mira las últimas entradas en Instagram. ¿Ansiosa? Mira vídeos de cachorros preciosos en YouTube. ¿«Necesitas» un nuevo par de zapatos (al ver a alguien con un bonito calzado que deseas tener)? Entra en Amazon.

Lamento decirte esto, pero... tu *smartphone* no es más que un tablón de anuncios que cabe en tu bolsillo. Y lo que es peor, pagas para recibir publicidad constantemente.

Al combinar el aprendizaje basado en recompensas de nuestro cerebro primitivo con el refuerzo intermitente y la disponibilidad inmediata, hemos creado una peligrosa fórmula para los hábitos y las adicciones modernas que va mucho más allá de lo que normalmente consideramos drogadicción.

No lo digo para asustarte. Quiero que comprendas cómo funciona tu mente y hasta qué punto el mundo actual ha sido diseñado para crear conductas adictivas y rentabilizarlas. Para trabajar nuestra mente con eficacia, primero hemos de saber cómo funciona. En cuanto lo sepamos, podremos ocuparnos de ella. Así de simple. Ahora conoces la manera en que la mente da forma a los hábitos. Y con esto presente, estás listo para dar el siguiente paso: cartografiar tu mente.

¿Listo para la primera reflexión?

La ansiedad es un poco más compleja que la mayoría de los hábitos. Para gestionar la ansiedad, necesitamos un enfoque progresivo, por lo que vamos a empezar por algo sencillo. ¿Cuáles son mis tres principales hábitos y adicciones cotidianas? ¿Qué hábitos y conductas no deseadas sigo cultivando a pesar de las consecuencias adversas?

CAPÍTULO 4

LA ANSIEDAD COMO BUCLE DEL HÁBITO

Cuando imparto seminarios o me entrevistan sobre los bucles del hábito, descubro que son pocas las personas que entienden que la ansiedad puede ser uno de ellos.

Para comprender la razón, volvamos a nuestro cerebro primitivo. Imaginemos cómo era la vida para nuestros remotos ancestros en la sabana. Sus cerebros prehistóricos se centraban en dos aspectos: encontrar alimento y no convertirse en alimento. Antes de la aparición de las culturas agrarias, nuestros antepasados tuvieron que explorar territorios desconocidos para encontrar nuevas fuentes de subsistencia. Al abandonar los parajes conocidos por tierras ignotas, su cerebro mantenía un elevado estado de alerta. ¿Por qué? Porque no sabían si el lugar era seguro. Permanecían en un estado de tensión hasta explorar el nuevo territorio y determinar si era peligroso o no. Al explorarlo y no descubrir señales de peligro, se convencían de que era seguro.

No lo sabían, pero nuestros ancestros llevaban a cabo experimentos modernos. Cuantos más «datos» reunían sobre la seguridad del nuevo territorio, mayor era su confianza y podían rebajar el elevado nivel de alerta de su cerebro, bajar la guardia y relajarse en aquel espacio. En el mundo actual, los científicos repetimos un experimento una y otra vez; si obtenemos el mismo resultado, aumenta nuestra confianza en que el experimento es válido y nuestras conclusiones, sólidas. Incluso disponemos de un término estadístico para esto, conocido como *intervalo de confianza*. Los intervalos de confianza miden el grado de confianza (desde el punto de vista estadístico) de que nuestros resultados se mantendrán con las repeticiones.

Desde el hombre de las cavernas a los científicos modernos, a nuestro cerebro nunca le ha gustado la incertidumbre, ya que dificulta la predicción de lo que va a suceder. Tanto «¿voy a ser devorado por un león?» como «¿mi teoría científica se va a sostener?» se registran de un modo similar en nuestro cerebro, y producen una emoción específica: la urgencia de actuar. En función de la gravedad de la amenaza, la incertidumbre puede asemejarse a una picazón mental que nos dice: «Eh, necesito cierta información. Sal a buscarla». Si el peligro potencial es grande o la amenaza es inminente, la picazón se vuelve virulenta y nos empuja a la acción inmediata. Ese inquieto hormigueo incita a nuestro cerebro de supervivencia a descubrir la fuente de ese sonido desconocido que nos ha despertado, para determinar si una presencia pretende devorarnos.

Recordemos que la definición de *ansiedad* es «la sensación de preocupación, nerviosismo o inquietud típicamente suscitada por un acontecimiento inminente o una situación de resultado incierto». Cuando la incertidumbre es alta, nos volvemos ansiosos y nos rascamos ese picor que nos dice: «*Haz* algo». El estrés o la ansiedad es el detonante que impele a nuestro cerebro prehistórico a salir de la cueva y enfrentarse a la noche, mientras intenta averiguar qué hacer (por ejemplo, llevar a cabo una conducta específica), y si nuestro cerebro encuentra una solución (por ejemplo, no he visto nada peligroso), nuestra recompensa consiste en una reducción de la ansiedad.

- Detonante: estrés o ansiedad.
- Conducta: encuentra una solución.
- Resultado: hallazgo de una solución (a veces).

Es como jugar a las tragaperras en un casino y ganar justo el número necesario de veces para mantenernos pegados a la máquina.

Muchas investigaciones demuestran que la ansiedad se perpetúa en forma de bucle del hábito reforzado negativamente. En las últimas décadas, T. D. Borkovec, investigador de la Universidad Estatal de Pensilvania, ha escrito muchos artículos científicos en los que muestra cómo la ansiedad puede provocar preocupación. En 1983, Borkovec y sus colegas describieron la preocupación como «una cadena de pensamientos e imágenes, cargados de emociones negativas y relativamente incontrolables», que representan el intento de participar en la resolución de problemas mentales en una cuestión de resultado incierto. Cuando la preocupación aparece debido a una emoción negativa (como el miedo), también puede reforzarse como una forma de evitar esa emoción desagradable:

- Detonante: emoción (o pensamiento) negativo.
- Conducta: preocupación.
- Resultado: evasión o distracción.

En el diccionario, *preocupación* se define como sustantivo («estoy libre de preocupación») y *preocuparse* como verbo (por ejemplo, «me preocupo por mis hijos»). Funcionalmente, la preocupación es una conducta mental que produce una sensación de ansiedad (nerviosismo o inquietud). Por otra parte, la sensación de ansiedad puede suscitar una preocupación que se torna cíclica:

- Detonante: ansiedad.
- Conducta: preocupación.
- Resultado: más ansiedad.

La conducta mental de la preocupación solo tiene que manifestarse unas pocas veces antes de que el cerebro adopte el hábito de ceder a ella cada vez que nos sentimos inquietos. Sin embargo, ¿cuán a menudo concebimos una solución que arregla el problema? ¿Hasta qué punto la propia preocupación nos ayuda a pensar creativamente o a resolver los problemas? La preocupación pulsa el botón del pánico que nos incita a probar cualquier cosa para hacer desaparecer la ansiedad.

Sacar el teléfono móvil y comprobar las noticias o responder a un correo electrónico puede aportar cierto alivio a la ansiedad, pero crea un nuevo hábito, que consiste en buscar distracción en cuanto nos sentimos estresados o ansiosos. Y cuando la distracción no funciona, hay que inventar otra solución. Esto puede producir más preocupación, y ese pensamiento inquieto se convierte en su propio detonante. No es una recompensa, ¿verdad? Y aquí está el truco: aunque la preocupación no funcione, nuestro cerebro primitivo lo sigue intentando. Recuerda: el cometido de nuestro cerebro es ayudarnos a sobrevivir, y como en cierto momento relacionó la resolución de problemas con la preocupación, considera que esta última es la mejor manera de proceder. Nuestro cerebro sigue bajando la palanca de la máquina tragaperras de la preocupación con la esperanza de conseguir el bote.

EL PROBLEMA DE LA RESOLUCIÓN DE PROBLEMAS

Así pues, la preocupación opera como una conducta mental que nos distrae de la ansiedad o nos hace sentir que mantenemos el control porque nos involucramos (en teoría) en la resolución de problemas. Aun cuando no resolvamos nada –y perdamos el control al preocuparnos más–, la sensación de hacer algo puede ser gratificante en sí misma. Después de todo, preocuparse es hacer algo. Aunque no podamos considerarlo una conducta, sucede. Las conductas mentales siguen siendo conductas y tienen resultados tangibles.

Sin embargo, la preocupación tiene dos grandes desventajas. En primer lugar, si la mente desasosegada no encuentra una solución, la preocupación provoca ansiedad, que a su vez refuerza la preocupación, etcétera. En segundo lugar, si la preocupación es una consecuencia exclusiva de la ansiedad, no habrá nada específico de lo que preocuparse. Es lo que describen mis pacientes: se levantan por la mañana y, sin que haya una razón o un acontecimiento específico por el que preocuparse durante ese día o en el futuro, se sienten ansiosos. Como explicó un participante en nuestro programa sobre la ansiedad: «Me inquieta especialmente la ansiedad intensa por la ma-

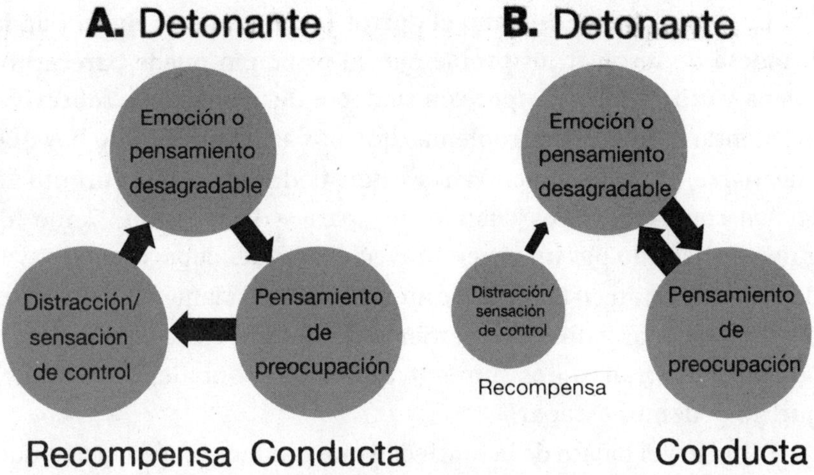

(A) Bucle del hábito que inicia el ciclo de la preocupación: una emoción desagradable suscita preocupación como conducta mental para distraernos o sentir que mantenemos el control. (B) Cuando la «recompensa» de la distracción disminuye, desaparece o no logra compensar las características negativas combinadas de la emoción desagradable y de la preocupación, esta última produce más ansiedad (como emoción desagradable), lo que a su vez aumenta la preocupación, y así sucesivamente.

ñana temprano. Me despierta con una sacudida». Esta sensación de ansiedad dispara su preocupación, mientras intentan descubrir qué es lo que supuestamente debe inquietarles. Al no encontrar ninguna razón específica, adoptan la costumbre de preocuparse por cualquier aspecto del futuro, tanto si eso justifica la angustia como si no.

Esta es la base del trastorno de ansiedad generalizada que el *Diagnostic and Statistical Manual of Mental Disorders* (o *DSM*, la biblia de los profesionales para diagnosticar «trastornos» psiquiátricos) describe en términos de síntomas que incluyen «la presencia de una excesiva ansiedad y preocupación por una gran variedad de asuntos, acontecimientos o actividades» –me encanta la subjetividad de esta parte–, que es «claramente excesiva». El *DSM* también afirma que «la preocupación es muy difícil de controlar», algo que parece obvio, ya que de otra forma nadie acudiría a un psiquiatra en busca de ayuda.

La preocupación es como el doctor Jekyll y míster Hyde. Con la promesa de resolver los problemas, al principio puede parecernos buena y útil. Parece cumplir con su deber de ayudarnos a sobrevivir al intentar resolver los problemas que nos acucian. Pero no hay que engañarse, porque sus entrañas están podridas, y muy pronto se vuelve contra nosotros cuando no aparece la solución. Como alguien arrastrado por un río embravecido, la preocupación pide ayuda a los que están en la orilla. Se aferra desesperadamente a nuestros brazos o piernas y nos hace perder el equilibrio, con lo que los rápidos nos arrastran, o nos sumerge en un remolino de ansiedad del que no podemos escapar.

El bucle del hábito de la «ansiedad que produce preocupación que produce ansiedad» puede ser muy difícil de romper si no advertimos que tanto la ansiedad como la preocupación sumergen nuestra cabeza bajo el agua en un intento por evitar ahogarse. Si tienes tendencia a preocuparte, probablemente podrás analizar estos bucles del hábito en tu propia vida, para descubrir cómo se manifiestan en tu caso.

Sin embargo, determinar los bucles del hábito solo es el primer paso para trabajar la ansiedad. Como psiquiatra, examino la investigación y las intervenciones basadas en evidencias para conocer la mejor manera de ayudar a los demás a superar la ansiedad. Como investigador, me motiva descubrir cómo hacerlo a fin de proporcionar a mi yo psiquiatra unos tratamientos basados en evidencias científicas.

LA EPIDEMIA DE LA CULTURA DEL TRABAJADOR QUEMADO

Los médicos constituyen un subconjunto de un grupo mayor de profesionales de la salud que viven atrapados en lo que se ha dado en llamar una epidemia de *burnout* (síndrome del trabajador quemado). Incluso antes de la COVID-19, ante el incremento de la presión, los médicos se han dado por vencidos (y han tirado la toalla) a un ritmo alarmante. Muchas de estas presiones tienen que ver con una limitación de la autonomía, a medida que las clínicas privadas han sido devoradas, consolidadas y gestionadas por empresas (y los inevitables gerentes intermedios), y el auge de los registros médicos electrónicos, que nos obligan a invertir más tiempo mirando la pantalla de un ordenador que el rostro del paciente, mientras dura la consulta.

En la Facultad de Medicina, aprendimos a «blindarnos» cuando el estrés y la ansiedad asomaban la cabeza, para impedir que se interpusieran en nuestro camino a la hora de ayudar a quienes realmente sufrían. Nuestra vida de martirio se resumía en la ocurrencia de uno de nuestros profesores de Cirugía: «Si ves un dónut, cómete un dónut; duerme cuando puedas; y no j**** tu páncreas». Básicamente, esto quería decir que nuestras necesidades básicas se subordinaban a la atención a los pacientes (y que es muy difícil operar el páncreas). Si pienso en mi formación, entiendo que esta no era una forma muy sostenible (ni muy sana) de trabajar con nuestras emociones.

No se han publicado estudios definitivos sobre la relación entre la ansiedad y el síndrome del trabajador quemado de los médicos, pero anecdóticamente está claro. La falta de una buena formación para gestionar nuestras emociones, junto a la reducción de la autonomía en entornos clínicos y un aumento de la presión para recibir a más pacientes y cumplir nuestro objetivo de *unidad de valor relativo* (es una expresión real por la que soy evaluado en mi clínica) parece haber creado una tormenta perfecta para que la ansiedad y el *burnout* se refuercen.

Por lo tanto, gracias a la financiación de mi hospital, mi laboratorio puso en marcha un sencillo estudio para descubrir si es posible utilizar la terapia de mindfulness como herramienta para ayudar a los médicos a ser conscientes de los bucles del hábito de la preocupación, con el objetivo de reducir la ansiedad y el síndrome del trabajador quemado (volveremos sobre el mindfulness en los capítulos 6, 7 y 8).

Como el aprendizaje basado en recompensas refuerza las conductas en contextos específicos (no olvidemos que fue diseñado para ayudarnos a recordar dónde están nuestras fuentes de alimentación), en lugar de intentar enseñar mindfulness en una clínica o en un centro de investigación, utilizamos nuestra aplicación de formación de mindfulness, Unwinding Anxiety [Deshacer la ansiedad] como herramienta que los pacientes pueden aplicar en su vida cotidiana. Configuramos la *app* para proporcionar terapia de mindfulness a través de breves vídeos diarios (menos de diez minutos al día), animaciones y ejercicios de aplicación inmediata cuando acecha la ansiedad. Gracias a los treinta módulos centrales, primero se analizan los bucles del hábito de la ansiedad y luego se aprende a trabajar en ellos (con las mismas herramientas que descubrirás, más adelante, en este mismo libro). Este formato es especialmente importante para los médicos ocupados, que a veces funcionan en «modo mártir» y a los que les cuesta encontrar tiempo para ayudarse a sí mismos, si eso supone sustraerlo a sus pacientes (la heroína de este estudio fue mi investigadora asociada, Alexandra Roy, que reunió y analizó todos los datos).

Averiguamos que, antes del tratamiento, el 60% de los médicos del estudio manifestaban una ansiedad de moderada a severa, y aproximadamente la mitad decían sentirse agotados por el trabajo al menos varias veces a la semana. También encontramos una fuerte correlación entre ansiedad y el síndrome del trabajador quemado (0,71, donde cero equivale a ausencia de correlación y uno es una correlación perfecta). Tres meses después de utilizar la aplicación, los médicos informaron de una sorprendente reducción del 57% en el nivel de ansiedad (medido según el cuestionario «Trastorno de ansiedad generalizada-7», clínicamente validado). Y aunque no incorporamos ninguna formación específica contra el síndrome del trabajador quemado (se centraba exclusivamente en la reducción de la ansiedad), también encontramos una significativa reducción de este fenómeno, especialmente en lo que respecta al cinismo (cuando los individuos se vuelven cada vez más escépticos en relación con el sistema), que la ansiedad perpetúa fácilmente:

- Detonante: recibo otro correo electrónico en el que se me pregunta por mis unidades de valor relativo.

- Conducta: pienso que el sistema es una basura y que todo va cada vez peor.
- Resultado: aumentan mi cinismo y mi síndrome de trabajador quemado.

Esto no quiere decir que una aplicación vaya a arreglar nuestro sistema sanitario. Nuestro estudio señaló factores del *burnout* individuales en oposición a los institucionales. Por ejemplo, observamos una reducción del 50 % en el cinismo, pero solo un 20 % de reducción del agotamiento emocional. Esto tiene sentido, porque el cinismo se apodera de nosotros como médicos individuales; sin embargo, el agotamiento tiene mucho que ver con el sistema. Si nos vemos obligados a sacrificar la calidad a los dioses burocráticos de la cantidad en nombre de los resultados, aprender a analizar los bucles del hábito será más útil con el cinismo que con el agotamiento (que es exactamente lo que descubrimos). Y tengo la esperanza de que, gracias a la terapia de mindfulness, los médicos y otros profesionales sanitarios aprendan a redirigir parte de la habitual energía cínica a detectar los problemas del sistema y promover el cambio.

Animados por los datos de este estudio, y con financiación de los Institutos Nacionales de Salud (NIH, por sus siglas en inglés), mi laboratorio realizó un ensayo controlado aleatorio de mayores dimensiones (lo que sencillamente significa que estudiamos a dos grupos idénticos en todos los aspectos, a los que suministramos tratamientos diferentes) en el que participaron individuos del público en general con el fin de descubrir si podíamos mejorar el alivio de la ansiedad. En este estudio (que volvió a liderar Alex), distribuimos al azar a los participantes que cumplían los criterios del trastorno de ansiedad generalizada para continuar con el tratamiento clínico que estaban siguiendo (medicación, terapia, etcétera) o para que recibieran la terapia de mindfulness a través de una aplicación.

Dos meses después de utilizar la *app* Unwinding Anxiety, los individuos con un trastorno de ansiedad generalizada mostraron una reducción del 63 % en su condición. Y al llevar a cabo la simulación matemática para ver cómo funcionaba la terapia de mindfulness, descubrimos que reducía el nivel de preocupación, lo que a su vez limitaba la ansiedad. Confirmamos que los individuos conscientes de su estado y que afrontaban sus bucles del hábito relacionados con la preocupación producían resultados clínicos significativos. Los niveles de ansiedad que empezaron en un nivel moderado a severo habían vuelto a la normalidad.

Los participantes de nuestro estudio se alegraron por la caída de su nivel de ansiedad; un 63% es una reducción considerable. Pero ¿qué significa un 63% en el mundo real? La comunidad médica ha desarrollado parámetros simples, todo tipo de detectores de mentiras, para evaluar si algo es *clínicamente significativo*; básicamente, el efecto de un determinado tratamiento. Evidentemente, y como hablamos de la comunidad médica, su detector de mentiras tiene un acrónimo: NNT, es decir, número (de pacientes) que es necesario tratar.

Por ejemplo, el NNT de un tipo de medicamentos estándares para la ansiedad (antidepresivos, en este caso) es 5,15. (Esto quiere decir que hay que dar la medicación a cinco personas para percibir el efecto en una de ellas.) Es como jugar a la lotería: cinco personas se toman la pastilla y una obtiene el beneficio (en forma de una reducción significativa de los síntomas).

El NNT en nuestro estudio era 1,6.

Como médico, me sorprendió encontrar un tratamiento con un NNT tan bajo. Implicaba que más pacientes podrían ganar la lotería con el mismo número de participaciones (por ejemplo, un NNT de 1,6 frente al de 5,15 significa que, para ganar, necesitarías jugar un poco menos del doble en comparación a más de cinco veces). Para mí, como científico, como para cualquiera que pretenda comprender cómo funciona la terapia de mindfulness a la hora de cambiar los hábitos, llegar directamente al mecanismo fue muy gratificante. Y el *feedback* que recibimos por parte de los usuarios también fue agradable:

> Empecé a sentirme ansioso y evoqué mentalmente la imagen de un bucle de retroalimentación. Seguí mis pensamientos y, quién lo iba a decir, todo aquello en lo que pensaba que seguía un claro sendero

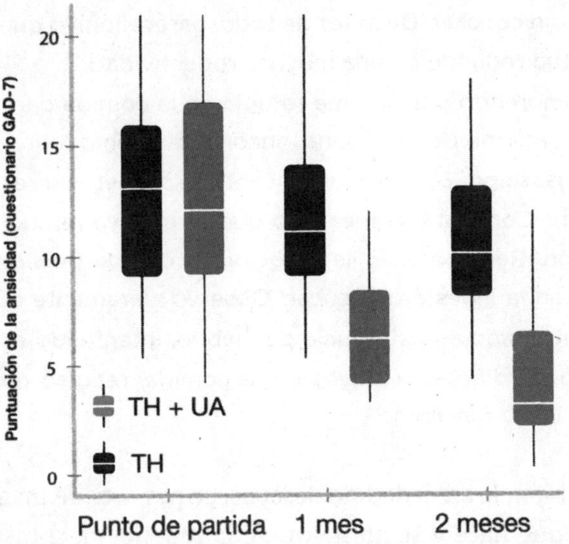

La terapia de mindfulness a partir de una aplicación redujo significativamente la ansiedad. La reducción de las puntuaciones de ansiedad fue mayor en individuos con trastorno de ansiedad generalizada que utilizaron Unwinding Anxiety (UA) frente a los que recibieron el tratamiento habitual (TH).

acababa en el peor escenario posible en algún punto del futuro. Este reconocimiento del bucle de retroalimentación hacía que mis pensamientos fueran menos personales y angustiados en cuanto los consideraba un hábito mental o una historia.

Empiezo a pensar que con el paso de los años me he engañado a mí mismo creyendo que la ansiedad es productiva, incluso una recompensa. Surge un pensamiento sobre el trabajo (detonante), me preocupo o me distraigo (conducta), y como resultado aumenta mi nivel de ansiedad (recompensa o resultado). Durante los primeros días del programa, este bucle me confundía, y me preguntaba cómo es posible que la ansiedad sea considerada una recompensa. ¿Una recompensa? ¡Es horrible! Sin embargo, creo haber entendido algo: para mí, la ansiedad, por horrible que resulte, se ha convertido en la forma «correcta» de sentir, la respuesta apropiada al hecho de tener tareas sin concluir. Después de todo, parece lógico que este tipo de inquietud redunde en una mayor productividad.

Comprendo por qué me refugio en la comida para evitar, ocultar o evadirme de emociones incómodas como la ira, la tristeza o el desasosiego. ¿Quién quiere sentir eso? Detonante: emoción incómoda. Conducta: comer algo que disminuya temporalmente esa emoción. Recompensa: ¡la emoción incómoda persiste y hay que lidiar con la ingesta de azúcar! Observo claramente cómo he quedado atrapado en este bucle del hábito, intentando escapar de las emociones difíciles a través de la comida, recurso que, en última instancia, no funciona.

Ahora bien, la ansiedad no desaparece por arte de magia al darnos cuenta de que nace y se alimenta de la repetición, transformándose en un hábito que se perpetúa a sí mismo. La comprensión intelectual es solo el primer paso. Muchos pacientes han llegado a mi consulta y lo han «entendido», solo para salir de ella y desesperarse al no saber qué hacer. Con el paso de los años he observado qué es lo que la gente necesita para pasar del concepto a la sabiduría: la experiencia directa de calmar su ansiedad. Y, por increíble que parezca, se puede explicar mejor mediante un proceso en tres pasos que tiene más que ver con las bicicletas que con el cerebro.

Crecí montando en bicicleta. Eso me mantuvo alejado de los problemas. Primero tuve una BMX con solo una marcha. Luego una bicicleta de paseo de diez velocidades y por último una bicicleta de montaña de veintiuna marchas. Cuando usas una, nunca sabes si te tocará subir una cuesta empinada, rodar en un tramo llano o bajar una pendiente abrupta. Por eso todas esas marchas resultan útiles: la primera de ellas me permitía ascender a la cima, y la última me ayudaba a descender la montaña que acababa de subir. Por eso los coches también tienen marchas: para que avancen sin importar el terreno.

La analogía de las marchas se me ocurrió después de crear nuestro programa para ayudar a combatir el estrés y los atracones (llamado Come Bien Ahora). Todos los participantes en él tienen libre acceso para unirse a mí en una sesión de vídeo semanal en directo, en la que pueden plantear sus preguntas sobre la práctica y la ciencia del mindfulness. Me aseguro de que comprenden los conceptos y aplican las prácticas correctamente, y, si tienen problemas, les brindo consejos para seguir adelante. Un año después de dirigir estos grupos tanto *online* como de forma presencial en el Centro de Mindfulness (primero en la Facultad de Medicina UMass, ahora en la Universidad Brown), descubrí una tendencia en el progreso de los participantes en los programas. Parecían seguir naturalmente una secuencia que podía dividirse en tres simples pasos. Evidentemente, lo primero que se me ocurrió fueron las marchas, porque se trataba de una analogía perfecta para su experiencia. Emplearé esta analogía como marco pragmático a lo largo de este libro.

La «Parte I» (primera marcha) te ayudará a cartografiar tus propios «bucles del hábito» de la ansiedad.

La «Parte II» (segunda marcha) te ayudará a aprovechar el sistema de recompensas de tu cerebro para trabajar sistemáticamente la ansiedad (y otros hábitos).

La «Parte III» (tercera marcha) contribuirá a que aproveches tus capacidades neuronales naturales para alejarte de los hábitos vinculados a la ansiedad (por ejemplo, preocupación, procrastinación y autocastigo) y crear otros nuevos (por ejemplo, curiosidad y bondad) con efectos potencialmente positivos.

En líneas generales, he descubierto que la gente entiende de inmediato la primera marcha (al menos conceptualmente), y, sin embargo, muestra cierta resistencia en lo relativo a la segunda. Aun así, la mayoría es capaz de desarrollar la habilidad necesaria para cambiar a la tercera marcha muy pronto, y disfruta perfeccionando, modelando y refinando estas destrezas en los años subsiguientes. Algunos pasan un tiempo conduciendo en primera y segunda antes de estar listos para la transición a la tercera. No importa en qué lugar te sitúes: todas las marchas te harán avanzar, y las próximas secciones te ofrecerán la comprensión conceptual y las prácticas que necesitas para abandonar los bucles de la ansiedad (y otros hábitos) y mejorar tu vida.

Parte 1

CARTOGRAFIAR TU MENTE: PRIMERA MARCHA

Nadie puede volver atrás y empezar de nuevo, pero cualquiera puede comenzar hoy y generar un nuevo final.

MARIA ROBINSON

Capítulo 5
CÓMO CARTOGRAFIAR TU MENTE

Mi consulta externa psiquiátrica está especializada en ansiedad y adicciones. Esta es la historia de uno de mis pacientes.

John (no es su nombre real), un hombre de sesenta y tantos años, llegó a mi consulta derivado por su médico de atención primaria, para que lo ayudara con su alcoholismo. Los hechos eran inapelables. John tomaba entre seis y ocho copas cada noche, prácticamente todos los días. Cuando le pregunté qué le hacía beber así, John me dijo que era autónomo y que tenía la mala costumbre de agobiarse por todo el trabajo acumulado en su escritorio. Miraba lo que le quedaba por hacer y le entraba ansiedad. Mitigaba esa ansiedad viendo la televisión o una película en lugar de ponerse a trabajar. Al final del día, descubría que no había hecho nada, lo que multiplicaba su nerviosismo; entonces bebía para aplacar esas sensaciones. A la mañana siguiente, se levantaba con resaca, se sentía aún más culpable y juraba que ese día todo iba a cambiar. Pero su voluntad solo duraba una hora, y pronto estaba como antes, repitiendo los mismos patrones, día tras día (en el próximo capítulo explicaremos por qué falla la voluntad).

Extendí ante nosotros una hoja de papel en blanco, y juntos analizamos su principal bucle del hábito, relacionado con la bebida:

- Detonante: ansiedad al final de la tarde.
- Conducta: empezar a beber.
- Recompensa: adormecimiento, olvido, ebriedad.

Este bucle del hábito puede parecer muy evidente sobre el papel, pero John, atrapado en él, era incapaz de verlo por sí mismo. Le expliqué que así es como su cerebro estaba configurado para aprender y sobrevivir, y que no debía culparse por ello. Son muchos los que luchan contra la ansiedad y beben alcohol para aliviar esas emociones. ¿Cuántos de nosotros empezamos a beber alcohol en las fiestas de secundaria y pronto descubrimos que nos hacía sentir más cómodos y menos autoconscientes?

Una vez delineados los aspectos básicos, John y yo analizamos el bucle del hábito de la procrastinación, relacionado con el anterior:

- Detonante: ansiedad por la mañana, al ver la cantidad de trabajo pendiente.
- Conducta: procrastinación.
- Recompensa: evasión.

Para John, las consecuencias adversas de estos bucles del hábito eran tan severas que su médico de cabecera lo derivó a mi consulta. Tenía un sobrepeso significativo (un trago de *whisky* –su bebida predilecta– tiene más de cien calorías, por lo que cada día tomaba casi mil calorías extras en forma de alcohol) y su hígado mostraba signos preocupantes. Además, su negocio peligraba por sus retrasos en las entregas (a pesar de que era bastante bueno en lo suyo y le gustaba lo que hacía).

A los pocos minutos de conocer a John y ayudarlo a analizar sus bucles del hábito, vi que su comportamiento cambiaba por completo. Había llegado a la consulta con aspecto ansioso y con la sensación de que nada iba a cambiar. Pero en cuanto cartografiamos su bucle del hábito –la ansiedad como causa del alcoholismo, como recurso para anestesiarse–, que hasta ese momento no había logrado reconocer, empezó a mostrarse animado y esperanzado.

Muchos de mis pacientes han dado tumbos durante años sin saber cómo funciona su mente. Es increíblemente gratificante ver cómo descubren y comprenden sus bucles del hábito por primera vez. Es como si hubieran estado en una habitación oscura, y, en lugar de deambular y chocar con todo tipo de objetos en un intento por hallar aquello que podría funcionar para cambiar de hábitos, de pronto alguien hubiera encendido la luz, iluminando la caja negra de su mente.

Envié a John a casa con la sencilla tarea de analizar todos los bucles del hábito en torno a la ansiedad.

Unas semanas más tarde volvió a mi consulta, y antes de tomar asiento me contó, presa de la excitación, lo que había aprendido sobre su mente. No solo había sido capaz de mapear sus bucles del hábito, sino que se había dado cuenta de que la bebida no hacía más que empeorar su ansiedad y sus problemas de salud: sus resacas lo hundían aún más en su estado y entorpecían su capacidad de motivarse para ponerse a trabajar cada día. Abandonó la bebida de repente.* John entendió que su problema principal era la ansiedad, y que la bebida no le estaba ayudando. De hecho, no hacía más que empeorar la situación.

John descubrió otro gran bucle del hábito en la interacción con su mujer. Él es estadounidense y su mujer, china, lo que contribuía a producir cierta ansiedad inadvertida debido a los distintos contextos culturales en los que habían crecido. En general, su relación era buena, pero a veces ella levantaba la voz de una forma contextualmente apropiada según su cultura, pero no en la de John, al que le entraba cierta ansiedad. Estaban conversando normalmente y de pronto ella se excitaba por algo. El tono de su voz cambiaba y eso bastaba para despertar la ansiedad en él.

- Detonante: el tono de voz de la esposa.
- Conducta: inquietud ante un posible conflicto.
- Resultado: ansiedad.

---

* Debo aclarar este punto. Cualquiera que beba en exceso y pretenda dejarlo repentinamente, tal como hizo John, debe consultar con su médico antes de hacerlo. De haber sabido que John iba a actuar así, le habría recomendado una desintoxicación progresiva, en casa o en una clínica especializada, ya que abandonar el hábito de repente puede provocar síndrome de abstinencia, convulsiones e incluso la muerte. John tuvo suerte, se desintoxicó en casa y no tuvo problemas.

John estaba muy contento de haberlo descubierto, ya que durante años había sido una fuente de conflicto en su relación. Cuando cambiaba el tono de voz de su mujer, a John le entraba ansiedad y acababa por gritarle a ella. Ella se quedaba perpleja, preguntándose la razón de sus gritos, y reaccionaba a su reacción, etcétera.

- Detonante: ansiedad.
- Conducta: gritar a su esposa.
- Resultado: conflicto matrimonial.

Después de analizar esta serie de bucles del hábito, John anunció, feliz, que la relación con su mujer había mejorado sustancialmente. El mero hecho de identificar el bucle le permitió dejarlo atrás. Pero nuestro trabajo no había concluido. John empezó a trabajar en una serie de nuevas conductas a partir de sus recientes descubrimientos. Así pues, cuando su mujer alzaba la voz, presa de la excitación, él se recordaba a sí mismo que esa reacción exagerada era una costumbre, respiraba hondo y respondía con serenidad. La burbuja de la ansiedad había estallado.

John es un buen ejemplo de la primera marcha, en la que nos limitamos a describir los bucles del hábito que nos mantienen atrapados en lugares emocionalmente nocivos. Analizamos cómo encajan las piezas y se necesitan unas a otras. A veces, la mera conciencia de los patrones que gobiernan el hábito es suficiente para dejarlo atrás, con resultados significativos. En otras ocasiones, necesitamos un poco de apoyo a lo largo del camino.

¿Cuántas veces has intentado obligarte a superar los viejos bucles del hábito y has fracasado? ¿Cómo podrás arreglar algo si no sabes cómo funciona? Analizar nuestros bucles del hábito es un lugar obvio por donde empezar. Definiremos este esfuerzo de cartografía como la primera marcha.

PRIMERA MARCHA

La primera marcha tiene que ver con reconocer nuestros bucles del hábito y diferenciar sus componentes con claridad: detonante, conducta y recompensa. Aclaremos que la *recompensa* es un término neurológico; es el resultado de una conducta que en cierto momento fue gratificante, y por ello se vio reforzada. En el presente esa conducta puede no parecer gratificante en absoluto, por lo que podemos pensar que el bucle del hábito se compone de un detonante, una conducta y un resultado.

Ejercicio de mapeo mental

Si estás preparado, intenta cartografiar los componentes detonante, conducta y recompensa (DCR) de tus propios bucles del hábito de la ansiedad (u otros) durante los próximos días y observa tus hallazgos. No intentes cambiarlos aún; aprender cómo funciona tu mente es el primer paso para la transformación. No te apresures. Puedes descargar un modelo de mapeo mental de mi página web, <www.drjud.com/mapmyhabit>, o, como hice con John, escribir los componentes en una hoja de papel en blanco y empezar a analizar tus bucles del hábito. Empieza por los más evidentes.

UNA ADVERTENCIA

Como habrás observado en el ejemplo de John, analizar tus bucles del hábito parece una tarea relativamente sencilla. Y en cuanto los percibes nítidamente, es mucho más difícil dejar de verlos. Eso es importante, ¿verdad? (Lo es.)

Es muy habitual que cuando un nuevo paciente llega a mi clínica, o alguien empieza a utilizar mi programa de terapia de mindfulness basado en una aplicación, sea capaz de analizar sus bucles del hábito muy rápidamente. Como John, suelen descubrir capas y capas de bucles del hábito. Los anima aprender cómo funciona su mente, y suelen caer en una irónica trampa: pretenden arreglarlo inmediatamente. Es algo parecido a oír un sonido extraño mientras conduces; llamas al mecánico y, una vez que te ha explicado el problema, vuelves a casa e intentas arreglarlo tú mismo. ¿Qué sucede? Acabas por llevar el coche el mecánico para que arregle el problema original y el que tú has provocado al trastear con él. ¡No caigas en esta trampa!

Vamos a mapear juntos este último bucle del hábito:

- Detonante: empezar a comprender los bucles del hábito.
- Conducta: intentar arreglarlos con herramientas que hemos probado en el pasado.
- Resultado: ¡sorpresa! No funciona.

Más adelante abordaremos cómo se crean bucles del hábito aparentemente insatisfactorios.

Por otra parte, es posible que refuerces otros bucles del hábito inútiles, como caer en la frustración o juzgarte a ti mismo (no te preocupes, también hay un capítulo dedicado a afrontar estos bucles).

Cuando intentas superar la ansiedad y cambiar de hábitos, tienes que saber cómo funciona tu mente y cómo esta los va formando, entre ellos el bucle del hábito que consiste en intentar arreglarlo todo por ti mismo. Conocer una realidad intelectual o conceptualmente es solo el primer paso. La primera marcha es la primera marcha: conocer intelectualmente cómo se forman los hábitos y qué papel desempeñan en tu vida genera las condiciones necesarias para poder cambiarlos en una fase posterior, cuando dispongas de las herramientas necesarias.

Mientras crecía, mi película para adolescentes favorita era *Karate Kid*. De niño me mudé muchas veces, por lo que sentía una absoluta afinidad con el personaje de Daniel, interpretado por Ralph Macchio, el chico nuevo que es acosado por los tíos guais. ¿Y qué adolescente no querría salir con Ali (Elisabeth Shue), la chica a la que finalmente conquista aprendiendo a ser él mismo? Cuando Daniel proyecta aprender artes marciales para la autodefensa, el señor Miyagi (su maestro, interpretado por Pat Morita) no se limita a entregarle un libro sobre kárate, con la tarea de escribir un artículo sobre esta disciplina. Daniel ha llegado a él, excitado por aprender artes marciales, y, sin embargo, el señor Miyagi conoce la trampa mental que consiste en aprender algo conceptualmente, entusiasmarse e intentar ponerlo en práctica, sin saber realmente cómo hacerlo. No podemos leer un libro escrito por Bruce Lee, salir a la calle y ser Bruce Lee. Los conceptos no se transforman mágicamente, como por ensalmo. Tenemos que hacer el trabajo para que los conceptos se traduzcan en conocimiento a través de nuestra propia experiencia.

Es evidente que la expresión «dar cera, pulir cera», la pintura de cercas y el abrillantado de coches compensó a Daniel cuando este se dio cuenta de que el señor Miyagi lo estaba entrenando para que dejara de pensar y se concentrara en su cuerpo, ayudándolo a evitar la trampa de creer que sabía kárate y luego ser golpeado al intentar aplicar las artes marciales que había visto en las películas. El señor Miyagi enseñó a Daniel cómo poner los conceptos en acción.

¿Te identificas con este bucle del hábito?

- Detonante: encontrar un nuevo libro sobre la ansiedad (o sobre cómo cambiar de hábitos).
- Conducta: devorar el libro de una sentada.
- Resultado: comprender los conceptos, pero fracasar a la hora de cambiar el hábito.

Los conceptos son importantes en el cambio de hábitos. Al mapear tus hábitos, pondrás en acción estos conceptos. Hay que tener en cuenta que el mapeo no equivale a solucionar automáticamente los problemas. Sí, al analizar un hábito inútil, como hizo John, podrás abandonarlo rápidamente. De hecho, he recibido muchos mensajes de personas que han visto mis charlas TED de diez minutos («Una manera simple de abandonar un mal hábito») y han renunciado al tabaco, han dejado de procrastinar en la universidad, etcétera. Pero si siempre fuera así de simple, todos los que se esfuerzan en transformar sus hábitos se habrían librado de ellos después de ver ese breve vídeo y no habrían visto más. Las charlas TED pueden ser informativas e inspiradoras, pero a menudo se quedan en eso, y tenemos que ser pacientes con el proceso si queremos obtener resultados.

La mayoría de nosotros tiene hábitos que se han formado hace mucho tiempo; mapearlos es el primer paso para su transformación. En realidad, hay que mapearlos conceptualmente y como experiencias antes de seguir adelante en el proceso de cambio. Por esa razón, el primer tercio del libro está dedicado al mapeo. Conviene no saltarse esta parte. No vayas directamente a la sección de las «soluciones», porque habrás caído en la trampa conceptual de intentar pensar en el cambio de hábitos. Tienes que completar la tarea «dar cera, pulir cera». Como verás, es esencial conocer el proceso a través de tu propia experiencia.

CAMBIAR DE HÁBITOS PUEDE SER DURO, PERO...

Durante cinco años enseñé a los estudiantes de Medicina de Yale a ayudar a sus pacientes a dejar de fumar.

El contenido de la clase me fue transmitido por un psiquiatra mayor que había condensado todo lo que había aprendido en un discurso de cuarenta y cinco minutos. Esos cuarenta y cinco minutos fueron el único momento en los cuatro años de Facultad de Medicina en el que esos estudiantes aprenderían cómo ayudar a los pacientes que querían dejar de fumar. Para que resultara útil y tuviera impacto, los estudiantes tenían que memorizar, interiorizar y actualizar los contenidos.

Lo mejor que se me ocurrió fue hacer un simulacro oral con ellos, que consistía en que yo decía con toda seriedad: «Repetid conmigo la siguiente frase». No fue mi mejor momento, pero no se me ocurrió otra cosa para mantenerlos despiertos y que aprendieran.

Repetid conmigo: «Como médico, lo más importante que puedo contaros hoy es que dejar de fumar es lo mejor que podéis hacer por vuestra salud». Es la mejor opción que tenemos para ayudar a los demás a dejar de fumar: «De forma clara, insistente y personalizada, animad a todo fumador a dejarlo». La siguiente pregunta era: «¿Quieres intentar dejarlo en esta ocasión?». Tal vez un poco sorprendidos de que su profesor de la Facultad de Medicina usara técnicas propias de la enseñanza primaria, la mayoría de los alumnos se limitó a repetir las frases. Para hacer la clase más divertida, cronometré la velocidad a la que las pronunciaban (¿a quién no le gusta un concurso?). Ha pasado una década entre esa clase y la escritura de este libro y, sin embargo, las frases que cité siguen siendo el «estándar de oro» para ayudar a los fumadores a dejar el hábito. Si no me crees, pruébalo.

La repetición es clave a la hora de formar hábitos, y por eso quería que repitieran la frase tantas veces como fuera posible en nuestro breve tiempo juntos (impartiendo, además, el resto de la clase). Pero ¡tenía que haber una mejor manera de ayudar a los demás a cambiar de hábitos!

La cuestión es que modificar los hábitos es una tarea ardua, pero no tiene por qué ser sosa, aburrida o desagradable.

Así pues, repite conmigo...

«Modificar los hábitos es una tarea ardua, pero no tiene por qué ser desagradable.»

«Modificar los hábitos es una tarea ardua, pero no tiene por qué ser desagradable.»

Una vez más, y así la memorizamos.

«Modificar los hábitos es una tarea ardua, pero no tiene por qué ser desagradable.»

Acabas de memorizar un aspecto muy importante del cambio de hábitos. El siguiente paso consiste en penetrar en la maquinaria cerebral responsable de la formación de los hábitos y, en lugar de luchar contra ella, aprovechar su capacidad a nuestro favor. Así, los músculos mentales no se atrofian y no tiene por qué doler.

ENCUENTRA TU PROPIO ARGUMENTO

Las buenas películas y los autores de *best sellers* producen argumentos entretenidos siguiendo el viaje del héroe mítico, que ha existido desde el principio de las narraciones, y que el escritor Joseph Campbell explicó en 1949. En la industria del entretenimiento, esto se ha convertido en la fórmula básica para crear un gancho (un problema que debe ser resuelto o una intriga sobre cómo debe resolverse), contar la historia de una forma atractiva (tensión, conflicto, penurias, etcétera), y asegurarse de que acaba bien (resolución), aunque el final no sea necesariamente feliz. Quizá incluso puedas detectar los elementos del aprendizaje basado en recompensas que te entusiasma al ver un fragmento de la película que te gusta o leer el próximo libro de la saga de Harry Potter:

- Detonante: tensión.
- Conducta: viaje del héroe, sembrado de conflictos, etcétera.
- Resultado: resolución.

Cuando una buena historia acaba, queremos otra.

Esta misma fórmula opera en la era de los atracones de series en Netflix, Amazon y similares, pero con un giro. ¿Qué sucede cuando tenemos toda una serie –por ejemplo, *Juego de tronos*– y queremos enganchar a la audiencia, temporada tras temporada? Se elimina la resolución y la cosa queda así:

- Detonante: tensión.
- Conducta: viaje del héroe, sembrado de conflictos, etcétera.
- Resultado: no hay resolución.

La falta de resolución es como sentarse en el bosque a descansar durante un largo paseo y advertir que estamos sobre un hormiguero. Cuando sentimos esa inquieta sensación de picor, nuestro cerebro entra en estado de alerta y grita: «¡Fuego! ¡Fuego! ¡Apaguemos el fuego!». Por suerte, Netflix y las otras plataformas colocan el extintor al alcance de la mano con la opción del «próximo episodio»; de hecho, asumen que no podrás esperar e incluso se toman la libertad de apretar el botón por ti.

Para cambiar nuestros propios hábitos, tenemos que identificarnos con el héroe de la historia (fácil, eres tú mismo), el argumento (tus hábitos), la trama (¿por qué te comes los M&M's de color verde antes que los de color marrón?), la tensión (¿puedes hacerlo?) y la resolución (¡sí, puedes!).

En este libro nos vamos a limitar al argumento. Por eso tendrás que mapear tus bucles del hábito minuciosa y diligentemente. Sí, como a Daniel *san* en *Karate Kid*, a quien no le gustaba especialmente dar cera, pintar vallas y lavar coches, el mapeo de la mente te puede parecer un trabajo tedioso y menor. Y es un trabajo duro. Sin embargo, la cartografía mental es esencial para ayudarte en tu viaje heroico, para que al final dispongas de una (verdadera) historia que contar.

CAPÍTULO 6

POR QUÉ HAN FRACASADO TUS ANTERIORES ESTRATEGIAS CONTRA LA ANSIEDAD (Y CONTRA LOS HÁBITOS)

Ahora que conoces algunos de los fundamentos de cómo funciona tu cerebro, vayamos a las soluciones. Psicólogos y especialistas han identificado muchas estrategias para abandonar hábitos nocivos, desde la ansiedad a los atracones y la procrastinación. Sin embargo, a menudo la eficacia de estas terapias depende de la configuración genética de cada individuo. Por suerte, la ciencia moderna parece haber revelado el modo en que ciertas prácticas antiguas sirven para vincular el cerebro primitivo y el moderno, y derrotar así esos hábitos perniciosos, al margen de que el individuo haya ganado o no la lotería genética.

Pero primero volvamos al modelo de cerebro que hemos discutido antes. Recuerda que nuestro cerebro primitivo ha sido configurado para ayudarnos a sobrevivir. Además del aprendizaje basado en recompensas, se guarda otro as bajo la manga: convierte lo que aprende en memoria «muscular» tan pronto como puede. En otras palabras, nuestro cerebro está dispuesto para formar hábitos, de modo que podamos liberar espacio cerebral para aprender cosas nuevas.

Imagina que al despertarnos cada mañana tuviéramos que volver a aprender a levantarnos, vestirnos, caminar, comer, hablar; al mediodía estaríamos agotados. En «modo hábito» actuamos con presteza, sin pensar, como si nuestro cerebro primitivo le dijera al nuevo: «No te preocupes, yo me ocupo. No tienes que gastar energía en esto, piensa en otras cosas». Gracias a esta división del trabajo, las regiones más modernas de nuestro cerebro, como la corteza prefrontal, pudieron desarrollar la capacidad de pensar y planificar.

Por esta razón es habitual que los viejos hábitos no desaparezcan aun después de mapearlos. Nadie quiere pasar un hermoso fin de semana ordenando un armario abarrotado cuando aún queda espacio para guardar más trastos. Solo cuando está lleno hasta los topes nos sentimos obligados a limpiarlo. Pues bien, lo mismo ocurre con nuestro cerebro, al que no le molestan los materiales antiguos hasta que estos alcanzan cierto umbral crítico. Las regiones más modernas de nuestro cerebro prefieren ocupar su tiempo en asuntos «más importantes», como planificar las próximas vacaciones, responder correos electrónicos, aprender los últimos trucos para conservar la serenidad en un mundo desquiciado y buscar información sobre las últimas tendencias nutricionales.

Además de ser el centro del pensamiento y la planificación, la corteza prefrontal también es la región del cerebro con la que podemos contar para controlar nuestros deseos e impulsos. El cerebro primitivo funciona en «modo escasez»; siempre está preocupado por la posibilidad de pasar hambre. Si vemos un dónut, nuestro cerebro primitivo se abalanza impulsivamente sobre él, pensando: «¡Calorías..., supervivencia!». Sin duda, recordarás la extraña escasez de productos de primera necesidad –papel higiénico, harina, pasta– en los supermercados al principio de la pandemia de la COVID-19. Si estamos en el supermercado y vemos que alguien llena su carrito, nos apresuramos a aferrar lo que queda, aunque en casa tengamos una reserva suficiente. En cambio, nuestro cerebro nuevo le dice al primitivo: «¡Espera un momento! Acabas de almorzar. ¡Esto no es sano; además ni siquiera tienes hambre!» o «Tenemos suficiente papel higiénico. No hace falta comprar más». El cerebro nuevo es la voz racional que nos recuerda que hemos de comernos las verduras antes del postre. También es la región cerebral que nos ayuda a mantener nuestras resoluciones de Año Nuevo (irónicamente, es la misma voz interior que nos juzga cuando fracasamos; volveremos sobre esta cuestión).

Ahora vamos a examinar algunas estrategias que supuestamente deberían ayudar a afrontar la ansiedad y otras emociones negativas o que permiten modificar hábitos arraigados (estrategias que tal vez ya has probado), y por qué no han funcionado. Esto nos servirá de base para comprender cómo se aplican a bucles del hábito de la ansiedad como la preocupación excesiva.

ESTRATEGIA 1 CONTRA LOS HÁBITOS: VOLUNTAD

Cuando aprovechamos nuestra reserva de voluntad, supuestamente nuestro cerebro nuevo le pide al primitivo que se dé un paseo y pide ensalada en lugar de hamburguesa, ¿verdad? Si estamos nerviosos, deberíamos poder relajarnos. Parece que la voluntad debería funcionar, pero hay dos grandes salvedades.

En primer lugar, investigaciones recientes cuestionan algunas de las antiguas ideas sobre la voluntad.[1] Algunos estudios han demostrado que solo algunos afortunados han sido genéticamente dotados de voluntad; otros estudios argumentan que la voluntad es un mito.[2] Incluso los estudios que reconocen que la voluntad es algo real tienden a establecer que los individuos que ejercen un mayor autocontrol en realidad no tienen más éxito al cumplir sus objetivos; de hecho, cuanto más se esfuerzan, mayor es su agotamiento.[3] La respuesta breve nos dice que empecinarnos, apretar los dientes u obligarnos a «hacerlo» pueden ser estrategias contraproducentes, tal vez útiles a corto plazo (al menos nos hacen sentir que estamos haciendo algo), pero improductivas a largo plazo, que es cuando realmente importa.

En segundo lugar, aunque la voluntad puede ser útil en condiciones normales, cuando estamos estresados (un tigre dientes de sable, un correo electrónico de nuestro jefe, una discusión con el cónyuge, agotamiento, hambre), nuestro cerebro primitivo toma el control y anula al nuevo, desconectándolo hasta que el estrés ha desaparecido.[4] Por lo tanto, justo cuando necesitas de la voluntad –que reside, recordémoslo, en la corteza prefrontal o cerebro nuevo– esta no está disponible, y nuestro cerebro primitivo engulle magdalenas hasta que nos sentimos mejor y el cerebro nuevo vuelve a activarse. La corteza prefrontal es así: es la región más joven y menos evolutivamente desarrollada del cerebro, y también la más débil. Esto significa que depositamos toda nuestra fe en la parte más débil del coco para no dejarnos llevar a la tentación. ¿Es extraño que muchos de nosotros nos sintamos culpables? Para la mayoría, la ausencia de voluntad es más un fallo de la configuración cerebral (y de la evolución) que culpa suya.

Aplicar la voluntad a la ansiedad es lógico, pero un tanto descaminado para las masas. Cuando mi amiga Emily (la abogada dinámica que se las apaña para salir de cualquier embrollo, real o imaginado) tenía ataques de pánico, se decía a sí misma: «Sientes que vas a morir, pero eso no va a pasar. Es tu cerebro el que juega contigo. Tú decides qué pasará después». Ella es una entre un millón, con un cerebro muy entrenado a su entera disposición. Si al resto de los mortales nos bastara con pedirnos a nosotros mismos que dejemos de estar inquietos cuando la ansiedad asoma su horrible rostro, yo me dedicaría, felizmente, a otra cosa. Nuestro cerebro no funciona así, especialmente cuando el estrés y la ansiedad clausuran la región que supuestamente gobierna el razonamiento por medio de un pesado hechizo. Si no me crees (o no te crees los datos), prueba esto: la próxima vez que la ansiedad se apodere de ti, envíate a ti mismo la orden de serenarte y verás qué pasa. Si quieres que el desafío sea aún mayor, pronuncia las palabras con el tono severo de tu padre.

ESTRATEGIA 2 CONTRA LOS HÁBITOS: SUSTITUCIÓN

Si deseas hacer *X*, prueba con *Y* en su lugar. Como la voluntad, la sustitución depende del cerebro nuevo. Esta estrategia está respaldada por muchos estudios científicos y es una opción segura en la psiquiatría de la adicción. Por ejemplo, si quieres dejar de fumar pero anhelas un cigarrillo, toma un caramelo en lugar de buscar el encendedor. Esto funciona en determinado tipo de personas (y fue uno de los métodos que me enseñaron en mi etapa como residente), pero la investigación de mi laboratorio, entre otras, ha demostrado que puede no bastar para eliminar el propio deseo. El bucle del hábito sigue intacto, pero la conducta es sustituida por algo más saludable (vale, vale, más tarde podemos discutir si el caramelo es más sano, pero creo que captamos la idea). Como el bucle del hábito sigue ahí, también es más probable una recaída en la vieja costumbre en algún momento futuro.

El uso de esta estrategia también se sugiere para gestionar el estrés y la ansiedad. Cuando la inquietud haga mella en nosotros, podemos distraernos mirando fotos de cachorros adorables en las redes sociales. Uno de los pacientes que utilizaba nuestra aplicación para la ansiedad incluso programó un bot que retuiteaba las imágenes de cachorros, para no tener que buscarlas. Abría su cuenta de Twitter y se encontraba con una infinidad de fotos. Esto no solucionó su ansiedad (ni su procrastinación) y, como veremos en la «Parte III», nuestros cerebros se cansan de estas tácticas.

ESTRATEGIA 3 CONTRA LOS HÁBITOS: PREPARA TU ENTORNO

Si te tienta el helado, no guardes varios paquetes en el congelador. Esta estrategia vuelve a involucrar a nuestro fastidioso cerebro nuevo. Muchos laboratorios que estudian la preparación del entorno han descubierto que las personas con un buen autocontrol tienden a estructurar su vida de modo que no necesitan tomar decisiones relacionadas, precisamente, con el autocontrol.[5] Adquirir el hábito de hacer ejercicio cada mañana o comprar comida sana en el supermercado hace que ponernos en forma y cocinar saludablemente se convierta en una rutina, por lo que será más fácil mantener el hábito. Aquí hay dos salvedades: 1) tenemos que adquirir el hábito saludable; y 2), cuando tengamos un desliz, porque nuestro cerebro ha incorporado los viejos hábitos con un nivel de profundidad superior a los nuevos, es probable que recuperemos el viejo patrón y nos quedemos en él. Lo veo constantemente en mi clínica. Mis pacientes prueban esta estrategia por un tiempo, pero vuelven a fumar, beber o tomar drogas (es sorprendentemente difícil evitar las tiendas de licores, a menos que nos mudemos a una isla desierta y libre de alcohol o a Utah). Esta es la razón por la que los gimnasios suelen ofrecer descuentos en sus tarifas a principios de año. Saben que la gente se apunta, va un par de semanas, se salta unos días porque llueve o hace frío, deja de ir y por último abandona el equipo en condiciones inmaculadas para repetir el ritual en enero del próximo año, cuando se siente culpable por no estar en forma.

¿Hasta qué punto preparar nuestro entorno es útil en el caso de la ansiedad? No podemos guardar la ansiedad en el congelador o evitar una tienda para sustraernos a la tentación de escoger uno de sus treinta y un sabores de camino a casa después de un día duro. Por bien que suene una «zona libre de ansiedad» en el hogar, por mucho que trabajemos en ella, cuando llegue el momento, el trastorno se manifestará.

ESTRATEGIA 4 CONTRA LOS HÁBITOS: MINDFULNESS

Jon Kabat-Zinn es quizá el experto en mindfulness más conocido en Occidente. Mientras participaba en un retiro de meditación silenciosa a finales de la década de 1970, se le ocurrió la idea de desarrollar y poner a prueba un programa de mindfulness de ocho semanas, que pudiera impartirse e investigarse en entornos médicos. Así nació la reducción del estrés basada en mindfulness (MBSR, por sus siglas en inglés). En las siguientes cuatro décadas, el MBSR se convirtió en el curso de mindfulness más conocido y estudiado.

Kabat-Zinn ofrece esta definición del mindfulness: «La conciencia que surge al prestar atención al momento presente, deliberadamente, sin juicio». Básicamente, este autor señala dos aspectos de la experiencia: la conciencia y la curiosidad.

Ahondemos un poco. ¿Recuerdas que nuestro viejo cerebro reacciona al refuerzo positivo y negativo para determinar qué hacer, y que luego se muestra muy competente a la hora de transformar la conducta en hábitos?

Si no somos conscientes de que hacemos algo habitualmente, perseveraremos en esa conducta. Kabat-Zinn lo describe en términos de «operar en piloto automático». Si recorremos la misma carretera mil veces, nuestro viaje se torna habitual. Tendemos a distraernos y pensar en otras cosas mientras conducimos, a veces hasta el punto de no recordar cómo hemos llegado a casa desde el trabajo. ¿Se trata de magia? No, es el hábito.

Despertar la conciencia a través del mindfulness nos ayuda a «abrir el capó» y descubrir lo que está pasando en nuestro cerebro antiguo. Podremos reconocer nuestros bucles del hábito mientras están sucediendo, en lugar de «despertar» al final, cuando casi hemos estrellado el vehículo.

En cuanto somos conscientes de nuestros bucles del hábito –cuando funcionamos en piloto automático–, nos asaltará la curiosidad por lo que está pasando. ¿Por qué actuamos así? ¿Cuál es el detonante de esta conducta? ¿Qué recompensa obtenemos? ¿Queremos seguir así?

Al principio puede resultar extraño, pero la curiosidad es una actitud clave que, junto a la conciencia, contribuye a modificar los hábitos; se trata de una relación avalada por la investigación de mi laboratorio y de algunos otros. Y la curiosidad es una poderosa recompensa en sí misma. ¿Recuerdas la última vez que sentiste curiosidad por algo? Es una emoción muy agradable en sí misma, señala a tu cerebro antiguo que eso es mejor que una rápida ingesta de azúcar seguida de un ataque de culpabilidad.

Abandonar el «modo hábito» libera al cerebro nuevo y le permite hacer lo que mejor sabe hacer: tomar decisiones lógicas y racionales.

¿Qué crees que es mejor para cambiar un hábito? ¿Despertar en medio de un atracón de helado y sucumbir a la vergüenza y el remordimiento, o ser consciente de una conducta, tener curiosidad y empezar a mapear lo que tu mente hace realmente?

Esa curiosidad es clave para permanecer abierto y receptivo al cambio. La doctora Carol Dweck, investigadora de la Universidad Stanford, habló de todo esto hace años cuando comparó la *mentalidad de crecimiento* y la *mentalidad fija*.[6] Cuando estás atrapado en viejos bucles del hábito (incluido juzgarte a ti mismo), no te abres al crecimiento (mi laboratorio ha llegado a mapear la región del cerebro asociada a esto).

Aunque la investigación científica sobre el mindfulness aún está en sus fases iniciales, ya se han conseguido algunos hallazgos consistentes. Estudios de múltiples laboratorios han descubierto que el mindfulness se centra específicamente en las áreas clave del aprendizaje basado en recompensas. Por ejemplo, mi laboratorio descubrió que la terapia de mindfulness era fundamental para ayudar a los fumadores a reconocer sus bucles del hábito y desvincular el deseo del tabaco. En otras palabras, los pacientes podrían percibir un deseo, sentir curiosidad por las sensaciones de su cuerpo (y de su mente), y superarlo, en lugar de fumar habitualmente. Romper este bucle del hábito tiene un porcentaje de éxito cinco veces superior al actual tratamiento estándar.[7]

Mi laboratorio encontró algunos cambios notables en las conductas habituales cuando la gente aprende a comprender ese proceso de bucle del hábito y aplica técnicas de mindfulness. Aprender a prestar atención provoca cambios de comportamiento no solo con el tabaquismo, sino también en los problemas relacionados con la alimentación e, incluso, como sabemos a partir de nuestros estudios clínicos, con la propia ansiedad.

Por otra parte, he comprobado que funciona maravillosamente en mi propia vida. Hay un corolario a la máxima «cuanto menos se sabe, más se habla» que he mencionado al principio de este libro: «No te limites a hacer algo, ¡siéntate!». Se trata de una paradoja simple y poderosa que ha tenido grandes efectos en mí, tanto personal como profesionalmente. Si un paciente se siente ansioso o angustiado en mi consulta (como consecuencia de haberme contado algo que ha sucedido o hablar de un acontecimiento venidero), yo podría padecer el contagio social y sentirme inquieto o nervioso («¡oh, no, esto es serio!, ¿seré capaz de ayudarlo?»).

¿Por qué? Por un lado, si me deslizo por la madriguera de conejos de la ansiedad y mi corteza prefrontal tiene problemas para pensar, podría reaccionar habitualmente a mi propia ansiedad e intentar «arreglar» a mi paciente para que mi ansiedad se desvanezca. Evidentemente, eso solo suele empeorar las cosas, pues mi paciente no percibe que yo lo comprenda, o la solución no es óptima porque no hemos llegado a la raíz de su ansiedad (porque inconscientemente nos centrábamos en mí). El lema «no te limites a hacer algo, ¡siéntate!», también sirve como poderoso recordatorio de que el ser es el hacer. En otras palabras, al estar ahí, escuchando atentamente a mis pacientes, doy lo mejor de mí en esos momentos: empatía, comprensión y vínculo. Por último, me gusta esta expresión porque me recuerda que el instinto de la fuerza de voluntad, que consiste en actuar, es un bucle del hábito en sí mismo (bienintencionado, pero equivocado), que yo puedo observar simplemente: en realidad, la observación es la única «acción» necesaria e, irónicamente, la más eficaz.

¿Listo para otra pregunta que te haga reflexionar sobre el mapeo de hábitos relacionados con tu ansiedad (y con otros aspectos)? Si este no es tu primer intento de modificar un hábito, repasa las diferentes estrategias que has probado con los años. ¿Cuáles han funcionado? ¿Cuáles han fracasado? ¿Acaso tus éxitos y fracasos encajan con lo que ahora sabes sobre el funcionamiento del cerebro (específicamente, en relación con el aprendizaje basado en recompensas)? Si eres un recién llegado al mundo del cambio de hábitos, te encuentras en una buena situación, porque no has creado «malos» hábitos respecto al intento de cambiar los malos hábitos (es decir, estrategias que han fracasado, pero que repites una y otra vez). Mantén el rumbo y sigue cartografiando los hábitos. Presta atención al impulso de intervenir y encontrar una solución (y considéralo como un bucle del hábito). «Dar cera, pulir cera.»

CAPÍTULO 7

HISTORIA DE DAVE, PRIMERA PARTE

Dave (no es su nombre real), uno de mis pacientes, me contó en la primera sesión que había empezado a tener ataques de pánico en la autopista en los dos últimos años. Conducía despreocupadamente, sin pensar en nada, cuando de pronto en su mente surgió la idea de lo peligroso que resultaba conducir a noventa kilómetros por hora. «Estoy en un enorme proyectil lanzado por la carretera», fue su manera de describir la sensación. Los ataques de pánico empeoraron hasta el punto de que tuvo que dejar de conducir por la autopista.

Desgraciadamente, sus ataques de pánico no se limitaron a la conducción. Una noche, cuando cenaba con su novia en un restaurante de *sushi*, tuvo el repentino pensamiento de que podría ser alérgico al pescado. Le entró tal ansiedad que tuvieron que marcharse inmediatamente. Él sabía que, racionalmente, era una idea absurda: no era alérgico al pescado y era muy improbable que hubiera desarrollado esa tendencia justo esa noche. Pero su mente racional no pudo hacer nada contra la voz mental que le decía: «No se hable más. ¡Hay peligro! Vámonos ahora».

Dave me explicó que había sentido ansiedad durante toda su vida, incluso en la infancia. Intentó recurrir al alcohol a los veinte años (y eso le hizo sentirse peor); le recetaron medicación (pero le daba miedo tomársela); visitó a psicólogos, terapeutas e incluso a un hipnotizador, pero, según contaba, «nada funcionó». Dave continuó explicándome que uno de sus principales mecanismos de supervivencia era comer. La ansiedad le inducía a comer algo, y la comida lo anestesiaba temporalmente, lo distraía de la ansiedad. Este bucle del hábito lo llevó a un sobrepeso considerable. Y debido al sobrepeso, ahora Dave tenía hipertensión, hígado graso y una severa apnea del sueño.

- Detonante: ansiedad.
- Conducta: comer.
- Resultado: unos minutos de distracción respecto a la ansiedad.

Y aquí estaba, con cuarenta años de edad y un trastorno de ansiedad generalizada, trastornos del pánico y un sobrepeso significativo. Su ansiedad había empeorado tanto que muchos días estaba tan aterrado que ni siquiera podía salir de la cama. Cuando lo conocí, buscaba algo desesperadamente, cualquier cosa que lo ayudara a encontrar la luz.

Durante la primera consulta, saqué una hoja de papel en blanco y escribí las palabras *detonante, conducta* y *recompensa* en forma de triángulo, con flechas que iban de *detonante* a *conducta* y *recompensa*, y de vuelta a *detonante*. Le mostré la hoja y le pregunté:

–¿Es correcta esta imagen? ¿Un pensamiento de temor (detonante), como «oh, tal vez sea alérgico al pescado», te lleva a abandonar o evitar la situación (conducta) y te hace sentir mejor (recompensa)?

–Sí –respondió Dave.

–¿Se han creado así bucles del hábito específicos que tu cerebro considera que te mantienen a salvo, pero que en realidad están impulsando tu ansiedad y tu pánico?

–De forma resumida, así es –replicó él.

En pocos minutos, analizamos cómo el sistema de supervivencia de su cerebro había sido secuestrado para transformar su vida en un ciclo infinito y perenne de preocupación ansiosa. La ansiedad provocaba preocupación y conductas evasivas, que a su vez alimentaban la ansiedad y el deseo de huir. Además, el mecanismo de supervivencia que lo inducía a comer le hacía obeso e hipertenso.

Envié a Dave a casa con un sencillo objetivo: mapear los bucles del hábito. ¿Cuáles son los detonantes de la ansiedad? ¿Cuáles son las conductas? ¿Cuáles las recompensas? Yo quería conocerlo todo, y ver en qué derivaban esas conductas.

Esta última parte era especialmente importante. Nuestro cerebro configura los bucles del hábito a través del aprendizaje basado en recompensas. En otras palabras, si una conducta es gratificante, aprendemos a hacerla otra vez. Me resultaba evidente que Dave había aprendido a evitar situaciones de miedo (y a comer impulsado por el estrés) porque era gratificante.

Y aunque estas recompensas eran irracionales y profundamente inútiles a largo plazo, lo mantenían atrapado en esos bucles del hábito. El grado de gratificación de una conducta dirige las conductas futuras, no la conducta en sí misma. Otra forma de expresarlo es que la propia conducta es menos importante que el resultado de la conducta; si fuera tan simple como identificar la conducta y decirle a alguien que deje de hacerlo, yo me quedaría, felizmente, sin trabajo. «Deja de hacerlo» nunca ha sido un buen eslogan por muchas razones. Tras años de investigación y práctica clínica, estoy plenamente convencido de que la voluntad es un mito y no un verdadero músculo mental.

Recurro a la historia de Dave por la siguiente razón: es un buen ejemplo de la sencillez y la importancia de mapear nuestros bucles del hábito. No requiere mucho tiempo ni una cita con un psiquiatra o psicoanalista. Tan solo requiere atención (que es gratis).

Por ejemplo, si tenemos el bucle del hábito de interrumpir los turnos de palabra en una reunión, observaremos lo que sucede cuando lo mapeamos mentalmente, antes de intervenir:

- Detonante: pensamiento «tengo una gran idea».
- Conducta: interrumpir a quien esté hablando y soltarlo.
- Resultado: arruinar el buen ambiente de la reunión.

Volveremos a la historia de Dave a medida que avancemos en el libro, para que sigas su progreso de mapeo y trabajo con su mente, tal como tú mismo harás con la tuya.

Los bucles del hábito (ansiedad y otros) nos controlan hasta que los comprendemos en profundidad. El primer paso para recuperar el control consiste en prestar atención y mapearlos. Cada vez que creamos un mapa, abandonamos el piloto automático y adquirimos cierto control, porque somos conscientes del lugar al que nos dirigimos.

¿ACASO NO ES ÚTIL CIERTO GRADO DE ANSIEDAD?

Nuestro cerebro es brillante a la hora de establecer asociaciones. Así es como aprendemos. Asociamos el pastel con un sabor delicioso; vemos un pastel y nos lo comemos automáticamente. Si una comida nos sienta mal en un restaurante, aprendemos a evitar ese establecimiento. De hecho, la asociación entre el restaurante y la repugnancia puede ser tan fuerte que podemos llegar a sentir náuseas al pasar por delante. Sin embargo, esta brillantez solo se aplica hasta cierto punto. El cartel de un restaurante no es venenoso en sí mismo, pero aprendemos a asociarlo mentalmente con la señal «NO ENTRES AHÍ». Y nuestra mente –como la buena máquina de aprendizaje asociativo que es– puede establecer falsas asociaciones entre la ansiedad y ciertas actividades.

El supervisor de mi doctorado, el doctor Louis Muglia, me enseñó la frase: «Cierto, cierto, y sin relación». Esta frase era un recordatorio al realizar experimentos en el laboratorio para comprobar una cadena de causalidad. En otras palabras, yo podía estudiar la conducta o el proceso *X* y descubrir que sucedía *Y*, pero tenía que demostrar (a mí mismo, a mi supervisor y al mundo) que *X* era la causa de *Y*: *X* podía suceder (cierto); *Y* podía suceder al mismo tiempo o justo después (cierto). Pero eso no demostraba que *X* fuera la causa de *Y*.

Nuestra mente actúa así constantemente. Uno de mis ejemplos favoritos es el de los jugadores de béisbol profesional que se disponen a batear en la base. Realizan diversos rituales cada vez que se preparan para el lanzamiento: golpear el suelo con el pie un determinado número de veces, tocar una zona del casco, etcétera. Muchos jugadores han asociado estas conductas específicas con el éxito: si hacen *X*, *Y* y Z, tendrán más probabilidades de golpear la bola. Pero el hecho es que pueden completar el ritual (cierto) y golpear la bola (cierto), pero nada demuestra que ambas verdades estén relacionadas.

Evidentemente, muchos de nosotros vinculamos la ansiedad con el éxito del mismo modo. Cuando imparto un seminario, casi siempre hay alguien que se me acerca después y me comenta, con convencimiento (¡ay, cómo nos gusta estar convencidos!), que en la vida no habría llegado hasta el punto en que se encuentra de no haber sido porque la ansiedad lo había impulsado. También lo compruebo en mi programa de ansiedad clínica. Por ejemplo, un paciente lo describió así: «En mi caso, empecé a atribuir mi éxito a la ansiedad. En la escuela me iba muy bien y creía que mi ansiedad era un incentivo, así que en lo más íntimo temía dejar atrás ese estado; tenía muchas dudas». Otro comentó: «Yo me sentía igual. Temía que, al abandonar la ansiedad, perdiera la capacidad de exigirme más».

En estas conversaciones, con mis pacientes o con alumnos de un taller, casi podía oír las palabras de mi supervisor. «¿Ha sido cierto, cierto, pero sin relación?», inquiría la voz de Lou. A continuación, explicaba que correlación no equivalía a causalidad. Luego exploraba su experiencia, para ayudarlos a identificar si estaban asociando falsamente la sensación de la ansiedad con un rendimiento óptimo.

Uno de los aspectos más fascinantes que he observado es lo apegada que está la gente a la idea de que la ansiedad es fundamental para tener éxito. Lo comentaba con Caroline Sutton, mi editora, y ella pronunció unas sorprendentes palabras, que realmente sonaban muy ciertas: la gente idealiza su ansiedad o su estrés. Lo exhiben como una insignia honorífica, sin la cual valdrían menos, serían peores personas o perderían su razón de ser. Para muchos, el estrés equivale al éxito. Como ella señaló: «Si estás estresado, estás contribuyendo. Si no lo estás, eres un perdedor».

La idea de que hay que estar un poco ansiosos para ser productivos también ha sido idealizada en la literatura de investigación. En 1908, cuando el campo de la psicología estaba en su infancia, dos investigadores del comportamiento animal de Harvard, Robert Yerkes y John Dodson, publicaron un artículo titulado «The Relation of Strength of Stimulus to Rapidity of Habit Formation».[1] Los ratones enanos japoneses aprendían una tarea más eficazmente al recibir una descarga moderada, como refuerzo negativo, en comparación con una descarga media o severa. Los investigadores llegaron a la conclusión de que los animales necesitaban cierto nivel de estímulo, pero no excesivo, para mejorar su aprendizaje. Este artículo solo fue referenciado diez veces en cincuenta años, pero cuatro de los artículos que lo citaban describían estos descubrimientos como una ley psicológica (ahora irrevocablemente consignada en internet como ley Yerkes-Dodson o curva Yerkes-Dodson).*

En un artículo publicado en 1955, el psicólogo británico de origen alemán Hans Eysenck sugirió que la «ley» Yerkes-Dodson podía aplicarse a la ansiedad: aventuró que un aumento de la estimulación podría mejorar el rendimiento del sujeto en una tarea determinada.[2] Dos años más tarde (1957), uno de los exalumnos de Eysenck, P. L. Broadhurst, que en ese momento trabajaba en la Universidad de Londres, publicó un artículo audazmente titulado «Emotionality and the Yerkes-Dodson Law». En él constataba que mantener la cabeza de una rata bajo el agua (es decir, privarla del aire) durante una cantidad de tiempo progresivamente más extensa –lo que describió como una medida de «la intensidad de la motivación impuesta»– aumentaba la velocidad de natación de la rata hasta un punto en el que volvía a caer ligeramente.[3] Utilizando los términos *motivación*, *estimulación* y *ansiedad* de forma intercambiable, llegó a la valiente conclusión de que, «a partir de estos resultados, es evidente que la ley Yerkes-Dodson puede darse por confirmada» (me pregunto si llegó a considerar que las ratas sumergidas durante un tiempo más largo intentaban recuperar el aliento más que nadar). A partir de estudios con ratones enanos y ratas ahogadas, se psicologizó la curva en forma de U invertida o curva de campana: un poco de ansiedad es buena para el rendimiento; mucha ansiedad, no tanto.

Avanzamos medio siglo hasta la aparición de una revisión de la literatura psicológica relacionada con el estrés y el rendimiento laboral que estableció que solo el 4% de los artículos avalaban la curva en

* El cambio histórico de la oscuridad a la ley es descrito con solvencia por Martin Corbett en un artículo publicado en 2015, «From Law to Folklore: Work Stress and the Yerkes-Dodson Law», *Journal of Managerial Psychology*, 30, n.º 6, 2015, págs. 741-752; doi:10.1108/JMP-03-2013-0085.

forma de U invertida, mientras que el 46 % encontró una relación lineal negativa, lo que básicamente quiere decir que cualquier nivel de estrés inhibe el rendimiento.[4] Pese a estas claras diferencias (¡malditos sean los datos!), la generalizada «ley» Yerkes-Dodson se ha convertido en folclore, alcanzando, quizá, un estatus mítico en el presente que queda evidenciado en el crecimiento aparentemente exponencial en el número de citas (menos de diez en 1990, menos de cien en 2000 y más de mil una década más tarde).

La ansiedad como distintivo honorífico, un componente esencial de la competencia laboral, una identidad asumida («gracias a Dios por mi ansiedad, ¿qué haría sin ella?»), tal vez en combinación con la estética de un modelo explicativo seudocientífico (las curvas de campana están de moda), ha provocado cierta resistencia a reevaluar esta explicación, no solo por parte de los terapeutas (algunos de los cuales han escrito libros enteros a partir de esta premisa), sino también por los pacientes y el público en general.

Si en la trastienda de tu mente hay una voz que te dice que la ansiedad es buena, ha llegado la hora de explorar si esa relación causa-efecto es real. ¿La ansiedad mejora siempre tu rendimiento? ¿Has tenido éxito cuando no estabas ansioso? Y aunque tal vez no estés preparado para esta pregunta, la plantearé igualmente: ¿la ansiedad te quita la energía, entorpece tu pensamiento o, a veces, frena tu rendimiento? (¡Uf!) Como conclusión, cuando los deportistas olímpicos o los músicos profesionales dan lo mejor de sí mismos, ¿parecen nerviosos? (Una pista: pon viejos vídeos del partido en el que Michael Jordan marcó sesenta puntos y mira su expresión, la actuación de *snowboard* en medio tubo en la que Chloe Kim ganó la medalla de oro en los Juegos Olímpicos de Invierno de 2018, o echa un vistazo a la gran sonrisa de Usain Bolt al pulverizar el récord de los cien metros lisos).

En tu camino hacia la modificación de cualquier hábito, sea la ansiedad o cualquier otro, no debes preocuparte por encontrar todos los detonantes. Al mapear los bucles del hábito, a menudo nos centramos solo en los detonantes y perdemos de vista lo que realmente puede ayudarnos a cambiar. Esto suele ocurrir cuando la gente se concentra demasiado en descubrir por qué han iniciado un bucle del hábito u otro. Es como si al psicoanalizar todas nuestras fiestas de cumpleaños para descubrir exactamente cuándo nos empezaron a gustar los pasteles, arregláramos por arte de magia nuestro problema, titulado «Veo un pastel y me lo como». Saber por qué algo se ha convertido en un hábito no lo arreglará mágicamente en el momento presente. De hecho, los detonantes son la parte menos importante del bucle del hábito. El aprendizaje basado en recompensas se basa en recompensas, no en detonantes (de ahí su nombre). Ese es el meollo de la cuestión. No te preocupes, llegaremos a él en la «Parte II». Por ahora, mapea tus bucles del hábito.

CAPÍTULO 8

UNAS BREVES PALABRAS SOBRE MINDFULNESS

Esta es, una vez más, la definición de mindfulness de Jon Kabat-Zinn: «[El mindfulness es] la conciencia que surge al prestar atención al momento presente, deliberadamente, sin juicio».

Recordemos que nuestro cerebro antiguo reacciona al refuerzo negativo y positivo para determinar qué hacer, y a continuación es hábil a la hora de convertir esa conducta en un hábito. La mayor parte de este proceso es subconsciente. Si no somos conscientes de que hacemos algo de forma habitual, seguiremos haciéndolo (se trata del piloto automático del que hablamos en el capítulo 6).

Pero podemos ser más conscientes de estos patrones del hábito en acción. A eso nos ayuda el mindfulness: a despertar la atención para observar cómo actúa nuestro cerebro primitivo.

Es habitual que la gente confunda mindfulness y meditación, y no tenga claro si son lo mismo o algo diferente. Una forma sencilla de visualizarlo consiste en utilizar un diagrama de Venn en el que el mindfulness es un gran círculo y la meditación un círculo más pequeño incluido en el anterior.

En otras palabras, la meditación es uno de los caminos para cultivar el mindfulness. No hace falta meditar para alcanzar la atención plena; sin embargo, la meditación te hará progresivamente más consciente de lo que sucede en el instante presente. La meditación es como un gimnasio para el cerebro; te permite fortalecer y desarrollar los músculos del mindfulness.

Una mayor conciencia nos permite prestar más atención a los detonantes y a las reacciones automáticas. Esto no solo se aplica a los bucles del hábito relacionados con la ansiedad y la preocupación, sino a todo

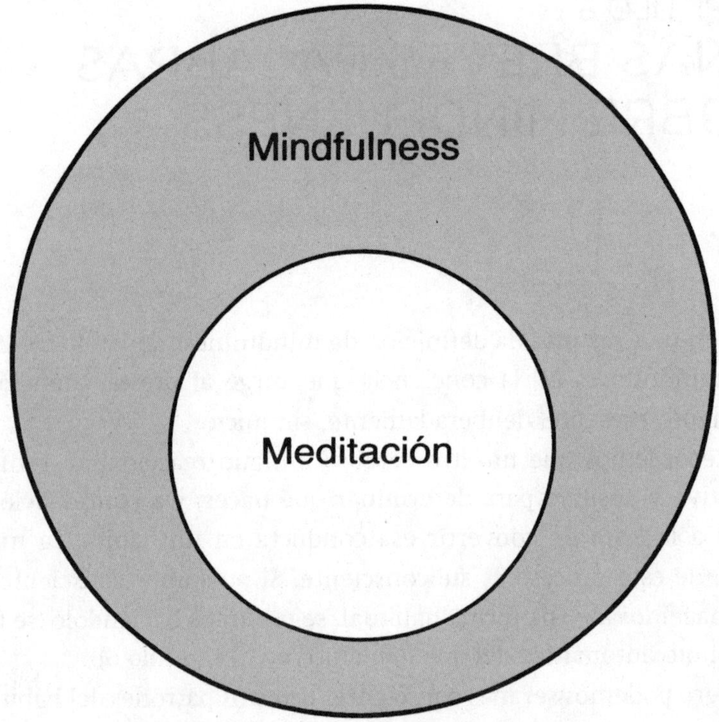

aquello a lo que reaccionamos. Pero conviene tener presente esta advertencia: el grado de desinformación es elevado y se tiende a creer que el mindfulness es un estado mental especial (no ansioso) o una mera técnica de relajación. Lo percibo a menudo en los pacientes que acuden a mi clínica: cuanto más intentan despejar su mente de pensamientos angustiados o liberarse de la ansiedad, mayor es su nerviosismo. El equívoco más habitual se resume en la pregunta que suelen plantearme cuando enseño en los retiros o presento a mis pacientes el concepto de mindfulness: «¿Cómo libero mi mente de esos pensamientos?». Eso sugiere, erróneamente, que el objetivo de la meditación es «vaciar la mente».

Buena suerte con ello; yo lo he intentado durante diez años, sudando camisetas en mitad del invierno en largos y silenciosos retiros de meditación, y no ha funcionado. Por otra parte, me pasé la mayor parte de mi formación en la facultad y en el periodo de residencia atiborrando mi cerebro de tanta información como fuera posible. ¿Para qué querría vaciarlo?

El mindfulness no tiene que ver con detener, vaciar o liberarnos de algo. Los pensamientos, las emociones y las sensaciones físicas son los que nos hacen humanos. Y el pensamiento y la planificación son aspectos cruciales que hemos de dominar. Si yo no fuera capaz de utilizar mi cerebro pensante para elaborar una historia clínica clara y emitir un diagnóstico sólido, las pasaría canutas para atender a mis pacientes.

Por lo tanto, más que cambiar o eliminar los pensamientos y las emociones que dan forma a nuestra experiencia, el mindfulness se centra en modificar nuestra relación con esos pensamientos y emociones.

Sin embargo, no es una tarea fácil. Un estudio realizado en Harvard en 2010 demostró que permanecemos atrapados en el pensamiento (en la divagación, para ser exactos) el 50% de nuestra vida despierta.[1] Es mucho tiempo en piloto automático.

Como este estado mental es tan común, lo podemos medir en el plano neurológico. Existe un conjunto de regiones del cerebro que reciben el nombre de *red neuronal por defecto* (RND). La red neuronal por defecto fue descubierta por Marcus Raichle y su equipo en la Universidad de Washington, en San Luis. Recibió este nombre, *por defecto*, porque ahí es donde va nuestra mente cuando no está inmersa en una tarea específica.[2]

La red neuronal por defecto se activa cuando nuestra mente divaga y piensa en el pasado o en el futuro, atrapada en patrones repe-

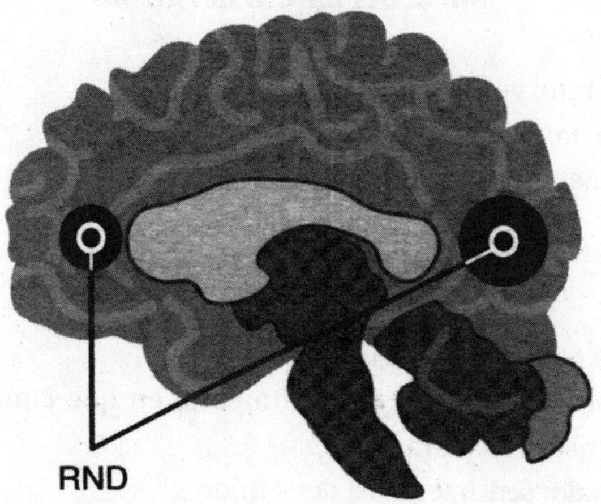

titivos, como la cavilación, la ansiedad y otros intensos estados emocionales, y cuando anhelamos diversas sustancias. Y, para bien o para mal, por defecto pensamos en cosas y en recuerdos relacionados con nosotros mismos. Lamentamos lo que hemos hecho en el pasado, nos inquietamos por acontecimientos futuros, etcétera.

Un centro de la red neuronal por defecto, conocido como corteza cingulada posterior (CCP) conecta un grupo de otras regiones cerebrales. La corteza cingulada posterior es interesante porque se activa cuando a los individuos se les muestran imágenes que les recuerdan o son detonantes de sus adicciones.[3] Así, se activa con indicios de cocaína (por ejemplo, unas rayas en un cristal) en adictos a esta sustancia, con señales de tabaco (por ejemplo, alguien que fuma) en adictos a la nicotina, y marcas de juegos de azar (alguien que juega a la ruleta) en individuos con tendencias ludópatas. Básicamente, la corteza cingulada posterior se activa cuando quedamos atrapados en el ansia y en otros bucles del hábito de pensamiento perseverante, como la cavilación (centrarse en la propia aflicción y pensar en ella reiteradamente), el sello distintivo de la depresión y de la preocupación ansiosa. La perseverancia alude a pensar lo mismo constantemente; la preocupación es el ejemplo modélico de esta situación. Para que este concepto quede claro, daré algunos ejemplos.

Bucle del hábito del ansia

- Detonante: ver un pastel.
- Conducta: comer el pastel.
- Resultado: sentirse bien.

Bucle del hábito de la cavilación

- Detonante: sentirse decaído.
- Conducta: pensar en el abatimiento, en que jamás se logrará hacer nada, etcétera.
- Resultado: sentirse (más) deprimido.

Bucle del hábito de la preocupación ansiosa

- Detonante: examinar la lista de tareas pendientes.
- Conducta: preocuparse por no poder hacerlas.
- Resultado: ansiedad.

Como nota al margen, los individuos deprimidos parecen ser tan buenos en los bucles del hábito de pensamiento perseverante que dos terceras partes también reúnen los criterios diagnósticos psiquiátricos para los trastornos de ansiedad. Esta coincidencia entre la depresión y la ansiedad es un ejemplo de bucles del pensamiento perseverante que básicamente están fuera de control; se alimentan a sí mismos. ¿Por qué sucede esto? Bueno, una investigación de Yael Millgram y sus colegas en la Universidad Hebrea sugirió que la familiaridad con un estado de ánimo contribuye a que permanezcamos en él.[4] Cuando estamos tristes o ansiosos todo el tiempo, esas emociones se tornan conocidas, como un lugar que nos atrae, similar a una mañana rutinaria o al camino habitual para ir al trabajo. Toda desviación nos parece desconocida, nos da miedo e incluso despierta nuestra ansiedad. Desde el punto de vista de la supervivencia, tiene sentido: si viajamos por un territorio desconocido, tenemos que estar en guardia, pues aún no sabemos si es seguro. No hay que olvidar que no todos los hábitos son malos. Solo se tornan perniciosos cuando nos hacen tropezar o nos ralentizan en lugar de ayudarnos a avanzar.

Podemos identificarnos hasta tal punto con los bucles de los hábitos mentales que estos llegan a convertirse en nuestra identidad, en lo que creemos ser. De hecho, una de las primeras evaluadoras de mi programa Unwinding Anxiety me escribió este correo electrónico:

> ¿Hay alguna diferencia entre la forma de afrontar «tengo un pensamiento ansioso» *versus* «soy ansiosa»? [...] Estoy aprendiendo a utilizar las técnicas para trabajar con episodios de tipo reflexivo: la ansiedad derivada de un día ajetreado, el estrés por no haber cumplido una fecha de entrega, un acontecimiento futuro..., lo que más

me cuesta es la ansiedad causada por la percepción que tengo de mí misma y la manta aparentemente impermeable de inutilidad en la que está envuelta. La ansiedad que se te mete en los huesos.

Ella sentía que la ansiedad formaba parte de sí misma; la llevaba en los huesos, hasta el punto de que no podía diferenciarla de su persona.

Si los investigadores y los médicos clínicos pueden encontrar y comprender la relación entre la manera como se comporta la gente y lo que pasa en el cerebro, estaremos en disposición de definir exacta y minuciosamente los mecanismos subyacentes y tendremos más posibilidades de propiciar un cambio real y duradero. Como médico, considero que el pensamiento perseverante es, posiblemente, el aspecto que más frena a mis pacientes. Y es muy frecuente que este tipo de pensamientos haya incrustado un profundo patrón en su cerebro, hasta el punto de identificarse con sus hábitos: «Soy fumadora», «Soy ansioso». Como los bucles del hábito del pensamiento perseverante parecen ser un claro peligro para mis pacientes y el mindfulness podría ayudar, como investigador me he sentido motivado para recurrir a la ciencia.

En teoría, el mindfulness y la meditación nos ayudan a ser conscientes del pensamiento perseverante. En lugar de quedarnos atascados en la reiteración de un patrón de pensamiento, seremos conscientes de que estamos atrapados y saldremos de esa situación creando hábitos nuevos y más positivos (abordaré con cierta profundidad los aspectos específicos de esta cuestión en los capítulos siguientes).

La red neuronal por defecto se activa cuando caemos en el pensamiento perseverante (y en el ansia). Como teóricamente el mindfulness ayuda a los individuos a no quedar atrapados en estos bucles y les permite identificarse menos con sus pensamientos, nuestra hipótesis era que el mindfulness podría tener un efecto positivo en esta red cerebral.

En el primer estudio que hicimos, utilizamos un escáner de resonancia magnética para comparar la actividad cerebral de individuos que jamás habían meditado y otros con una larga experiencia en este campo. Enseñamos a los novatos a meditar, y pedimos a ambos grupos que meditaran mientras se sometían al escáner. Y, quién lo iba a decir, solo cuatro regiones cerebrales mostraron una actividad diferente entre los meditadores y los no meditadores; dos de ellas correspondían al centro principal de la red neuronal por defecto.[5] Y sí, esta red mostraba una actividad menor en los meditadores experimentados.

Se trataba de un nuevo descubrimiento en el campo, por lo que repetimos el experimento para garantizar que los resultados eran sólidos, y lo eran. Incluso llevamos a cabo diversos experimentos de *neurofeedback* en tiempo real para asegurarnos de que la desactivación de la red neuronal por defecto concordaba con la experiencia subjetiva de los participantes a la hora de observar los pensamientos, las emociones y el ansia, sin quedar atrapados en ellos.[6]

Sin embargo, la prueba real de que estamos identificando y abordando redes neuronales específicas llega solo cuando las relacionamos con el cambio de conductas en el mundo real. Mi laboratorio estudió si podíamos utilizar la terapia de mindfulness basada en una aplicación para ayudar a los individuos a dejar de fumar y si esto modificaría la actividad cerebral en la red neuronal por defecto (en este estudio nos centramos específicamente en la corteza cingulada posterior). Los Institutos Nacionales de Salud nos concedieron una beca para efectuar un estudio en el que comparamos nuestra *app* (Craving to Quit [Anhelando dejarlo]) con la del Instituto Nacional del Cáncer (QuitGuide), que utiliza otras estrategias que no incluyen el mindfulness, como la información sobre salud. Escaneamos el cerebro de los participantes antes de someterlos al tratamiento y un mes después, para descubrir si los cambios en la actividad cerebral de la corteza cingulada posterior podían predecir hasta qué punto eran capaces de reducir el consumo de tabaco.[7] Encontramos una fuerte correlación en la reducción de la actividad de la corteza cingulada posterior en el grupo que usó nuestra aplicación, pero no en el que utilizó la del Instituto Nacional del Cáncer.

Descubrimos que nuestra teoría –que el mindfulness modifica la actividad cerebral y establece una correlación con los resultados clínicos– era correcta. Este es un gran ejemplo del tipo de investigación traslacional que investigadores y médicos clínicos llaman *de aplicación inmediata*. La idea es trasladar ideas, conceptos y preguntas de investigación básica a tratamientos que puedan modificar la conducta en el mundo real. Hay que trabajar más en este campo; en concreto, son necesarios más estudios a gran escala para analizar los resultados a largo plazo. Ahora que tenemos una mayor comprensión mecanicista del proceso del mindfulness, estamos en condiciones de abordar este tipo de estudios. Esta comprensión permite explicar por qué la terapia de mindfulness funciona mejor con la depresión y la ansiedad: apunta a ese elemento compartido de pensamiento perseverante. Las personas deprimidas se estancan en el pasado. Las personas ansiosas se enquistan en el futuro. Pese al contenido (pasado/futuro), el mindfulness entra en escena y contribuye a desmantelar el pensamiento perseverante, hasta el punto de que el Servicio Nacional de Salud del Reino Unido ha adoptado un tipo de terapia de mindfulness (la terapia cognitiva basada en mindfulness) como tratamiento de primera línea contra la depresión.

Con suerte, este capítulo te habrá ayudado a obtener una mejor comprensión de la naturaleza del mindfulness y cómo puede aplicarse específicamente a los bucles del hábito del cerebro. Y lo más importante, podemos utilizar esta información para actuar. Una vez mapeados nuestros principales bucles del hábito, hemos de comprobar hasta qué punto los reconocemos a lo largo del día y contar el número de veces que ascienden a la cima de la «lista de reproducción» de nuestro cerebro. ¿Hay bucles perseverantes específicos que podemos mapear? ¿Somos capaces de contar cuántas veces se manifiestan? ¿Cuáles de ellos llegan a los primeros puestos de la lista?

CAPÍTULO 9

¿CUÁL ES TU TIPO DE PERSONALIDAD MINDFULNESS?

Los organismos de una sola célula, como los protozoos, tienen sencillos mecanismos binarios de supervivencia: se acercan a los nutrientes y se alejan de las toxinas. La babosa de mar posee un sistema nervioso algo más complejo, pero su mecanismo de aprendizaje es básicamente el mismo.

¿Es posible que buena parte de la conducta humana pueda atribuirse a una estrategia de supervivencia similar consistente en «acercarse y evitar»? Ante un peligro o amenaza, por ejemplo, podemos enfrentarnos a él, darnos la vuelta y huir o quedarnos inmóviles, con la esperanza de que aquello que nos amenaza no nos vea (o no nos huela). Es la reacción de enfrentamiento, evasión o inmovilidad, la respuesta automática que todos manifestamos ante un peligro. Pensemos en la última vez en que alguien gritó «¡cuidado!» o en que oímos un fuerte estruendo. Tal vez nos sorprenda la rapidez con la que nos hemos apartado de la trayectoria de un coche, nos agachamos al oír un ruido fuerte o nos quedamos quietos si se va la luz; todo ello sin necesitar pensar ni tener tiempo para ello. En nombre de la seguridad, las regiones primitivas de nuestro cerebro y de nuestro sistema nervioso se ocupan de todo (¡por suerte!). Así como pensar en abandonar los malos hábitos no funciona, pensar en cómo sortear un peligro es arriesgado si tenemos que actuar rápido. El pensamiento es un proceso demasiado lento cuando el peligro está cerca; la respuesta debe darse en el nivel reflejo. ¿Estos instintos pueden explicar algunos de los elementos habituales en nuestra personalidad?

Hace un par de años, nuestro equipo de investigación descubrió que un «manual de meditación» del siglo v, titulado *El camino de la purifica-*

ción, describe cómo buena parte de nuestras tendencias, conductas habituales y rasgos de la personalidad mental corresponden a una de estas tres categorías: enfrentamiento, evasión o inmovilidad.[1] ¿Por qué el autor de este manual se molestó en detallarlas? Porque así podía ofrecer recomendaciones personalizadas a individuos que estaban aprendiendo a meditar y modificar patrones de conducta habituales. Tal vez sea una de las primeras descripciones de lo que ahora llamamos medicina personalizada: adaptar el tratamiento al fenotipo del individuo.

Es más, el autor del manual no tenía acceso a equipos modernos, como monitores para medir la presión arterial y el ritmo cardiaco, electroencefalogramas o escáneres por resonancia magnética para medir constantes fisiológicas y la actividad cerebral. Se apoyaba en lo que veía, como el tipo de alimentos que toma cada cual, su forma de vestir y caminar, etcétera. Así es como describe el método en *El camino de purificación:*

> *Por la postura, por la acción,*
> *Por la alimentación, el aspecto, y otros elementos,*
> *Por el tipo de estados que se suceden.*
> *Puede reconocerse el temperamento.*[2]

Sus observaciones dividen las tendencias del comportamiento en tres cestos o categorías generales que encajan sorprendentemente bien con la ciencia moderna:

- Cesto 1: aproximación o enfrentamiento.
- Cesto 2: evasión o huida.
- Cesto 3: ni aproximación ni evasión (inmovilidad).

Vamos a desglosar brevemente estas categorías.

Imagina que llegas a una fiesta. Si estás en el cesto 1 (aproximación) te maravillará la suculenta comida y te relacionarás, con entusiasmo, con los amigos. Por el contrario, si estás en el cesto 2 (evasión), criticarás el refrigerio y a los invitados, y más tarde se te verá discutiendo con alguien sobre los detalles o la exactitud de cierto tema sometido a debate. Si estás en el cesto 3 (ni aproximación ni evasión), probablemente te dejarás llevar y te someterás a lo que propongan los demás.

Recientemente, nuestro grupo de investigación lo llevó un paso más allá. Descubrimos que las tendencias conductuales descritas en el manual se corresponden perfectamente con los mecanismos modernos de aprendizaje basado en recompensas: aproximación o enfrentamiento, evasión o huida, e inmovilidad. Los individuos incluidos en el cesto de la aproximación (1) pueden tender a sentirse más motivados por conductas de refuerzo positivo. Quienes están en el cesto de la evasión (2) se sentirán más motivados por conductas de refuerzo negativo. Y quienes ocupen el tercer cesto (3) se situarán en medio: en comparación con los otros, no se verán empujados a una vía o tendencia de refuerzo positivo o negativo en virtud de situaciones placenteras o desagradables.

Estos cestos concuerdan tan bien con la ciencia actual que hemos confeccionado una escala moderna y hemos empleado métodos de investigación psicométrica para validar nuestro cuestionario de tendencias conductuales (CTC), que cualquiera puede hacer (solo son trece preguntas).

CUESTIONARIO DE TENDENCIAS CONDUCTUALES

Por favor, califica los siguientes apartados en el orden más coherente con tu conducta general (no cómo te deberías comportar o cómo podrías comportarte en una situación muy específica). Deberías dar la respuesta inicial sin pensar mucho en la pregunta. Coloca un 1 en la respuesta que mejor se ajuste a ti, seguido de un 2 para la segunda opción y un 3 para la que menos se ajuste.

1. Si fueras a planificar una fiesta...
   - ☐ Me gustaría que fuera muy animada, con mucha gente.
   - ☐ Me gustaría que solo acudieran unas pocas personas.
   - ☐ Lo haría a última hora y sería informal.

2. Cuando me toca limpiar mi cuarto, yo...

☐ Me enorgullezco de dejarlo todo perfecto.

☐ Rápidamente detecto problemas, imperfecciones, desorden.

☐ No advierto el desorden ni me molesta.

3. Prefiero que mi espacio vital sea...

☐ Hermoso.

☐ Organizado.

☐ Creativamente caótico.

4. Cuando hago mi trabajo, me gusta...

☐ Ser apasionado y enérgico.

☐ Asegurarme de que todo es correcto.

☐ Considerar futuras posibilidades o preguntarme cómo seguir avanzando.

5. Al hablar con los demás, puedo parecer...

☐ Cariñoso.

☐ Realista.

☐ Filosófico.

6. La desventaja de mi forma de vestir es que puede parecer...

☐ Decadente.

☐ Poco imaginativa.

☐ Mal combinada o incompatible.

7. En general, me comporto...

☐ Alegremente.

☐ Enérgicamente.

☐ Sin rumbo.

8. Mi habitación está...

☐ Muy decorada.

☐ Limpia.

☐ Desordenada.

9. En general, tiendo a...

☐ Desear intensamente las cosas.

☐ Ser crítico, pero de ideas claras.

☐ Vivir en mi propio mundo.

10. En la escuela, era conocido por...
- ☐ Tener muchos amigos.
- ☐ Ser intelectual.
- ☐ Soñar despierto.

11. Suelo llevar ropa de aspecto...
- ☐ Atractivo y a la moda.
- ☐ Pulcro y ordenado.
- ☐ Desenfadado.

12. Me considero...
- ☐ Cariñoso.
- ☐ Reflexivo.
- ☐ Despistado.

13. Cuando los demás muestran su entusiasmo por algo, yo...
- ☐ Doy un paso al frente y quiero participar.
- ☐ Tiendo a ser escéptico.
- ☐ Me salgo por la tangente.

Ahora suma los números para obtener una puntuación en bruto para cada una de las opciones superiores, intermedias e inferiores. La opción con la puntuación más baja corresponde a la tendencia principal.

Superior = tipo aproximativo; intermedia = tipo evasivo; inferior = tipo que se deja llevar por el *flow*. Por ejemplo, si tu puntuación es 18 en la opción superior, 25 en la intermedia y 35 en la inferior, tiendes más al tipo aproximativo.

Podemos pensar en el cuestionario de tendencias conductuales como en un test de personalidad mindfulness. Esperamos que te resulte útil en tu vida cotidiana. Al observar y comprender con más claridad tus tendencias conductuales cotidianas, aprenderás más cosas sobre ti mismo y tus respuestas habituales a tu mundo interno y externo. También descubrirás el tipo de personalidad de tus familiares, amigos y compañeros de trabajo, para aprender a vivir y a trabajar con ellos en mayor armonía.

Estar más en sintonía con el tipo de persona que eres te ayudará a desarrollar las fortalezas de tus tendencias habituales. Por ejemplo, una persona que manifiesta un predominio del tipo aproximativo será idónea para *marketing* o ventas. Podemos encargar a un tipo evasivo una tarea que requiera un gran nivel de precisión y atención al detalle, porque a ese individuo le encanta centrarse en resolver las cosas y da lo mejor de sí en esas situaciones. Y el tipo que se deja llevar por el *flow* puede ser idóneo a la hora de aportar aspectos creativos en una sesión de tormenta de ideas o en las primeras fases de un gran proyecto.

Comprender nuestras tendencias habituales también nos ayudará a crecer como personas y evitar angustias innecesarias. Por ejemplo, si somos del tipo aproximativo, podemos mapear todos los hábitos de nuestra vida en los que tendemos a sobrepasarnos, en los que desear una cantidad excesiva de algo bueno lo empeora todo (por ejemplo, comer más de la cuenta, celos en la amistad, etcétera). Si pertenecemos al tipo evasivo, podremos prestar atención a conductas relacionadas con la crítica explícita (hacia los demás o hacia nosotros mismos) o concentrarnos en la precisión en detrimento de una imagen global. Y si somos del tipo que se deja llevar por el *flow*, podemos centrarnos en tomar conciencia de las situaciones en que nos conviene dar un paso atrás en la toma de decisiones y estar de acuerdo con los demás para evitar fricciones.

Más abajo encontrarás resúmenes generales para cada tipo de personalidad. Recuerda que se trata de tendencias y no de etiquetas. Es habitual que cada persona tenga una tendencia predominante, pero que, en función de la situación, se incline hacia una u otra. Por ejemplo, mi mujer y yo estamos claramente en el cesto de la evasión. Esto explica por qué los dos somos académicos: nos gusta pasar el tiempo cuestionando premisas y teorías, investigando y descubriendo cosas. Como segunda tendencia, los dos estamos más cerca del tipo aproximativo que de quienes se dejan llevar por el *flow*. Por lo tanto, si uno de los dos ha tenido un mal día, el otro, en lugar de alimentar el fuego de la crítica, tiende a mostrarse firme y a brindar su apoyo.

De hecho, conocer nuestras tendencias conductuales nos ha permitido asimilar nuestros patrones de hábitos con más claridad. Si mi mujer me habla de algo que ha pasado con un compañero de trabajo y yo tiendo a juzgar a esa persona, ella me señala amablemente mi bucle del hábito crítico, y yo doy un paso atrás para evaluar la situación con más imparcialidad.

- Aproximativo. Tiendes a ser optimista y cariñoso, y podrías llegar a ser popular. Te muestras sereno y piensas rápidamente a la hora de realizar cualquier tarea. Es más probable que te atraigan las cosas placenteras. Pones fe en aquello en lo que crees, y tu naturaleza apasionada te hace popular entre los demás. Tu postura es confiada (es decir, caminas orgullosamente). Es posible que a veces tiendas a desear el éxito con avidez. Te gustan las experiencias agradables y la buena compañía.
- Evasivo. Tiendes a pensar con claridad y discernimiento. Tu intelecto te permite ver las cosas desde una perspectiva lógica e identificar los fallos. Eres rápido para comprender los conceptos y procuras mantener las cosas organizadas y ordenadas, y a actuar rápidamente. Prestas atención a los detalles. Incluso puedes adoptar una postura rígida (es decir, caminas agarrotado y con prisa). A veces se puede percibir que eres demasiado sentencioso y crítico. Puedes parecer un perfeccionista.
- Que se deja llevar por el *flow*. Tiendes a ser despreocupado y tolerante. Piensas en el futuro y en lo que podría acontecer. Piensas en todo con profundidad, filosóficamente. A veces te quedas atrapado en tus propios pensamientos o fantasías. Cuando sueñas despierto, a veces te sumes en la duda y te preocupas. En ocasiones aceptas lo que los demás sugieren, tal vez dejándote convencer con mucha facilidad. Tal vez descubras que eres menos organizado que los demás y puedes pasar por soñador.

Cuanto mayor sea el grado de comprensión de nuestra mente, mayor será nuestra capacidad de trabajar con ella. Cuanto más exploremos tendencias conductuales, mayor será nuestra capacidad de aprovechar las propias fortalezas y crecer y aprender de los momentos en que nuestras tendencias nos ponen escollos en el camino.

Podemos pensar en estas tendencias como en una ayuda para descubrir los surcos habituales en los que tenemos más probabilidades de caer. Ser conscientes de ello puede resultar muy útil en el proceso de modificar los hábitos, porque si no detectamos estas tendencias básicas, no podremos actuar sobre ellas (abandonando las tendencias inútiles y apoyándonos en nuestros puntos fuertes). Una de las pacientes de mi clínica lo expresó amablemente: cuando caía en el bucle de la autocrítica (por ejemplo, «¡qué estupidez!, ¿por qué he tenido que hacer eso?»), se decía a sí misma «oh, solo es mi cerebro», y eso la ayudaba a no tomarse las cosas tan personalmente.

Así pues, ten presente tu tendencia conductual (o tus tendencias) mientras lees este libro, y procura aprovechar tus fortalezas para afrontar la ansiedad y el cambio de hábitos en general. Tal vez incluso puedas abandonar algunas de las tendencias conductuales más comunes cuando estas te pongan palos en las ruedas. ¿Se te da bien mapear tu mente? ¿Estás listo para el siguiente paso? Pasemos a la segunda parte.

Parte 2

ACTUALIZAR EL VALOR DE LA RECOMPENSA DE TU CEREBRO: LA SEGUNDA MARCHA

1. Deja que el dolor te visite.
2. Deja que te enseñe.
3. No permitas que se quede demasiado.

IJEOMA UMEBINYUO

CAPÍTULO 10

CÓMO TOMA DECISIONES TU CEREBRO (POR QUÉ PREFERIMOS EL PASTEL AL BRÓCOLI)

Tal vez uno de los bucles del hábito de la ansiedad más frustrantes que se pueden tener es la procrastinación. ¿Por qué los bucles del hábito relacionados con la ansiedad y la procrastinación arraigan durante tanto tiempo? Una de las preocupaciones que suele impulsar la procrastinación es el temor al fracaso o la falta de idoneidad. Un participante en mi programa de ansiedad lo expresaba así:

> Me enfrento duramente al «bucle de preocupación» en el que mi ansiedad se alimenta de un sabroso plato combinado que incluye pensamientos angustiados y autocrítica. Una de las mayores consecuencias para mí es el ciclo vicioso de la PROCRASTINACIÓN. Estoy procrastinando justo ahora...

Otra describió así sus bucles del hábito:

> He pasado toda la mañana atrapada en un bucle de huida. Abro el proyecto, entro en las redes sociales, pierdo media hora. Vuelvo al proyecto, cojo el teléfono para «una ronda» de un juego en el móvil, y pierdo otra hora. La «recompensa» de la huida consiste en no tener que afrontar la terrible sensación de no concentrarme, de saber que tengo muchas cosas que hacer. El juego y las redes sociales me anestesian por un momento, me permiten esconderme.

- Detonante: trabajar en un proyecto.
- Conducta: jugar a un juego en el móvil (es decir, procrastinar).
- Resultado: huida, pérdida de una hora de trabajo.

Lo irónico es que la huida temporal de la «terrible sensación de no concentrarse» en realidad le hace perder más la concentración. Ella continuaba así:

> He pasado los últimos quince años experimentando con diversas herramientas y técnicas, tengo cinco aplicaciones diferentes y suscripciones a servicios que uso diariamente para ayudarme a registrar el tiempo y bloquear diversos sitios y aplicaciones durante determinadas horas, pongo el teléfono en modo «no molestar» casi constantemente, etcétera. Lo que busco es una guía para afrontar la respuesta emocional que genera todo esto. Porque al final, no importan las herramientas ni las tácticas que emplee: si quiero procrastinar, lo haré. Siempre encontraré la manera.
>
> Lo que intento investigar aquí es cómo interactuar con el deseo subyacente, o más exactamente, con los miedos subyacentes. La causa de la ansiedad. He invertido años y años de trabajo, sola y con mi terapeuta habitual, para asegurarme de que las actividades que realizo son las que quiero hacer. El problema es que aún me asalta un miedo terrible, profundo y que dura décadas, a no ser lo bastante buena, a ser rechazada, etcétera -todo ello desgraciadamente avalado por muchos acontecimientos en los que estas cosas pasaron realmente-, y que no importa cuánto desee hacer algo, el miedo me abruma y recurro al bucle de la huida para obtener cierto alivio a corto plazo. Si las estrategias y las herramientas fueran la respuesta, ya lo habría conseguido, porque las he probado todas... Ni siquiera puedo decirte cuántas personas en mi vida, a lo largo de los años, me han dicho: «¡Tan solo debes tener fuerza de voluntad y hacerlo!», lo que me hace querer preguntarles si creen que no he pensado en ello, o que lo he pensado y simplemente no poseo la fuerza de carácter necesaria. Ninguna de las dos ideas es atractiva.

No solo no sería admitida en el selecto club de la voluntad –al que pertenecen mi amiga Emily y el señor Spock, de *Star Trek*, dos de sus escasos miembros–, sino que en las últimas décadas nadie le enseñó cuál es la clave para el cambio de conducta (el valor de la recompensa) y cómo funciona en su cerebro.

¿Por qué nuestro cerebro prefiere el pastel al brócoli?

No es tan sencillo como decir «porque el pastel sabe mejor». La respuesta de verdad nos ofrece una serie de pistas en relación con por qué actuamos de determinada manera y cómo podemos abandonar un amplio abanico de malos hábitos, desde la alimentación inducida por el estrés a la procrastinación.

Empecemos preguntándonos cómo y por qué forman hábitos nuestros cerebros. Habrá que repetir algunas cosas del capítulo 3, pero lo soportaremos. El porqué es sencillo: los hábitos liberan a nuestro cerebro de la necesidad de aprender cosas nuevas. Pero no toda acción se transforma en un hábito. Nuestro cerebro tiene que escoger qué convierte en hábito y qué decide no volver a repetir. Recordemos que aprendemos un hábito en función de lo gratificante que sea la conducta. Cuanto mayor sea la recompensa, más fuerte será el hábito.

Esto es importante, y por eso voy a repetirlo: *cuanto mayor sea la recompensa, más fuerte será el hábito.*

De hecho, nuestro cerebro establece una jerarquía de conductas basadas en el valor de la recompensa que tendrán. La conducta con la mayor recompensa es la elegida por nuestro cerebro y la que escenificamos. Desde una perspectiva neurobiológica, probablemente tiene que ver con la cantidad de dopamina que estimula los centros de recompensa del cerebro cuando aprendemos la conducta. Esto se remonta a nuestro cerebro primitivo, configurado para incitarnos a consumir todas las calorías posibles, como garantía de supervivencia. Por ejemplo, el azúcar y la grasa tienen muchas calorías, por lo que al comer un pastel parte de nuestro cerebro piensa «¡calorías..., supervivencia!». Y empezamos a preferir el pastel al brócoli. Un reciente estudio del Instituto Max Planck descubrió que nuestro cerebro recibe dos chutes de dopamina: el primero al saborear la comida, y el segundo cuando esta llega al estómago.[1] En función de la promesa calórica, nuestro cerebro recuerda qué alimento es más gratificante (más calorías = más recompensa), razón por la que nuestros padres no servían la cena y el postre al mismo tiempo. Si nos daban a elegir, nos comeríamos antes el pastel que las verduras.

Pero no solo importan las calorías. Nuestro cerebro también recuerda el valor de la recompensa de las personas, lugares y cosas. Piensa en todas las fiestas de cumpleaños a las que fuiste siendo un niño. Tu cerebro combina toda esa información –el sabor de la tarta, la diversión con tus amigos– en un único valor de la recompensa combinado.

El valor de la recompensa se ha localizado en cierta región del cerebro llamada *corteza orbitofrontal* (COF). La corteza orbitofrontal es una encrucijada cerebral en la que se integra información emocional, sensorial y sobre conductas previas.[2] La corteza orbitofrontal reúne toda esta información y elabora el valor de la recompensa combinado con un comportamiento, de modo que la podamos recuperar ágilmente en el futuro como información «troceada».

En cuanto eres adulto y ves un pedazo de pastel, no tendrás que volver a aprender cómo sabe o recordar lo divertido que te resultó comértelo; en su lugar entra en acción la asociación que aprendiste cuando eras niño. Comer pastel te hace sentir bien y desencadena una respuesta automática y habitual.[3] Piensa en aprender un hábito como en una especie de «fijar y olvidar»: fijar el valor de la recompensa y olvidar los detalles.

Por eso es tan difícil superar los hábitos.

Si intentas eliminar el consumo automático de cada pedazo de pastel que ves, probablemente alguien te dirá que recurras a tu fuer-

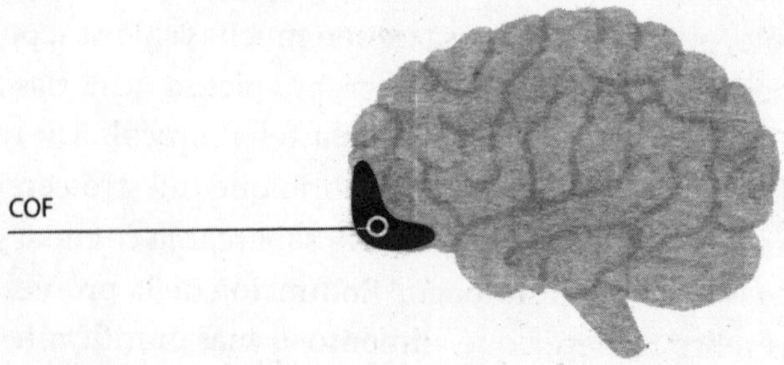

za de voluntad y dejes de hacerlo. Pero ¿realmente puedes pensar en la manera de dejar de comer? Esta forma de proceder puede funcionar a veces, pero es habitual que fracase a largo plazo. Y esto es así porque tu cerebro funciona de otra manera.

Para cambiar una conducta, no podemos centrarnos solo en ella. En cambio, hay que abordar la *experiencia sensorial de las recompensas* de esa conducta. Si todo lo que necesitáramos es pensar en abandonar la conducta, nos diríamos a nosotros mismos que hemos de dejar de fumar, dejar de comer dulces, dejar de gritar a nuestros hijos cuando estamos estresados, y ¡tachán!, funcionaría. Pero no ocurre así. La única forma sostenible de modificar un hábito es actualizar el valor de la recompensa.[4] Por eso se llama *aprendizaje basado en recompensas.*

CONCIENCIA: ACTUALIZA EL SISTEMA DE VALOR DE LA RECOMPENSA

Así pues, ¿cómo actualizar los valores de las recompensas y acabar con la preocupación, la procrastinación y otros malos hábitos? Con algo muy sencillo: la conciencia.

Tenemos que ofrecer nueva información a nuestro cerebro para establecer que el valor aprendido en el pasado ha quedado obsoleto. Al prestar atención a los resultados de la conducta en el momento presente, podrás sacudir a tu cerebro para dejar el hábito del piloto automático, y comprobar y sentir hasta qué punto el hábito es gratificante (o frustrante) en la actualidad. Esta nueva información resetea el valor de la recompensa del viejo hábito y hace ascender las conductas más saludables en la jerarquía del valor de la recompensa; finalmente, pasarán al modo automático (volveremos sobre ello en la tercera parte de la trilogía del bucle del hábito).

He aquí un ejemplo. No tengo que decir a mis pacientes que deberían obligarse a dejar de fumar o que el tabaco es malo para la salud; lo saben porque han visto a su amado hombre Marlboro morir de enfisema (de hecho, nada menos que cuatro hombres Marlboro han muerto de enfermedad pulmonar obstructiva crónica o EPOC).[5] Ningún paciente ha visitado mi consulta para preguntarme cómo podía fumar más. En cambio, voy al grano: la experiencia directa. Enseño a la gente a prestar atención cuando fuma.

La mayoría de los fumadores empiezan de adolescentes, por lo que han definido un sólido valor de la recompensa para el tabaco: ser jóvenes y célebres en el instituto, rebelarse contra sus padres, todo eso. Les pido que presten atención para descubrir lo gratificante que resulta el tabaco en ese preciso instante. Una mujer me dijo que, al observarlo, el tabaco «olía como un queso apestoso y sabía a química. ¡Qué asco!».

¿Has visto cómo prestaba atención? No pensaba «fumar es malo para mí». En cambio, cultivó la curiosidad y la atención a su experiencia mientras estaba fumando, y advirtió así el olor y el sabor de las sustancias químicas en los cigarrillos. El humo sabe a rayos cuando prestamos verdadera atención. La ansiedad es bastante simple en este sentido: los pacientes jamás llegan a mi consulta y me dicen que no están lo bastante ansiosos ni me piden una pastilla para aumentar su nerviosismo. La ansiedad apesta.

Este tipo de conciencia es fundamental para resetear el valor de la recompensa en nuestro cerebro, que a su vez nos ayuda a abandonar el hábito.

Es la esencia de la segunda marcha.

Dime si esto te suena de algo...

Llegas a casa después de un largo día en el trabajo. Tal vez ha sido un día duro, arrastras un poco de estrés, o simplemente estás muy cansado. No es la hora de la cena, pero vas a la cocina a picar algo. Coges una bolsa de patatas fritas o una tableta de chocolate y empiezas a comer sin pensar, mientras te sientas a ver la televisión, compruebas el correo electrónico o hablas por teléfono.

Antes de que te des cuenta, la mitad de la bolsa de patatas fritas ha desaparecido, y te sientes lleno y ligeramente mal.

Vamos a mapearlo.

- Detonante: la hora del día, el estrés, el hambre, etcétera.
- Conducta: comer mecánicamente un aperitivo.
- Resultado: «Mmm, ¿qué sabor tenían esas patatas fritas? No me he dado cuenta».

Sí, exactamente. Esta es la razón por la que esos viejos hábitos engorrosos son tan difíciles de dejar atrás. ¿Recuerdas el «fijar y olvidar» anterior? Tu cerebro ha agrupado todas las veces en que te has relajado y has comido patatas fritas mientras veías la televisión, y las ha combinado en un único valor de la recompensa de patatas fritas + televisión = relajación. Tu conducta zombi, consistente en comer patatas fritas sin sentido, se manifiesta en cuanto cruzas la puerta. El valor de la recompensa desestresante solo se actualiza al prestar atención al momento presente. Así que, por supuesto, repetirás esta conducta una y otra vez, preguntándote por qué no eres capaz de parar.

Como hemos visto, el aprendizaje basado en recompensas se basa en recompensas (de ahí su nombre). La conducta produce un resultado, que a su vez influye en la conducta futura. Si el comportamiento es gratificante, tendemos a repetirlo; si no lo es, lo evitamos. Los budistas lo describen como causa-efecto; los conductistas animales hablan de refuerzo positivo y negativo (aprendizaje por refuerzo o condicionamiento operante).

No importa cómo lo nombremos, si queremos modificarlo, tendremos que restregar la nariz de la pequeña corteza orbitofrontal en su propia mierda para que huela lo fétida que es. Así es como aprende el cerebro. La conducta no cambia si el valor de la recompensa de esa conducta permanece inmutable. Y el valor de la recompensa solo cambia cuando se toma conciencia y se descubre su verdadero valor. Y este no es el valor fijado cuando tenías cinco o trece años, y podías comer toda una bolsa de patatas fritas de una sentada y luego ir a nadar sin tener calambres. Hablo del valor de la recompensa que hay ahora mismo en nuestra vida. Solo entonces podremos pulsar el gran botón rojo que reinicia las gratificaciones.

Algo mágico sucede cuando restregamos la proverbial naricilla de nuestro cerebro en nuestro proverbial hábito: empezamos a sentirnos desilusionados con la conducta. No quiero que lo pases por alto, por lo que esta vez voy a repetirlo de forma ligeramente diferente y en cursiva. *Si realmente prestas atención, sin hacer suposiciones ni depender de la experiencia pasada para guiarte, y descubres que una conducta no es tan gratificante en este momento, te prometo que tu entusiasmo a la hora de repetirla empezará a disminuir.*

Esto es así porque el cerebro actualiza los valores de la recompensa a partir de la última información que le ofrecemos (en este caso, prestar atención a cómo nos sentimos). Cuando los valores cambian, la corteza orbitofrontal reorganiza su jerarquía de recompensas y sitúa la conducta menos gratificante en una posición inferior en la lista «si se activa, es obligatoria». Percibimos (y sentimos) claramente que no es tan gratificante como recordábamos, y eso reduce nuestro entusiasmo a la hora de repetirla en el futuro.

DECEPCIÓN, AL ESTILO SANTA CLAUS

Al igual que el niño que se aferra a la barba de Santa Claus y descubre que es un tipo con un traje rojo y una barba falsa –definitivamente, no el verdadero–, cuando prestamos atención al resultado de nuestras conductas hasta el punto de que el valor de la recompensa se actualiza en nuestra corteza orbitofrontal, *no podemos volver atrás y fingir que no hemos percibido el cambio*. En cuanto sabemos la verdad, es imposible volver al pasado y convencernos de que existe Santa Claus.

En cuanto somos plenamente conscientes de que procrastinar retrasará aún más el proyecto o que engullir una bolsa de nuestras patatas fritas favoritas nos hinchará el estómago y nos arrojará a un lamentable estado emocional, no podremos hacer borrón y cuenta nueva, y fingir que no sentimos lo que sentimos.

Cada vez que atendemos a nuestros actos, somos más conscientes de sus consecuencias. Si advertimos que un consumo excesivo de patatas fritas nos hace sentir mal, no tendremos prisa en devorar la bolsa entera la próxima vez. No porque tengamos que obligarnos a no comerlas, sino porque recordaremos lo que pasó en la última ocasión (y en la anterior, y en la anterior, y en la otra). Esto también se aplica a la preocupación, la procrastinación o a cualquier otro bucle de la ansiedad que hayamos aprendido a lo largo de los años.

Se trata de un claro jaqueo al sistema de aprendizaje basado en recompensas, y no tiene nada que ver con la voluntad. Ahora sabes cómo funciona tu cerebro, y podrás dominarlo en lugar de que él te domine a ti.

LA SEGUNDA MARCHA DEFINIDA: EL DON DE LA DECEPCIÓN

La segunda marcha consiste en prestar atención a los resultados de nuestros actos.

Es el aprendizaje basado en recompensas, o la vieja relación de causa-efecto.

Una vez identificados y mapeados tus bucles del hábito (primera marcha), y cuando estés listo para conducir con la segunda marcha, plantéate esta sencilla pregunta: «¿Qué me aporta esta conducta?».

Responderla te exigirá prestar una gran atención a las sensaciones, las emociones y los pensamientos verdaderos, viscerales y encarnados que se manifiestan como resultado de la conducta en cuestión.

Una ADVERTENCIA: no se trata de un entrenamiento intelectual. No caigas en la trampa de comprender cómo funciona la valoración de recompensas en el plano cerebral y luego pienses en la manera de abandonar tus malos hábitos. Si alguna vez has intentado modificar el hábito del picoteo, es probable que puedas identificarte con esto:

- Detonante: hora del día, ansiedad, estrés, hambre, etcétera.
- Conducta: decirte que no debes picotear. Cinco minutos des-

pués te distraes o tu voluntad cede, y picoteas sin darte cuenta.

• Resultado: sentirte mal. Decirte que no deberías haberlo hecho.

Aunque pensar es útil en la planificación y en la toma de decisiones, a menudo concedemos demasiada relevancia a la parte racional de nuestro cerebro. Recuerda que es la parte más débil de la materia gris, y no podemos confiar en ella para el trabajo pesado. Dejemos que se encargue del pensamiento creativo y placentero. En lo que respecta a modificar los hábitos de verdad, hay que encargárselo a los pesos pesados (la corteza orbitofrontal y otras regiones cerebrales cuyo aprendizaje se basa en recompensas). ¿Cómo conseguir que un tipo grande y musculoso cumpla tus órdenes? Contratando a alguien que se convierta en su *coach* o entrenador. El *coach* ayudará al peso pesado a comprender que levantar pesas le hará más fuerte, y así lo hará de buen grado, para ti. Piensa en la conciencia como en tu *coach* cerebral.

Así pues, si tu mente empieza a transformarlo en un ejercicio de pensamiento intelectual –en una forma racional de superar la preocupación, los atracones y otros malos hábitos– hemos de ser conscientes de ello y tal vez mapearlo como otro bucle del hábito más (como en el ejemplo anterior). A continuación, pregúntate: «¿Qué me aporta esto?». No te lo preguntes intelectualmente.

Cuando te plantees esta cuestión, deja tu mente racional en suspenso por un momento y activa el «modo observación» en tu conciencia para detectar lo que sucede en el instante presente. En este punto es muy fácil que tu conciencia dirija a tu cerebro. Obviamente, comerte una bolsa entera de patatas fritas no te ayudará a ganar un maratón o a bajar tu presión arterial. Si procrastinas, no acabarás el proyecto; más bien al contrario, especialmente cuando se le añade la presión de una fecha de entrega. Conciencia. Ahí es donde están los regalos de la decepción, esperando a ser abiertos bajo el árbol. Tienes que estar presente para abrirlos.

¿Listo para entrar en la tierra de la decepción? Avancemos.

Ahora que conoces la idea clave para entrenar tu cerebro, ponla a prueba y descubre si eres capaz de dominarla. Comprueba la conducción en segunda marcha: mapea un bucle del hábito (sea la ansiedad u otro) para seguir avanzando, y luego pon la segunda para concentrarte en el resultado de la conducta. Aplica tu conciencia a la experiencia y concéntrate en la pregunta «¿qué me aporta?». ¿Qué te parece el resultado de la conducta en cuestión cuando la sometes al escrutinio de la atención?

CAPÍTULO 11

DEJA DE PENSAR: LA HISTORIA DE DAVE, SEGUNDA PARTE

La última vez que vimos a Dave, le había dado instrucciones para que mapeara sus bucles del hábito relacionados con la ansiedad, y lo envié a casa con nuestra aplicación de mindfulness Unwinding Anxiety para que le ayudara en esta tarea. Los deberes de mapeo tenían la función específica de centrarlo en la relación causa-efecto entre la conducta y la recompensa. Necesitaba ver por sí mismo hasta qué punto sus conductas habituales eran poco gratificantes. En efecto, en esa primera visita clínica le ofrecí directrices para conducir en primera y segunda marcha.

La teoría del aprendizaje basado en recompensas ha demostrado ser el mecanismo de aprendizaje más poderoso conocido por la ciencia. Por lo tanto, ¿por qué no resulta más fácil aprovechar su poder para desaprender viejos hábitos del mismo modo en que los aprendes? ¿Por qué no centrarse en el nivel de recompensa de una conducta y, si esta resulta gratificante, repetirla? Si deja de ser gratificante, la abandonamos, ¿no es cierto? La teoría parece sencilla, y lo es. Sin embargo, podemos caer fácilmente en la trampa del pensamiento que he mencionado en el capítulo anterior: sabemos que algo es malo para nosotros, pero el pensamiento no modifica las conductas. No es lo suficientemente poderoso. Cambiar el valor de la recompensa es lo que permite a los pesos pesados hacer el trabajo por nosotros. Y el valor de la recompensa no se altera si su *coach* (la conciencia) no ayuda a descubrir con qué merece la pena quedarse y qué conviene descartar. Los viejos hábitos pueden cambiar rápidamente con el correcto entrenamiento cerebral, pero no se modifican al instante (volveremos sobre ello más adelante).

Dave volvió unas semanas más tarde, visiblemente diferente. Antes de tomar asiento, empezó a contarme, con entusiasmo, los cambios provocados por los procesos que había puesto en marcha.

–He mapeado los bucles del hábito de la ansiedad –me explicó– y me siento mucho mejor al saber cómo funcionan. La aplicación me está ayudando a trabajar la ansiedad.

«Muy bien –pensé–. Avanza confiadamente en la primera marcha.»

Entonces sonrió y dijo:

–¡Ah, y he perdido seis kilos!

–¿Cómo? –dije.

–He comprendido que comer para aliviar la ansiedad no sirve de nada. En realidad, me hacía sentir peor, porque el sobrepeso me sentaba fatal –dijo Dave–. En cuanto entendí que comer no arreglaba la ansiedad, me resultó muy fácil dejar atrás esos malos hábitos alimentarios.

Un gran ejemplo de cómo poner en acción una teoría científica. Dave estaba aprendiendo a aplicar la conciencia para que lo ayudara no solo en sus viejos bucles del hábito, sino para descubrir y sentir, a partir de su propia experiencia, hasta qué punto el hábito de comer para afrontar su ansiedad resultaba poco gratificante. Su corteza orbitofrontal le había asegurado que el valor de la recompensa de comer era elevado (en relación con la ansiedad), pero al examinar «detenidamente» la gratificación, descubrió que no era así en absoluto. Con ese conocimiento, su corteza orbitofrontal no solo actualizaba la información, sino que le permitía actuar a partir de ella. ¡Había puesto la segunda marcha! La conciencia le dirigía (a él y a su corteza orbitofrontal) en la dirección correcta.

En los siguientes meses, vi a Dave cada dos semanas para comprobar sus progresos y ofrecerle consejos que le permitieran concentrarse en determinados aspectos mientras trabajaba su ansiedad. Mientras escribo estas líneas (unos seis meses después de iniciado el tratamiento), ha perdido cuarenta y tres kilos (y aún continúa), su hígado ya no es paté, su apnea del sueño se ha solucionado y su presión arterial ha vuelto a la normalidad.

Y las cosas mejoran...

Un día, hace poco, salí de la Escuela de Salud Pública de la Universidad Brown, donde acababa de dar una clase sobre el cambio de hábitos (mi clase favorita). El edificio está situado en South Main Street, en Providence, Rhode Island. Caminaba por la acera cuando de pronto un coche se detuvo a mi lado. El conductor bajó la ventanilla.

«¡Eh, doctor Jud!», gritó Dave, con una gran sonrisa en el rostro.

Estoy seguro de que la sorpresa se transparentaba en mi semblante. ¿Dave conduciendo por una calle principal? Este era el tipo que odiaba las autopistas.

«Oh, sí, ahora trabajo como conductor de Uber –me explicó–. Voy al aeropuerto.» Y así es como se marchó, con aspecto feliz.

Al comprender su mente y observar los bucles del hábito de forma sistemática (primera marcha), Dave logró una asombrosa transformación en su vida, pero eso solo es una parte de la historia. También logró jaquear su aprendizaje basado en recompensas y utilizarlo para volver literalmente al asiento del conductor (segunda marcha).

Su historia es increíble. Pero la segunda marcha no siempre es fácil. En realidad, la mayor parte del tiempo, prestar atención a los resultados de nuestros viejos hábitos es muy doloroso. Nos podemos decepcionar con el propio proceso de decepción (la práctica de la segunda marcha), quitar la segunda y dar marcha atrás. ¿Por qué?

Nuestro cerebro ha evolucionado para intentar minimizar el dolor que tenemos que soportar. Esto tiene sentido desde la perspectiva de la supervivencia. Si tocamos una estufa ardiendo, percibiremos el calor y apartaremos la mano en un acto reflejo, lo que impedirá que nos quememos.

El mundo está lleno de remedios que nos venden para hacernos sentir bien y evitarnos el dolor. Ropa, coches, píldoras, experiencias, todo envuelto con lacitos que dicen: «Esto te aliviará el dolor», «Esto te hará sentir bien» o «Así olvidarás tus preocupaciones». Sin embargo, si te quedas en tu zona de seguridad, nunca crecerás. La vida te enviará todo tipo de pruebas, y o bien te dejas absorber creando hábitos de complacencia, distracción e insensibilidad, mediante la compra de ropa o el consumo de pastillas, o bien aprendes a adaptarte a la adversidad, incluso apoyándote en ella para crecer (hablaremos más sobre esto en el próximo capítulo).

Además, puede parecer que la segunda marcha lleva ya una eternidad. Pero si observamos los viejos hábitos, pronto nos damos cuenta de que no estamos consiguiendo nada. Entonces nos preguntamos por qué, si lo vemos tan claramente, nada cambia. Lo presencio constantemente en mi clínica y en los programas de cambio de hábitos, especialmente en personas que afrontan una preocupación ansiosa (es evidente que ese bucle del hábito no es gratificante). Mapean el bucle del hábito y me comunican que la preocupación no hace sino aportarles más ansiedad. Entonces preguntan por qué no salen de la angustia. Han descubierto inequívocamente que sus actos no son gratificantes y se preguntan por qué no se ha desconectado el interruptor. En momentos así, pregunto cuánto tiempo han mantenido el bucle de la preocupación (o de la alimentación impulsada por el estrés, o cualquier otro). Casi todos responden: «Toda mi vida». Luego les pregunto cuánto tiempo llevan en el programa. La respuesta más común es «dos semanas» o «tres semanas» (oírse a sí mismos pronunciar estas palabras suele bastar para darles perspectiva).

En un mundo de gratificación instantánea, es bastante fácil dejarse arrastrar por el bucle del hábito de la impaciencia:

- Detonante: descubrir la solución (a la ansiedad, a un hábito o a un problema).
- Conducta: querer que el problema se solucione inmediatamente.
- Resultado: frustración cuando no desaparece.

El hecho de mapear los bucles del hábito y descubrir su falta de valor no soluciona mágicamente años y años de implantación. Entonces es cuando hay que invocar a la paciencia. Algunos hábitos se superan más rápido que otros (incluso a Dave le costó tres meses realizar un avance serio con su ansiedad). Para los hábitos profundamente arraigados, nuestro cerebro necesita cerciorarse reiteradamente de la falta de gratificación antes de que el nuevo hábito consistente en renunciar a la antigua conducta arraigue. En otras palabras, necesitamos afianzar el nuevo sendero neuronal que emite la señal de «no recompensa» durante el tiempo suficiente para que eso se transforme en la nueva conducta automática.

Es como cualquier experimento científico. Un único dato que es diferente a otros mil datos muy semejantes entre sí constituye una anomalía hasta que reunimos más datos para descubrir que, en realidad, el valor aparentemente atípico es el exacto. La conciencia nos ayuda a obtener información actualizada, de modo que podamos confiar en los nuevos datos que encontramos, en lugar de descartarlos como erróneos. Es probable que percibas la ironía: las viejas conductas habituales se basan en datos obsoletos, pero como son viejas, son conocidas; y como son conocidas, confiamos en ellas (el cambio inspira temor). Pensemos en el valor de la recompensa como en la fecha de caducidad; es bueno solo durante cierta cantidad de tiempo, antes de que el valor caduque. Es importante comprobar los viejos hábitos para determinar si nos siguen siendo útiles. De eso trata la segunda marcha.

Como Dave, la gente supera sus bucles del hábito decepcionándose de ellos, pero para conseguirlo tiene que ser consciente del ciclo (primera marcha) y del valor actual de recompensa de la conducta (segunda marcha). Y cuanto más a menudo sea consciente de ello y más desilusionado se sienta, más afianzará la decepción en su cerebro. La repetición funciona cuando levantamos pesas y trabajamos los bíceps; también cuando reforzamos la musculatura mental. Si entrenamos para un maratón, nuestro entrenador no nos hará correr veinte kilómetros el primer día. Del mismo modo, hay que procurar distribuir equitativamente el entrenamiento mental a lo largo de la jornada. De hecho, la mejor manera de entrenar nuestro cerebro para la modificación de la conducta es convertir nuestra vida en un gimnasio mental. En otras palabras, hemos de recurrir a lo largo del día a los pasos o marchas que aprenderemos en este libro, a fin de desaprender viejos hábitos y aprender otros nuevos en su contexto: en el lugar y en el espacio en que vivimos. Recuerda: el aprendizaje basado en recompensas tiene que ver con construir una memoria dependiente del contexto.

BREVES MOMENTOS, MUCHAS VECES

Transformar tu vida cotidiana en tu gimnasio mental también tiene la ventaja de vencer la popular excusa «no tengo tiempo para hacer ejercicio». Cuando el hábito se manifiesta, tendremos que afrontarlo en todo caso, por lo que conviene tomarnos unos segundos para mapearlo y ser conscientes de los resultados de la conducta habitual. Si tiende a manifestarse reiteradamente a lo largo del día, dispondremos de más oportunidades para realizar el levantamiento de pesas mental, y así nos fortaleceremos (y nos decepcionaremos de los viejos hábitos) con cada repetición consciente. Pienso en ello como en «breves momentos, muchas veces». Si eres consciente de tus viejos hábitos durante breves momentos, muchas veces a lo largo del día, desaprenderás más rápida y eficazmente lo antiguo y avanzarás hacia lo nuevo. Por esta razón el señor Miyagi pedía a Daniel *san* que diera cera y pintara hasta caer agotado. Tenía que asegurarse de que Daniel afianzaba esos hábitos hasta el punto de que se convirtieran en una memoria motora. Solo entonces Daniel estuvo listo para pelear.

Si te ha desilusionado la segunda marcha, tal vez la historia de Dave te servirá de inspiración y te ayudará a entender que, aunque estas prácticas no sean fáciles, son sencillas.

Continúa con la práctica de los bucles del hábito. Mapea un bucle del hábito (primera marcha); pregúntate «¿qué me aporta esto?»; y presta atención a las sensaciones físicas, los pensamientos y las emociones que se manifiestan como resultado de la conducta (segunda marcha). Repítelo.

CAPÍTULO 12

APRENDE DEL PASADO (Y CRECE A PARTIR DE ÉL)

¿Cómo va el desmantelamiento de los bucles del hábito? ¿Eres capaz de usar la segunda marcha un poco más, preguntándote «¿qué me aporta esto?» y contemplando con más claridad esos viejos hábitos? ¿Tu corteza orbitofrontal recibe información fresca y actualizada para resetear los valores de la recompensa cerebral?

Repasemos los siguientes ejemplos de otras personas para descubrir si estás en el buen camino. Empezaré con nuestros programas Eat Right Now [Come ahora] y Unwinding Anxiety. Exploremos los elementos de la primera o segunda marcha en su diario comunitario.

Este es el primero:

> Me iba a poner una cucharadita de miel en el té y en lugar de eso me la llevé a la boca -lo que me vino a la mente fue: «Estoy tan cansada»-, pero en cuanto percibí su sabor, pensé: «Oh, esto no me va a ayudar en nada». Ni siquiera el sabor era realmente bueno. Me sentí agradecida de que eso pasara. Me sentó muy bien percatarme de que el chute de azúcar no me ayudaba a sentirme mejor y que ni tan siquiera sabía bien.

- Detonante: miel.
- Conducta: neuronas motoras secuestradas que introducen la miel en la boca en lugar de depositarla en el té.
- Resultado: no sabía bien y no le hizo sentir mejor.

¿Qué piensas del momento en el que se dice a sí misma: «Oh, esto no me va a ayudar en nada»? ¿Segunda marcha? Recuerda la advertencia que te hice en el capítulo 10: evita quedar atrapado en el pensamiento. De haberse limitado a seguir su razonamiento, habría intentado decirse a sí misma que era mejor no hacerlo, y en el proceso habría quedado atrapada en el pensamiento de cómo superar la conducta. Este patrón de pensamiento la había hecho fracasar en el pasado.

No hay que inquietarse: dejó atrás el mero pensamiento y puso la segunda marcha. Descubrió la causa y el efecto con meridiana claridad (la miel no sabía bien y no hizo que se sintiera mejor).

Pero eso no es todo. Además, expresó su agradecimiento por lo que había pasado. Esta es una señal muy sólida de aprendizaje, que sienta bien. Agradecemos haber aprendido algo útil, porque con ese conocimiento disminuirán nuestras probabilidades de repetir una mala conducta en el futuro. Aprender y hacer progresos son recompensas en sí mismos.

Otro participante escribió lo siguiente:

> Desperté con cierta ansiedad por lo que había pasado la noche anterior, pero en lugar de entregarme a ella, sentí curiosidad por lo que sentía. Esto bastó para reducir un grado el nivel de ansiedad.

- Detonante: ansiedad por la noche pasada.
- Conducta (nueva): curiosidad ante las sensaciones corporales.
- Resultado: menos ansiedad.

He añadido *nueva* después de conducta porque no solo se trata de un nuevo comportamiento que ayudó a la persona a reducir su ansiedad, sino que también subraya la capacidad para superar los bucles del hábito a través de la curiosidad (sí, en este punto descubrimos una pizca de las bondades de la tercera marcha; la exploraremos a fondo en la tercera parte de este libro). Ahora volvamos al ejemplo. El hombre continuó así:

> Me planteé entonces la pregunta de la decepción en las dos caras de la moneda: «¿Qué me aporta sentir ansiedad ante esas sensaciones corporales?».

[Respuesta] «Nada, salvo más ansiedad.»

«¿Qué me aporta sentir curiosidad por mis sensaciones y por la ansiedad que estaba experimentando?» Un estado de ansiedad reducida que me permitió conciliar el sueño.

- Detonante: ansiedad la noche anterior.
- (Vieja) conducta: sentir ansiedad ante las sensaciones corporales.
- Resultado: descubrir que la ansiedad produce más ansiedad.

Es un gran ejemplo de cambio en la segunda marcha. Observa su reflexión activa sobre las consecuencias de ceder a la ansiedad y la preocupación. Observa cómo no se somete ni queda atrapado en ellas. En cambio, mapea el bucle y lo que había obtenido previamente. Esto bastó para cambiar a la tercera marcha, con la que activó la curiosidad como conducta distinta.

Lo llamo *segunda marcha retrospectiva*. «Conducir» retrospectivamente en segunda marcha es una forma de preguntarse «¿qué me aporta esto?» después de que haya tenido lugar un acontecimiento. Esto es importante. Lo subrayo porque demuestra que la segunda marcha sigue funcionando incluso después del suceso. Podemos aprender de una situación mientras está aconteciendo. Y también después, al mirar por el retrovisor. Nuestro ansioso durmiente fue capaz de reflexionar sobre sus experiencias previas en relación con internarse en la madriguera de conejos de la ansiedad; descubrir su inutilidad para conciliar el sueño lo ayudó a no cruzar de nuevo ese umbral. A veces, reflexionar retrospectivamente es mejor para aprender, porque nos encontramos emocionalmente menos afectados. Dejemos que el polvo se asiente, comprobemos los daños, tomemos nota y, a continuación, aprendamos. Podemos hacerlo una y otra vez, tantas veces como queramos, mientras la jugosidad de la experiencia siga siendo accesible.

Por *jugosidad* me refiero a la capacidad de recordar lo gratificantes (o poco gratificantes) que han sido las sensaciones, las emociones y los pensamientos derivados de la conducta. No se trata de evaluarlo intelectualmente o de señalarte con el dedo. No es un imperativo. La segunda marcha retrospectiva consiste en recordar los acontecimientos: dar cuenta de lo sucedido y evaluar su nivel de gratificación sin juzgarlo. El juicio mental se interpone en el camino y nos distrae a la hora de recordar con precisión el escenario, lo que dificulta nuestra relación con la experiencia que emerge de ese recuerdo. La experiencia encarnada es ese jugo que indica el nivel de gratificación que nuestro cerebro ha decretado para tal experiencia. Si al recordarla aún le queda jugo, podrás seguir aprendiendo de ella.

Con el ejemplo siguiente quiero asegurarme de que comprendes cómo funciona la segunda marcha retrospectiva. He trabajado con muchas personas que luchan contra los atracones. Llegan a mi consulta, se desmoronan y empiezan con los debería...: «Debería haber hecho esto», «No debería haber hecho aquello». Es decir, lo cuestionan todo sobre sí mismas.

Para romper esta inútil obsesión con lo que podría haber sido, pido a mis pacientes que recuerden su atracón más reciente, aún fresco en su memoria. Esta es la esencia de la segunda marcha retrospectiva: mirar atrás y mapear los resultados de bucles del hábito anteriormente manifestados. Les pido que lo hagan sin juzgarse a sí mismos, es decir, que se limiten a describir lo que pasó (conducta) y qué sucedió a continuación (resultado).

Una vez descrita la escena del atracón –cómo perdieron el control o se dejaron llevar por el piloto automático–, a menudo describen que a la mañana siguiente se levantaron hinchados, resacosos o física y mentalmente exhaustos. Y nos centramos en eso: el resultado del atracón, la mañana después. ¿Cómo sentían su cuerpo? Horrible. ¿Cuál era su estado emocional? Horrible. ¿Cuál era su estado mental? Horrible. Entonces pregunto: «Echando la vista atrás, ¿qué has aprendido?». He aquí un ejemplo:

- Detonante: discutir con un familiar.
- Conducta: atracón.

- Resultado: sentirse física, emocional y mentalmente fatal (sin que mejoren las relaciones familiares).

Después de este pequeño ejercicio con la primera y la segunda marcha (retrospectiva), suele llegar la revelación:

–El atracón ha sido un fracaso total.

–No, si has aprendido de él –respondo.

Esta es, en pocas palabras, la segunda marcha retrospectiva. Mientras el recuerdo del bucle permanezca fresco en la memoria, podrá contribuir a la decepción.

LA MENTALIDAD IMPORTA

Hay un truco para utilizar la segunda marcha retrospectiva con eficacia, exprimiendo todo el jugo a la experiencia pasada para maximizar el aprendizaje. Recordarás que en el capítulo 6 mencioné a Carol Dweck. Es la investigadora de Stanford que acuñó los términos *mentalidad fija* y *mentalidad de crecimiento*. La doctora Dweck define *mentalidad fija* como la creencia en que nuestras capacidades y nuestra inteligencia básica son inmutables: cada cual tiene lo que tiene y debe emplearlo lo mejor que pueda. Por otra parte, la *mentalidad de crecimiento* puede desarrollarse y mejorar con el tiempo.

La doctora Dweck ha estudiado la mentalidad durante décadas. Según una definición, la *mentalidad* es un conjunto de supuestos, métodos o anotaciones sostenidos por un individuo o un grupo. En otras palabras, es la visión del mundo de una persona. Nuestra mentalidad o visión del mundo puede resultar tan definitoria que llega a teñir cómo interpretamos los acontecimientos, influye en nuestras decisiones y en cómo aprendemos. Puede incluso contribuir a lo que llamamos *inercia mental* o *pensamiento grupal*, cuando individuos con una visión del mundo similar se unen y se retroalimentan unos a otros. Pensemos en la mentalidad de rebaño. En otras palabras, se trata de una cuestión seria.

¿Cómo desarrollamos una mentalidad específica? He aquí una pista: tiene que ver con el aprendizaje basado en recompensas. Usemos un sencillo ejemplo: el chocolate. Si estás estresado (detonante) y comes chocolate (conducta) y te sientes un poco mejor (recompensa), tu cerebro aprende algo: si estás estresado, deberías comer chocolate para sentirte mejor.

Pienso en ello como en aprender a ver el mundo de cierta manera: nos colocamos unas gafas de color chocolate, y la próxima vez que nos sintamos estresados, nuestro cerebro dice: «Eh, come un poco de chocolate, te sentirás mejor». De ahí viene la expresión «ver el mundo de color de rosa» o «verlo todo negro». Se trata de eufemismos que describen a personas que siempre perciben el mundo de una determinada forma: quienes lo ven de color de rosa, lo conciben como un vaso medio lleno; quienes lo ven todo negro, lo ven medio vacío. Y sí, podemos aprender a llevar unas gafas de color chocolate, unas gafas de color ansiedad o de otro tipo. Cuanto más tiempo las llevemos, menos recordaremos que están en nuestro rostro: se han convertido en parte de nuestra identidad.

El concepto es bastante simple: aprendemos a ver el mundo de cierta forma a partir de nuestras experiencias previas. Cada vez que hacemos algo que refuerza nuestro aprendizaje, las lentes de nuestra visión del mundo se fortalecen, y la adaptación es más cómoda.

Dweck ha estudiado la mentalidad en la educación y en la escuela, pero su trabajo es muy relevante para..., bueno, en realidad para todo lo que hacemos, porque nuestra mentalidad condiciona nuestra forma de ver el mundo. Es famosa por describir dos tipos de mentalidades opuestas que ya he mencionado: la fija y la de crecimiento.

Según Dweck, los individuos pueden ubicarse en un continuo según su perspectiva implícita del lugar del que, en su opinión, procede su habilidad. Si creemos que nuestro éxito solo se basa en la habilidad innata, básicamente aquello con lo que nacemos, encajamos en la categoría de mentalidad fija. Por otro lado, si creemos que el progreso se basa en el trabajo duro, el aprendizaje y la formación, tenemos una mentalidad de crecimiento. ¿Con cuál de ellas te identificas más?

Podríamos no ser conscientes de nuestra mentalidad habitual, tanto en un extremo como en otro del espectro, pero tan solo necesitamos observar nuestra conducta para tener una idea de cómo podría ser. Por ejemplo, suele quedar claro en nuestra reacción al fracaso. Los individuos de mentalidad fija temen al fracaso porque supone una declaración negativa de sus habilidades básicas y un recuerdo de sus limitaciones inherentes. Por su parte, los individuos con mentalidad de crecimiento no temen tanto fracasar, porque son conscientes de que pueden mejorar; de hecho, el aprendizaje se basa en el fracaso.

Tiene sentido, porque si creemos, por ejemplo, que hemos nacido con unas capacidades intelectuales específicas, cada vez que fracasemos recordaremos nuestras limitaciones. «No lo puedo hacer mejor, ese es mi límite.» Por otro lado, si tenemos una mentalidad de crecimiento, consideraremos el fracaso como una oportunidad de aprendizaje.

Pongamos el ejemplo de caminar por la acera. Si nuestra mentalidad es fija y tropezamos con algo, nos culparemos por ser tan torpes. En la misma situación y con una mentalidad de crecimiento, diremos: «Bueno, he tropezado. ¿Qué puedo aprender de esto?». En la mentalidad de crecimiento podemos incluso cuestionar la noción de fracaso. ¿Qué significa fracasar? Si aprendemos, ¿cuenta como fracaso?

Dweck llega a argumentar que la mentalidad de crecimiento ayudará a una persona a vivir una vida menos estresante y más exitosa. Esto también tiene sentido, porque en una mentalidad de crecimiento, siempre aprendes y mejoras con la experiencia. En su libro *Mindset: The New Psychology of Success (Mindset: la actitud del éxito)*, Dweck aconseja: «Si los padres quieren hacer un regalo a sus hijos, lo mejor que pueden hacer es enseñarles a amar los desafíos, dejarse sorprender por los errores, buscar nuevas estrategias, disfrutar con el esfuerzo y seguir aprendiendo. Así, sus hijos no tendrán que ser esclavos del halago. Tendrán toda una vida para definir y reparar la confianza en sí mismos».[1]

Me gusta cuando dice «disfrutar con el esfuerzo». Es difícil disfrutar de lo que está pasando si apretamos los dientes mientras intentamos forzar un cambio, mientras nos golpeamos la cabeza contra la pared. Pero ¿qué sucede cuando empezamos a sentir curiosidad por nuestra experiencia, nos gustan los desafíos y nos intrigan los errores?

Me parece útil aplicar estos conceptos a nuestra experiencia diaria para usar la conciencia de modo que pueda ayudarnos a alcanzar la mentalidad de crecimiento en lugar de quedarnos atascados en una mentalidad fija mientras conducimos con la segunda marcha.

Para entender cómo hacerlo, exploremos esto: ¿cómo nos sentimos físicamente cuando nuestra mentalidad es fija, es decir, cuando estamos cerrados a las ideas de otra persona o al *feedback* sobre nuestras propias ideas?

Advertiremos que nuestro cuerpo se cierra o se contrae, como si bloqueara la llegada de información que pudiera contaminar nuestra visión del mundo. Curiosamente, esto puede tener un paralelismo evolutivo. Cuando, por ejemplo, el proverbial tigre dientes de sable nos persigue y acorrala, nuestra tarea consiste en convertirnos en una bola diminuta, en un objetivo lo más pequeño posible, a fin de proteger nuestros órganos vitales.

¿Qué ocurre cuando la nuestra es una mentalidad de crecimiento? Nos abrimos a todas las ideas novedosas. ¿Somos capaces de sentirlo en nuestra experiencia? Solo con mentalidad de crecimiento estamos abiertos al aprendizaje.

¿Cuál es nuestra mentalidad usual (o habitual) cuando incurrimos en un viejo bucle del hábito que hemos intentado modificar desesperadamente? Cuando nos juzgamos o culpamos, nos cerramos porque estamos siendo atacados (aun cuando somos nosotros quienes nos atacamos a nosotros mismos). He aquí un ejemplo.

Una de mis pacientes tenía el no muy saludable hábito de beber una pinta de *whisky* cada noche (el equivalente a ocho tragos de un licor fuerte). Volvía a casa después de un día estresante en el trabajo y empezaba a beber como una forma de relajarse cuando empezaba a cocinar. Vino a mi consulta después de muchos años insistiendo en esta conducta, cuando descubrió que estaba perjudicando seriamente su salud, tanto física como mental. Le di unas instrucciones básicas sobre cómo utilizar la primera marcha para mapear su bucle del hábito (esa parte le resultó fácil) y luego concentrarse en el resultado del acto de beber, utilizando la segunda marcha. Transcurrido un mes, en el que entendió claramente que el alcohol no era su aliado, pudo reducirlo a cuatro tragos. Un mes más tarde, empezó a pasar varios días sobria hasta que pudo estar una semana entera sin beber. Cuando me comunicó su progreso en la siguiente visita, no se mostró precisamente feliz: lo consideraba un fracaso. ¿Por qué no podía dejar de beber de una vez por todas? Además, se culpaba a sí misma por «fallar».

¿Cómo podía avanzar desde una mentalidad fija –por la que se juzgaba a sí misma como una fracasada y no estaba segura de poder dejar el hábito– a una mentalidad de crecimiento?

Cuando mis estudiantes o mis pacientes sufren el peso de una ansiedad interminable, un hábito tozudo o una adicción fuera de control, los animo a que imaginen estas experiencias como profesores. Los profesores nos enseñan a aprender. Cuando aprendemos algo, nos sentimos bien (es gratificante). Nuestros mejores profesores cumplen con su labor y nos ayudan a obtener una enseñanza de una dificultad, aun cuando lo pasamos mal y por reflejo nos cerramos o nos apartamos del dolor. En esos momentos, pido a mis pacientes y estudiantes acoger esos momentos de dificultad como profesores, lo que los ayuda a abrirse para aprender de ellos, en lugar de cerrarse a la primera señal de dificultad.

Cuando mi paciente describió su fracaso a la hora de permanecer sobria más de seis días seguidos, añadió: «Bueno, creo que son dos pasos adelante y uno atrás».

Le pregunté cómo le había sentado haber aprendido tanto sobre el funcionamiento de su mente y haber pasado de beber una pinta de licor fuerte al día a disfrutar de periodos de sobriedad.

«Me ha sentado bien», explicó (en ese momento, progresaba y avanzaba hacia una mentalidad abierta).

Luego le pregunté por esos «pasos atrás». ¿Fue capaz de aprender algo de sus hábitos y de sí misma, algo que no habría aprendido de otra forma (sobre todo si quedaba atrapada en el bucle del hábito de la autocrítica y en una mentalidad fija)?

–Si has aprendido algo, ¿eso cuenta como dar pasos atrás? –pregunté.

–No, supongo que no –respondió, reconociendo que aprender equivalía a (y era percibido como) avanzar.

Hablamos un poco más de todo el progreso que había hecho en un breve periodo de tiempo, y discutimos cómo podría reconocer en cada «desliz» una forma de instrucción, abriéndose a él en cuanto experiencia de aprendizaje que le permitiría avanzar. Abandonó mi consulta dando brincos, con la esperanza de aprender de sus experiencias y al mismo tiempo renunciar al hábito de maltratarse a sí misma.

Me encanta la frase: «Huir de un problema solo aumenta la distancia respecto a la solución». *Dos pasos adelante, un paso hacia atrás* se torna obsoleto cuando dejamos de ponernos trabas. Toda experiencia nos hace avanzar si somos conscientes y estamos dispuestos a aprender de ella.

Tómate un momento para descubrir si puedes recordar un bucle del hábito reciente. Mapéalo en tu mente (primera marcha). Pregúntate «¿qué me aporta esto?». Comprueba si te cierras en banda o te juzgas a ti mismo (mentalidad fija), y piensa en él como si fueras un profesor (mentalidad de crecimiento). Pregúntate: «¿Qué puedo aprender de esto?» y piensa en los resultados (segunda marcha retrospectiva). Repite.

CAPÍTULO 13

AJUSTA LA DOSIS: EL EXPERIMENTO CON CHOCOLATE DE DANA SMALL

Uno de mis experimentos favoritos en neurociencia lo realizó una amiga mía, la doctora Dana Small, neurocientífica e investigadora alimentaria en Yale. En su trabajo, diseña experimentos para descubrir cómo influyen en el cerebro los diferentes alimentos y fuentes de calorías. Y para ello ha creado todo tipo de artilugios delirantes para introducir cualquier cosa –desde batidos de chocolate a diferentes olores– en sujetos sometidos a un escáner cerebral (imagina que tienes a un participante en la investigación echado en un escáner de resonancia magnética y tú estás en la habitación de control a seis metros, intentando inyectar diferentes tipos de batidos de chocolate en su boca mientras el sujeto mantiene la cabeza inmóvil. ¡No es tarea fácil!).

La doctora Small empezó su investigación sobre la alimentación siendo una intrépida y joven estudiante de doctorado en la Universidad Northwestern, donde intentaba medir la actividad cerebral de individuos que comían chocolate.[1] Por aquel entonces utilizaba un escáner de tomografía por emisión de positrones (TEP) para medir la actividad cerebral, porque ofrece más posibilidades que la imagen por resonancia magnética funcional (en el escáner TEP, los sujetos podían comer mientras el cerebro era escaneado, mientras que en la resonancia magnética tenían que mantener la cabeza completamente inmóvil).

La doctora Small pidió a los participantes de su estudio que eligieran su tableta de chocolate favorita; les permitía comer algunas onzas mientras escaneaba sus cerebros. Mientras comían, se les pedía que puntuaran, en una escala de –10 a +10, hasta qué punto deseaban otra onza: –10 equivalía a «horrible, si como más enfermaré» y +10 era «realmente quiero otra onza». Dado que se trataba del chocolate favorito de los sujetos, tendían a empezar el estudio con una puntuación de +10.

Sin embargo, con el tiempo, la valoración cayó hasta +5: «Agradable, otra onza estaría bien». Luego, la puntuación descendió hasta un nivel neutral, mientras la doctora Small seguía alimentándolos.

No es una sorpresa que la calificación cayera hasta –5: «Desagradable, no quiero comer más» y –10: «Horrible, si como más enfermaré».

En un breve periodo de tiempo, la gente pasó de querer más a sentir repugnancia.

Mientras todo esto sucedía, la doctora medía su actividad cerebral; y descubrió algo fascinante. La corteza cingulada posterior –la región cerebral que se activa cuando nos absorbe una experiencia y que se serena al meditar, al mantener un estado de atención o cuando nos relajamos– fue la única que se activó en el placer y en la repugnancia. «De verdad, quiero más» y «deseo que esto acabe» la activaron igualmente.

El estudio demostró que desear más activa la misma región cerebral que desear menos. El común denominador es el ansia o el deseo, o más exactamente, quedar atrapados en querer más o en querer menos. Señalemos el tira y afloja presente en esta situación: el tirón que las cosas agradables ejercen sobre los sujetos (o el deseo de aferrarse a algo) y el de aflojar o alejarnos de algo desagradable, el esfuerzo por evadirnos cuando experimentamos algo repulsivo.

Ahora bien, ¿por qué esto es importante a la hora de modificar los hábitos? Empecemos, por ejemplo, con el bucle del hábito de la alimentación voraz. Si realmente nos gusta el chocolate –podemos sustituirlo por nuestra comida o por nuestra actividad favorita–, querremos comerlo en cuanto lo veamos. Después de saborearlo, nos sentiremos bien por un momento, y nuestro cerebro nos dirá: «Está rico, pruébalo otra vez». Si realizamos esta actividad con mucha frecuencia, ¿qué sucede? Bueno, depende de si prestamos o no atención.

Si somos como los sujetos del experimento de Dana, prestaremos atención porque nos lo han pedido. Tener que calificar nuestro nivel de deseo nos ayuda a determinar cuándo nos hemos saciado. Sin embargo, en el mundo real es habitual comer sin prestar atención (o realizar cualquier actividad de forma inadvertida), por lo que tendemos a no percatarnos del punto crítico en el que el placer se transforma en repugnancia.

Pero si entrenamos nuestra atención, la cosa cambia. Mi laboratorio ha mapeado el proceso de decepción por medio de grupos focales compuestos por individuos de nuestro programa de alimentación consciente.[2] Al ser conscientes de los resultados de su alimentación, los sujetos de nuestro programa aprenden a disfrutar del chocolate, por ejemplo, pero al prestar más atención, aumenta su capacidad de modificar sus patrones alimentarios y evitar los atracones o los excesos.[3] En un estudio piloto, descubrimos una pérdida media de peso de 3,6 kilos tras dos meses en el programa Eat Right Now, sin instrucciones dietéticas específicas. Tan solo subrayamos la necesidad de prestar atención al acto de comer y dejar de hacerlo cuando llegase la saciedad. Este estudio demuestra que el mindfulness puede ser una forma diferente y muy eficaz de abordar la pérdida de peso sin necesidad de los métodos tradicionales, basados en la fuerza de voluntad.

Ser conscientes de los resultados de nuestras conductas para facilitar el cambio de hábitos es algo que va más allá de la comida; también podría funcionar con la preocupación y la angustia. Un ejemplo podría ser la planificación del futuro. La planificación es como el chocolate: un poco sabe bien, pero una cantidad excesiva es contraproducente, ya que puede inducir un estado de ansiedad en relación con lo que puede salir mal.

Por lo tanto, si te enfrentas a bucles del hábito que implican un exceso, como los atracones, la planificación desmesurada o el pensamiento obsesivo, procura aplicar tu propia versión del experimento de Dana la próxima vez que te dejes arrastrar por él: presta atención al exceso. Pregúntate «¿qué me aporta esto?» (segunda marcha) y procura identificar exactamente en qué momento la balanza pasa de lo delicioso a lo neutral, y luego a lo desagradable. ¿Te ayuda a parar en el punto de inflexión (o al menos a aminorar la velocidad)?

LA ACTITUD LO ES TODO

Sacar la basura no suele considerarse uno de los puntos destacados de la jornada. Pero pensemos en el papel que desempeña la actitud en una actividad tan anodina como esta. Si es la hora de sacar la basura y lo hacemos con una mala actitud, ¿qué ocurre? Aprendemos a identificar esa actividad con algo malo o desagradable. Pero si somos conscientes de que hay que sacarla de todos modos y no nos parece un problema, aprenderemos que tirar la basura es una tarea fácil. Y la próxima vez y las siguientes será más sencillo acometer esta actividad, incluso en mitad del invierno o bajo la lluvia. Modificar nuestra actitud hacia las tareas más sencillas puede tener un gran efecto en nuestras vidas.

Esta cita, atribuida a diversas fuentes, lo resume admirablemente:

> Observa tus pensamientos. Se transforman en palabras. Observa tus palabras. Se transforman en acciones. Observa tus acciones. Se transforman en hábitos. Observa tus hábitos. Se transforman en carácter. Observa tu carácter. Se transforma en tu destino.

Esto no solo se aplica a sacar la basura, sino a cualquier actividad que emprendamos en la vida. Si cada vez que nos enfrentamos a un bucle del hábito pensamos el equivalente a «otra vez no» o «no puedo con esto, no va a funcionar», probablemente añadiremos un segundo hábito inútil:

- Detonante: empezar a luchar.
- Conducta: creer que todo saldrá mal (mentalidad fija).
- Resultado: aumenta la probabilidad de que salga mal.

Por otra parte, tendremos que lidiar con el bucle del hábito original durante más tiempo, ya que reforzaremos ambos bucles: aquel al que nos enfrentamos y el de la «mala actitud».

Pero si empezamos a aplicar una curiosidad lúdica a nuestra experiencia mientras avanzamos en primera y segunda marcha, mataremos tres pájaros de un tiro: 1) el hábito que nos atormenta será más fácil de tratar; 2) aprenderemos a desprendernos de actitudes inútiles (al descubrir que no son gratificantes); y 3) desarrollaremos el provechoso hábito de la curiosidad (descubriremos hasta qué punto es gratificante en la «Parte III»). Averigua si puedes controlar tu actitud con más regularidad.

Cuando algo es realmente ridículo o absurdo, es difícil seguir tomándoselo en serio, por lo que deja de tener una gran influencia sobre nosotros. Por lo tanto, el mindfulness es de gran ayuda a la hora de prestar más atención cuando nuestra mente se estanca, y nos permite descubrir lo absurdo que resulta que algo huela mal solo porque nos hemos convencido de que huele mal. Darnos cuenta de esto nos permitirá perdonarnos por haber dado pie a un hábito tan perjudicial. ¿Recuerdas lo que una de mis pacientes se decía a sí misma cuando caía en el bucle mental de la ansiedad y la autocrítica? Se decía (con cierto retintín): «Ah, es solo mi cerebro». Es importante ser amables con nosotros mismos, y no flagelarnos por la configuración de nuestro cerebro.

Podemos aplicar la misma actitud lúdica a cualquier pensamiento y emoción. En lugar de rechazarlo o luchar contra él, podemos reconocerlo, simple y lúdicamente, como pensamiento o emoción. La actitud curiosa tiene que ver con todo ello. Podemos sentir verdadera curiosidad por esos sentimientos y empezar a rastrear las respuestas habituales que les damos; de esta manera comprenderemos cómo influyen en nuestras vidas. Al invocar esta actitud curiosa, es menos probable que el poder que una vez ejercieron sobre nosotros continúe intacto. Se hace evidente que no son más que pensamientos y emociones en nuestro cuerpo. Sí, tal vez, por el momento, gobiernan nuestra vida, pero no representan lo que somos.

Podemos transformar esos pensamientos y emociones en nuestros maestros. En lugar de frustrarnos ante el fracaso o el esfuerzo a la hora de progresar más rápidamente, sintamos curiosidad. Como el pensamiento o la emoción ya están ahí, podemos utilizarlo como una forma para explorar todas las posibles reacciones ante ella. He aquí un ejemplo. Advertimos que empezamos a sentirnos frustrados.

- Detonante: empezar a sentir frustración.
- Conducta: advertir la reacción habitual y preguntarnos: «¿Qué me aporta esto?».
- Resultado: descubrir hasta qué punto el viejo hábito es poco gratificante; dejar de alimentar la frustración (segunda marcha).

Descubre si eres capaz de aplicar una actitud de curiosidad amable y lúdica al proceso de cambio de hábitos. Si te asustas al trabajar un bucle del hábito basado en el miedo, o si al mapear un bucle de ansiedad te sientes más ansioso, procura distanciarte un poco de esa emoción. Respira profundamente y recuerda que es tu cerebro el que intenta ayudarte y descarrila un tanto. Si surge la frustración u otro mal hábito, ¿te cierras sobre ti mismo o quedas atrapado en algún bucle del hábito de la mentalidad fija? De ser así, tómate un momento para mapearlo y descubrir qué te aporta. La idea es comprender hasta qué punto esa actitud es poco gratificante y empezar el proceso de desaprendizaje. En cuanto te alejes de ella, si con el tiempo vuelve a manifestarse, constata su presencia y recuerda que se trata de algún hábito malsano. El mero hecho de ser consciente te ayudará a pinchar el globo del viejo hábito y fomentar una nueva actitud de apertura y curiosidad.

CAPÍTULO 14

¿CUÁNTO TIEMPO SE TARDA EN CAMBIAR UN HÁBITO?

Un día, mientras estaba entre bastidores, preparando mi intervención en un congreso, oí que el ponente que me precedía debatía el origen de una cuestión que a menudo me plantean: «¿Realmente se tardan veintiún días en formar un nuevo hábito?».

Para ilustrar esta cuestión, el orador citó a un cirujano plástico conocido como Maxwell Maltz, que observó que a un paciente le llevaba veintiún días acostumbrarse a su nuevo rostro después de una operación de nariz. El problema es que no he sido capaz de encontrar estudios de revisión por pares que avalen esta especulación. Por lo tanto, aunque veintiún días suele ser un número generalmente aceptado (se ha colgado en internet tantas veces y en tantos sitios que sobrevivirá a cualquiera que lea este libro), no hay evidencia real de que sea cierto.

Los bucles del hábito se forman fácilmente: hacemos algo y, si resulta gratificante, dados la oportunidad y un detonante, probablemente lo volveremos a hacer. Por otra parte, si pretendemos que un nuevo hábito se consolide realmente –uno que no tenga una recompensa clara e inmediata–, puede pasar cualquier cosa, porque hay que tener en cuenta desde la genética y el estado motivacional hacia la situación hasta la conducta en sí misma. La formación de hábitos es un poco más compleja de lo que nos hace creer el dato de los veintiún días.

Lo han confirmado una serie de estudios, pese a que no han sido muy numerosos. Por ejemplo, en 2009, Phillippa Lally y sus colegas del University College de Londres, publicaron un estudio titulado «How Habits Are Formed: Modelling Habit Formation in the Real

World». Descubrieron un rango entre 18 y 254 días para que las conductas se «automatizaran».[1] Este rango no solo era bastante amplio, sino que, dado que el estudio solo duró doce semanas, dependía completamente de los modelos matemáticos. Para empezar, únicamente 39 de los 62 participantes mostraron un «buen ajuste» al modelo (esto significa que los datos se acercaban a la curva del gráfico teórico). No pretendo denigrar este artículo; es muy difícil hacer este trabajo con tantas variables en juego.

Sin embargo, podemos reducir estas variables –y, así, tal vez, hallar un marco temporal realista en el que se formen los nuevos hábitos– por medio de un par de cosas: seleccionar una conducta específica para estudiarla, y medir los cambios en su valor de la recompensa.

Y eso es exactamente lo que hizo mi laboratorio.

De hecho, desde hace décadas hay una literatura que va más allá de lo ambicioso, más allá de la verosimilitud que encontramos en internet, que se centra en lo realmente creíble, porque ha sido estudiado y replicado en múltiples paradigmas experimentales (ratones, monos, humanos). En la década de 1970, dos investigadores, Robert A. Rescorla y Allan R. Wagner, propusieron un modelo matemático que lleva su nombre. Los adictos a las matemáticas podrán echar un vistazo a la siguiente fórmula[2] (los demás podéis saltaros los siguientes tres párrafos; prometo no hacer un examen).

El modelo de aprendizaje por refuerzo de Rescorla-Wagner[3] tiene este aspecto: $V_{t+1} = V_t + \alpha\delta t$.

El modelo plantea que el valor de la recompensa actual (V_{t+1}) de una conducta determinada depende del valor previo (V_t) más la señal de aprendizaje ($\alpha\delta t$). La señal de aprendizaje depende a su vez de lo que se conoce como *error de predicción* (δt), una discrepancia entre el resultado real de una conducta y lo que se esperaba. El aprendizaje de la señal se asigna a regiones cerebrales como la corteza orbitofrontal (entre otras). No hay que preocuparse mucho por α; es un parámetro estático en el nivel del sujeto (una constante).

Lo repetiré en lenguaje no matemático. Básicamente, cuando realizamos una conducta (por ejemplo, comer una porción de pastel), nuestro cerebro hace aflorar un recuerdo que determina el grado de gratificación de dicha conducta (por ejemplo, «¡el pastel está riquísimo!»). Recordemos: este valor se determina a partir de todo tipo de factores, entre ellos el contexto, el estado emocional, etcétera (por ejemplo, personas, lugares y elementos asociados a la conducta), ensamblados como un solo valor compuesto. Una vez conocido el valor de la recompensa, nuestro cerebro espera que la conducta nos aporte la misma gratificación la próxima vez que la realicemos, en función de la recompensa obtenida en el pasado. El problema es que nuestro cerebro espera que el valor sea idéntico al del pasado (comer un pastel = comer un pastel) aunque el contexto sea diferente (comer un pastel cuando tenemos hambre = comer un pastel). Si bebemos leche caducada, tan pronto como detectamos el sabor agrio, dejamos de tomarla, porque nuestro cerebro detecta una discrepancia entre la predicción o expectativa y el resultado tangible (el error de predicción que vosotros, los amantes de las matemáticas, no os habéis saltado). Si habitualmente comemos pastel sin prestar atención al resultado real –cuando nos preguntamos «cuál es el nivel de gratificación ahora»–, nuestro cerebro no detectará nada incorrecto o erróneo (no habrá predicción de error, porque un pastel = un pastel). Pero si prestamos atención al verdadero resultado, y tomar dos pedazos de pastel no es tan gratificante como cuando teníamos cinco años y podíamos comerlo en el desayuno, el almuerzo y la cena sin ganar peso, este error de predicción le indica a tu cerebro que ha llegado la hora de actualizar el valor de la recompensa.

Y esta es la base matemática de la segunda marcha. Así es como aprendemos. Así es como cambiamos de hábitos.

Comprender esto puede tener consecuencias en la vida real; entre ellas, la velocidad a la que nos desprendemos de los «malos» hábitos y aprendemos otros «buenos» (no te preocupes por las matemáticas).

Para estudiar cómo y a qué ritmo caen los valores de la recompensa en los atracones y en el hábito de fumar por medio de la segunda marcha, desarrollamos una «herramienta del ansia» en las aplicaciones Eat Right Now y Craving to Quit. Pedimos a los participantes que

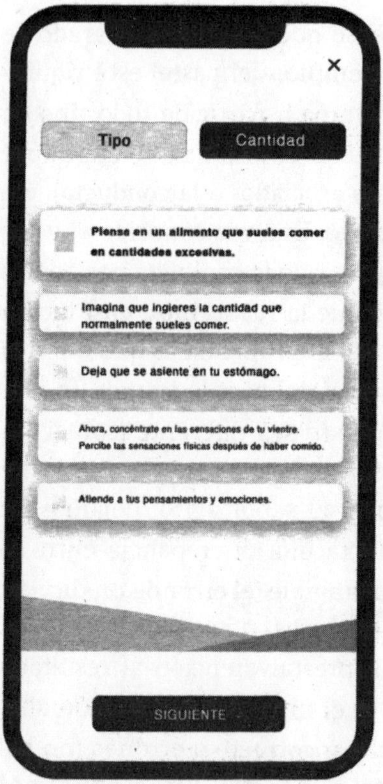

utilicen esta herramienta cuando el ansia se apodere de ellos. El paso 1 de la herramienta aparece en pantalla como se puede ver en la imagen.

A continuación, les pedimos que califiquen la intensidad de su ansia en el momento presente.

El paso 1 ayuda a los sujetos (y a nuestro equipo de investigación) a obtener una estimación exacta de su nivel de gratificación en ese momento. Por ejemplo, imaginemos que desean comer pastel, y recurren a la herramienta del ansia para imaginar que lo están comiendo. Si el valor de la recompensa es alto, su ansia permanecerá inmutable o incluso subirá (porque realmente lo desean, después de haberlo imaginado). Subirá aún más si tienen hambre.

A continuación, en el paso 2, nuestros sujetos realizan un ejercicio en el que comen (o fuman) con atención consciente, de modo que su resultado real quede registrado en su cerebro.

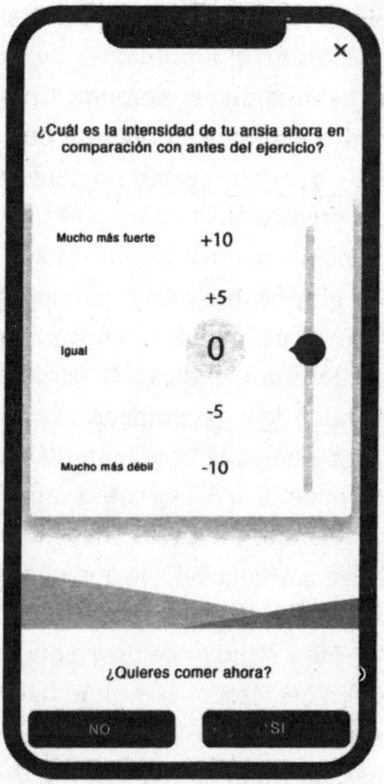

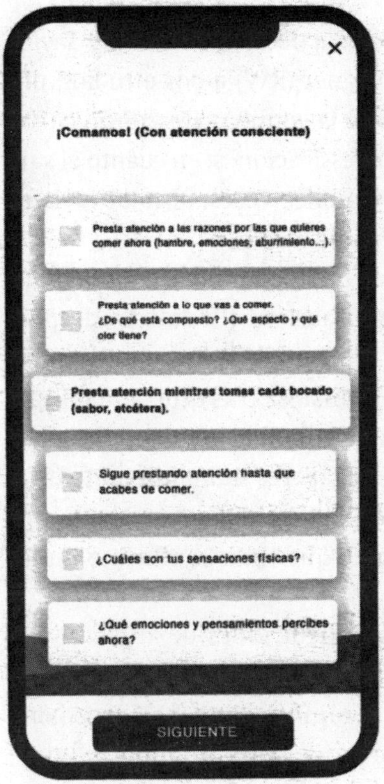

En este punto, si prestan una atención minuciosa al tomar tres porciones de pastel (en lugar de parar tras comer solo una) o fumar un cigarrillo, descubren (y sienten) el nivel de gratificación que realmente les aporta la conducta. Pedimos que dejen constancia de ello inmediatamente calificando su nivel de satisfacción. También solicitamos que lo repitan unos minutos más tarde en nuestro programa Eat Right Now, porque a veces la bomba intestinal derivada de engullir una gran porción de pastel o un puñado de galletas no se manifiesta inmediatamente. Les pedimos que lo repitan cada vez que el ansia se apodere de ellos, para asegurarnos de que su cerebro recibe información exacta y actualizada sobre el nivel de gratificación real de la conducta, lo que contribuye a sustituir su viejo y obsoleto recuerdo del valor de la recompensa. Cuanto más lo hacen, más arraigan los nuevos recuerdos (una persona que utilizaba la aplicación Craving to Quit dijo lo siguiente: «Todos los cigarrillos que he fumado hoy eran asquerosos»).

En cuanto se instalan estos nuevos valores de la recompensa, la próxima vez que alguien se vea incitado a comer o a fumar, recurrir al paso 1 hará aflorar ese valor, y el ansia de consumir se desplomará, lo que evidentemente ayudará a abandonar el bucle del hábito y a modificar la conducta.

A partir de sus calificaciones subjetivas (nivel de satisfacción después de la conducta y deseo de repetirla), podemos calcular cuántas veces serán necesarias para que baje el nivel de recompensa de la conducta. Una compañera posdoctoral de mi laboratorio, la doctora Veronique Taylor, aplicó el sofisticado modelo Rescorla-Wagner (RW) a dos estudios, uno para el hábito del tabaquismo y otro para la comida.[4] Descubrió curvas RW notablemente similares en ambas investigaciones: en cuanto el sujeto utilizaba la herramienta entre diez y quince veces, el valor de la recompensa real bajaba hasta un valor cercano a cero.

Al reunir estos resultados con los de otros estudios que mi laboratorio ha publicado sobre cambios cerebrales en fumadores después de usar la aplicación Craving to Quit durante un mes –junto a una reducción de un 40% en la alimentación ansiosa tras utilizar Eat Right Now durante dos meses– empezamos a disponer de una mejor comprensión de cómo funciona el modelo de las tres marchas, tanto en el plano neurológico como en el conductual.[5] Aunque es evidente que aún nos queda mucho que explorar para que todo confluya en unos fundamentos sólidos.

Sin embargo, las matemáticas y las mediciones dejan clara una cosa: prestar atención es muy importante si queremos modificar un hábito. Si se trata de un hábito que queremos abandonar desesperadamente, no podemos pedirle o desearle que pare, y tampoco forzarlo, porque probablemente todo esto no ejerza efecto alguno en su valor de la recompensa. Si se trata de un hábito que queremos instalar en veintiún días, o veintiún años, las probabilidades de que esto suceda a partir de la razón, la fuerza o el deseo son igualmente escasas, por los mismos motivos.

No podemos pensar en cómo abandonar un mal hábito y transformarlo en uno bueno. Así como todos tenemos deseos y planes para nuestros hábitos, nuestro cuerpo sensible (que es donde se registran los resultados de la conducta) se impone a nuestra mente pensante.

Hemos de descubrir si somos capaces de jaquear nuestro cerebro y poner en acción parte de este conocimiento conceptual, manteniendo la práctica de la segunda marcha (momento presente y retrospectivo). Observaremos la velocidad a la que nuestras curvas Rescorla-Wagner pasan de la «gratificación» a la «indiferencia» y de esta al «no, gracias».

¿QUIÉN NECESITA PALABRAS DE ÁNIMO?

Si en este momento tienes problemas, no te preocupes. La primera y la segunda marcha aún no se centran en la modificación de la conducta. Llegaremos a eso en la «Parte III». Pero por ahora pensemos en una pequeña locomotora.

Uno de mis cuentos favoritos de la infancia era *The Little Engine That Could (La pequeña locomotora que sí pudo)*.

En el libro, había un pequeño tren azul que empezó siendo una locomotora de maniobras; cuando le piden que suba una colina con un cargamento de regalos de Navidad para los niños, no se ve capaz de hacerlo.

La pequeña locomotora se enfrenta a grandes contratiempos: en su mente hay muchos pensamientos perversos que minan su confianza y la desmoralizan. Para combatirlos, inventa un mantra dotado de buen ritmo: «Creo que puedo. Creo que puedo. Creo que puedo. Creo que puedo».

La pequeña locomotora se engancha a los vagones cargados de juguetes de Navidad y, con el mantra de la confianza rondando su mente, empieza a subir la montaña. «Creo que puedo. Creo que puedo.» Derrota a sus demonios, llega a la cumbre y en el descenso es recibida por los gritos de júbilo de los niños privados de juguetes. Mientras desciende la colina, cambia el mantra: «Creí que podía. Creí que podía. Creí que podía».

Así pues, ¿cuál era el secreto de la locomotora? ¿Aceite de motor? ¿Lubricante?

En realidad, en esta historia hay algo más aparte del esfuerzo. Al principio, la locomotora se centra en el futuro («creo que puedo») y luego rememora el pasado («creí que podía»). Pero lo que realmente le permite subir la colina es no quedar atrapada en ninguno de los dos. En cambio, se concentra en el momento presente.

Esta es la lección que podemos aprender.

No confíes en tus pensamientos (especialmente en los imperativos). Los pensamientos son expresiones mentales que vienen y van y deberían considerarse bajo el prisma de un saludable escepticismo. Esto no significa que el pensamiento sea malo. Recordemos que la planificación, la resolución de problemas y la creatividad son parte de lo que nos hace genuinamente humanos y nos ayuda en nuestro periplo vital. El pensamiento nos entorpece cuando nos arroja a los bucles del hábito de la preocupación y la autocrítica (es decir, los *debería...*: «Debería hacer esto», «No debería hacer aquello»). Este tipo de pensamientos, en especial los que comportan opiniones fuertes, son aquellos que debemos vigilar, porque nos hacen sentir mal con nosotros mismos.

Confía en tu cerebro. A lo largo de eones, tu cerebro ha evolucionado para ayudarte a sobrevivir. Aunque no tiene todas las respuestas y puede confundirte (por ejemplo, con la preocupación), no alterará repentinamente los viejos, eficaces y probados mecanismos de tu forma de aprender (por ejemplo, el aprendizaje basado en recompensas) ni te defraudará justo ahora. A medida que conozcamos mejor cómo funciona, y en cuanto descubramos que mapear los bucles del hábito y decepcionarnos con las viejas conductas nos ayuda a seguir adelante, esta confianza será más profunda.

Confía en tu cuerpo o, en otras palabras, en tu cuerpo/mente, ya que se trata de dos realidades inseparables. Aquí es donde se registran los valores de la recompensa. Cuando prestamos atención a los resultados de nuestros actos, los verdaderos sentimientos y las sensaciones físicas inducen a la corteza orbitofrontal a actualizar las recompensas.

Confía en tu experiencia. Tú eres tu arma secreta. Mapear tus bucles del hábito una y otra vez ayudará a tu cerebro a comprender que vas en serio y que estás comprometido con el cambio de tus hábitos. Prestar atención a la relación causa-efecto entre tus conductas habituales y sus resultados modifica su valor de la recompensa, y realmente te ayudará a desconectarte de los viejos hábitos que no resultan útiles y a vincularte a los nuevos, que sí lo son.

MOC: CÓMO AFRONTAR LOS BUCLES DEL HÁBITO DE LA AUTOCRÍTICA

Una vez, cuando era estudiante universitario, entré en el comedor y me senté para comer con unos amigos. Había un chico almorzando solo en una mesa, y, por alguna razón, solté algo que llamó la atención sobre su soledad. Juro que no recuerdo lo que dije, pero sí recuerdo lo demás con vívido detalle, porque a mis amigos les horrorizaron mis palabras. Incluso ahora, veinticinco años después, siento vergüenza al escribir esto. No soy una persona especialmente mala; no fui un agresor en la escuela. A todos nos sorprendió lo sucedido, en especial al pobre chico al que maltraté y al que no le quedó otra que agachar la cabeza y terminar su almuerzo.

El aspecto crucial de esta historia es lo que pasó después.

Si hubiera sido capaz de recapacitar, me habría levantado, me habría acercado al chico y le habría pedido disculpas. Pero no lo hice. Estaba en un estado de *shock* tal, que bajé la cabeza, acabé de almorzar y me marché.

¿Por qué puedo recordar tan vívidamente esta escena, como si fuera ayer (con el corazón desbocado, el estómago encogido y toda la parafernalia del sistema nervioso autónomo en un estado de gran excitación)? Porque en lugar de arrojar la granada de mano fuera de la habitación (pidiendo disculpas), la enterré en lo más profundo de mí, y de vez en cuando quitaba la anilla, en privado. No podía cambiar lo que había hecho, pero podía castigarme a mí mismo. Una y otra vez.

Nuestro mecanismo de supervivencia está configurado para que aprendamos de nuestros errores. Aprendemos a evitar las estufas calientes la primera vez que nos quemamos, para ahorrarnos ese problema en lo sucesivo. Al castigarnos, creemos estar aprendiendo porque, después de todo, estamos haciendo algo, pero esa acción tiene poco que ver con el aprendizaje. No hacemos más que quitar la anilla a la granada una y otra vez, mientras rememoramos la situación, en la creencia de que la autoflagelación arreglará mágicamente el pasado.

Evidentemente, extraje una lección de aquel aciago momento en el comedor. Desde entonces no he hecho nada remotamente parecido, pero aún llevo las cicatrices. Significativamente, son cicatrices que no tenían por qué estar ahí; de hecho, para empezar, la herida nunca tuvo que producirse. De haberme disculpado, imagino que los dos nos habríamos reído nerviosamente ante mi intempestivo «¿en qué demonios estaba pensando?», y lo habríamos dejado atrás.

Una década más tarde, tras meditar durante cierto número de años e investigar los entresijos del aprendizaje basado en recompensas, descubrí que había dos posibles caminos en cada maldita oportunidad de crecimiento o MOC (mi reconocimiento a mi esposa por enseñarme esta expresión).

El camino 1 consiste en la saludable opción «mira y aprende», en la que realmente aprendemos y crecemos. Nos inclinamos ante ella como ante un profesor, observando lo que ha sucedido y aprendiendo de la situación (incluyendo nuestro propio *feedback* interno).

- Detonante: cometer un «error».
- Conducta: mirar y aprender.
- Resultado: no repetir dicho «error»; aprender de la experiencia y seguir adelante.

Pensemos en ello como en la opción de almuerzo vegetariano e integral. Sabe bien, nos llena de energía y sabemos que así contribuimos a evitar la destrucción del hábitat de la selva tropical en la cuenca del Amazonas.

El camino 2 es la opción «examina y lamenta», mucho menos saludable, en la que caemos en el bucle del hábito de la autocrítica y, en realidad, no aprendemos nada. Ignoramos o suprimimos la oportunidad de crecer, concentrándonos, en cambio, en la flagelación autoimpuesta.

- Detonante: cometer un «error».
- Conducta: juzgarnos o castigarnos (por ejemplo, arrancar la costra de la herida).
- Resultado: la vieja herida ahora está fresca y vuelve a sangrar.

Hace tiempo leí un refrán que decía: «El perdón es renunciar a la esperanza de un pasado mejor». Me ha llevado tiempo, pero gracias a mi propia práctica de mindfulness y al conocimiento de lo poco gratificantes que resultan los bucles del hábito «examina y lamenta», me he perdonado a mí mismo, lo que ha abierto la puerta para aprender algo de aquella MOC en el comedor.

- Detonante: recordar el comentario intempestivo en el comedor.
- Conducta: advertir cómo se encoge el estómago y surge la autocrítica en la mente. Darme un abrazo mental a mí mismo y recordarme que no puedo cambiar lo que hice y que he aprendido de ello.
- Resultado: herida curada.

Pero basta de hablar de mí; ahora te toca a ti reflexionar sobre tus bucles del hábito de la autocrítica. Mapéalos y empezarás a ser capaz de abandonar esos antiguos bucles del hábito, podrás observar y aprender, no de lo que sucedió en el pasado, sino contigo mismo en el presente, en el momento justo en que se manifiestan los detonantes de los bucles de la autocrítica. Repasa y lamenta = mentalidad fija. Observa y aprende = mentalidad de crecimiento.

¿Puedes observar los bucles del hábito de la autocrítica que has mapeado (primera marcha) y pasar a la segunda marcha, preguntándote: «¿De qué me sirve castigarme? ¿Soy capaz de entender que la autoflagelación perpetúa el proceso? ¿Soy capaz de comprender que prestar atención al dolor del autocastigo me ayudará a romper el ciclo?».

Desarrollaremos la práctica de la segunda marcha aplicando la oferta más grande y óptima (OMGO) al MOC en la tercera parte.

En cuanto tomes suficiente impulso con la segunda marcha, desconectando de veras con la autocrítica y la autoflagelación, estarás listo para poner la tercera.

Parte 3

ENCONTRAR LA OFERTA IMBATIBLE PARA TU CEREBRO: LA TERCERA MARCHA

La curiosidad vencerá al miedo incluso más que la valentía.

James Stephens

CAPÍTULO 15

LA OFERTA IMBATIBLE

Hay una canción de Henry Blossom y Victor Herbert, compuesta en 1905, aunque podría haber sido ayer, titulada «I Want What I Want When I Want It» [Quiero lo que quiero cuando quiero]. El título parece moderno porque da la impresión de que hemos entrado en la edad de la adicción. Nunca antes ha visto el mundo la convergencia de nuestra capacidad colectiva para desarrollar, refinar, producir masivamente y distribuir sustancias químicas y experiencias que son mucho más adictivas que cualquier cosa conocida antes. Olvida la cocaína: Facebook ha introducido el botón de «me gusta» y todos nos hemos vuelto adictos. Un estado alimentado por los pensamientos autocríticos y ansiosos del tipo «quiero lo que tienen aquel o aquella» que surgen en nuestra mente cuando navegamos por la red y nos topamos con un anuncio dirigido por algoritmos y relacionado con una búsqueda que hicimos en Google hace unos días, o cuando repasamos nuestras redes sociales y descubrimos la imagen de la vida impoluta de alguna persona.

Los seres humanos han luchado contra sus deseos durante milenios. En el Partenón de Atenas, Grecia, hay un relieve fechado en torno al 440 a. C. en el que podemos ver a un jinete que intenta domar a su caballo. Representa la lucha entre los impulsos y los deseos (el caballo) y las «fuerzas restrictivas» de la voluntad (el jinete). Los enfoques modernos del cambio conductual han sido poderosamente influidos, tal vez irónicamente, por el pensamiento de la Ilustración: en la actualidad se ha puesto un gran énfasis en el individualismo y la razón.[1] Creemos que nuestra fuerza estriba en nuestra capacidad para pensar críticamente. Creemos que con el pensamiento podremos abandonar conductas impulsadas por profundos deseos, fuerzas más intensas que la voluntad basada en la corteza prefrontal. Saber que un hábito es malo para nosotros no basta para modificarlo. Aunque encontremos el plan más razonable para adelgazar, ¿por qué es tan común caer en la dieta yoyó (el interminable ciclo de perder y ganar peso)? Nos centramos en el jinete para cambiar los hábitos y las adicciones, y no funciona. En Estados Unidos, la obesidad y los opiáceos se han considerado epidemias.

¿Hay indicios de la ineficiencia de nuestros planteamientos individuales, racionales y egocéntricos que podamos utilizar como lecciones para seguir adelante?

Nuestras modernas redes neuronales siguen, en gran medida, en «modo cazador recolector» (y en «modo evitar ser cazados»). Esto significa que el aprendizaje basado en recompensas se manifiesta cada vez que fumamos un cigarrillo, comemos una magdalena o comprobamos el correo electrónico o las noticias cuando estamos estresados: básicamente, cada vez que buscamos algo para aliviarnos, reforzamos el aprendizaje, hasta el punto de que este se torna automático y habitual. Así es como acabamos atrapados en los bucles de la ansiedad (y en otros). Como ejemplo, cuando uno de mis pacientes vino a mi consulta para pedir ayuda y dejar de fumar, había reforzado su aprendizaje unas 293.000 veces. ¿Cómo puede la voluntad competir con eso?

Los actuales métodos psicológicos y conductuales se han basado casi exclusivamente en la razón y la voluntad. Por ejemplo, la terapia cognitivo-conductual (TCC) –que es el tratamiento estándar para las adicciones del Instituto Nacional de Toxicomanía en Estados Unidos, y tal vez la terapia basada en evidencias más ampliamente aceptada en salud mental en términos generales– se centra en modificar conductas y patrones de pensamiento inadaptados.[2] Si recuperamos la analogía del caballo y el jinete –según la cual nuestros deseos son el caballo, y nuestra capacidad de control cognitivo, el jinete–, la terapia cognitivo-conductual se centra en gran medida en desarrollar las habilidades del jinete para hacer frente a los agentes estresantes.[3]

Sin embargo, a medida que las sustancias se hacen más adictivas y accesibles, el caballo se torna más fuerte y salvaje. Por ejemplo, en 2013, el periodista de investigación Michael Moss publicó un artículo sobre la industria alimentaria en *The New York Times Magazine*. Titulado «The Extraordinary Science of Addictive Junk Food» [La extraordinaria ciencia de la comida basura adictiva], el artículo describía el esfuerzo deliberado y coordinado de las empresas alimentarias para diseñar comida cada vez más adictiva.[4] La industria tecnológica siguió el ejemplo, con millones (y a veces miles de millones) de usuarios en los que probar sus productos, desde plataformas de redes sociales hasta videojuegos. Los productos son diseñados para aumentar la participación del usuario y fomentar el consumo del producto, más que para satisfacer. Sean Parker, uno de los «padres fundadores» de Facebook, cuyo capital social lo convirtió en multimillonario, explicó abiertamente que esta red social es «un bucle de retroalimentación de validación social [...], exactamente el tipo de cosa que inventaría un *hacker*, porque explotamos una vulnerabilidad en la psicología humana». Siguió explicando que, en una fase muy temprana del desarrollo de Facebook, el objetivo era «consumir tanto tiempo y atención consciente del usuario como fuera posible».[5]

Nuestros pobres cerebros –que, no lo olvidemos, solo quieren ayudarnos a encontrar comida– se ven superados y burlados. Las estructuras neurológicas primordiales asociadas al control cognitivo (por ejemplo, la corteza prefrontal dorsolateral) son las primeras que se desconectan cuando surgen detonantes como el estrés.[6] Todos lo hemos experimentado en cierto grado: si estamos estresados y es de noche, es más probable que nos sintamos atraídos por el helado que por el brócoli.

Para igualar las probabilidades a nuestro favor, si los deseos y los anhelos se alimentan de un proceso impulsado por el aprendizaje basado en recompensas, ¿podríamos aprovechar ese mismo proceso para entrenar nuestra mente, sin ni siquiera necesitar un tiempo o esfuerzo extra?[7]

La buena noticia es que ya has realizado el trabajo de preparación.

Has fortalecido la conciencia al mapear tus bucles del hábito de la ansiedad en la primera marcha y al aportar una minuciosa y preclara atención a los resultados de tus conductas en la segunda marcha. En el proceso, has empezado a reconfigurar los valores de la recompensa en la corteza orbitofrontal. Todos esos movimientos de «dar cera, pulir cera, pintar la valla» te han preparado para el gran combate con tu cerebro.

La conciencia también es necesaria para influir en el cambio de la conducta: tienes que ser consciente o estar despierto en mitad de una conducta habitual antes de poder hacer nada al respecto. Es la esencia de la primera y la segunda marchas. Además, en cuanto se ha registrado el valor de la conducta, la conciencia nos ayuda no solo a desprendernos de los viejos hábitos desconectándonos de ellos (segunda marcha), sino también a crear hábitos saludables; la conducta reiterada se torna automática a medida que se afianza el bucle del hábito.

Esta es una importante divergencia entre las actuales técnicas cognitivas y las prácticas de mindfulness. La razón (el jinete) pide que el proceso se detenga (y pide cambiar el «horrible pensamiento») y, sin embargo, en la mayoría de los casos, el impulso (el caballo) descabalga a la razón y huye, libre y sin control. Por el contrario, el mindfulness sugiere que prestemos atención: hemos de experimentar las consecuencias o los resultados de la conducta y aprender para la próxima vez. La teoría que subyace a la práctica de mindfulness está en sintonía directa con el funcionamiento cerebral del aprendizaje basado en recompensas: es decir, cuando estamos seguros de que la corteza orbitofrontal obtiene una información exacta, el valor relativo de una acción puede ser actualizado, almacenado y recordado en el futuro.

Cuando esto funciona plenamente, ya no necesitamos apoyarnos en la razón. Por el contrario, el valor relativo de la acción se ilumina y el cerebro primitivo se hace cargo. Recordemos que el cerebro de supervivencia es mucho más poderoso que su primo cortical prefrontal, más joven y débil. No pensamos en cómo salir de la situación:

esta, simplemente, se despliega, siguiendo los principios naturales que gobiernan tu cerebro y te ayudan a aprender.

Espero que en este punto hayas desarrollado tu propia base de evidencias en lo que respecta a la primera y a la segunda marchas. Si es así, probablemente sentirás afinidad con esta entrada de diario de un participante de nuestro programa Eat Right Now:

> Una tarde reaccioné a una situación emocional concediéndome un capricho. Encendí el fuego en un esfuerzo por sentirme mejor. El momentáneo alivio del dulce fue superado por la sensación física de una «bomba» de chocolate, y me hundí en la derrota y la decepción.

Si reconoces la decepción en tu propia experiencia (no solo la comprensión de los conceptos, sino su vivencia física), enhorabuena, estás listo para la tercera marcha.

TERCERA MARCHA

Volviendo a la corteza orbitofrontal, sabemos que para que una conducta sea reforzada y avalada, es probable que su valor de la recompensa tenga que ser mayor que el de la conducta a la que sustituye. Pensemos en la corteza orbitofrontal como en alguien adicto a Tinder o a una aplicación de citas. No para de deslizar el dedo por la pantalla en busca de una oferta imbatible. En lo que respecta a elegir una conducta, nuestra corteza orbitofrontal siempre está buscando ese tipo de oferta.

De hecho, la corteza orbitofrontal establece una jerarquía de recompensas para que podamos tomar decisiones sin tener que invertir mucha energía mental. Esto es especialmente cierto cuando tenemos que elegir. Nuestra corteza orbitofrontal asigna un valor a cada una de nuestras conductas previas, y cuando hay que elegir –entre dos conductas– podrá decantarse por la más valiosa. Esto nos ayuda a tomar decisiones rápida y fácilmente, sin tener que pensar mucho en ellas.

Por ejemplo, he comido chocolate infinitas veces, por lo que mi corteza orbitofrontal ha elaborado una detallada jerarquía de recompensas relacionadas con ese alimento. Mi jerarquía es así: prefiero el chocolate negro con un 70% de pureza al chocolate con leche de apenas un 40%. Si me ofrecen los dos, no tengo dudas: siempre me decanto por el de 70%. No quiero que nadie se confunda. No soy un monógamo del chocolate del 70%. Siempre probaré algo nuevo si cumple ese requisito (un porcentaje más alto, sal marina, un poco de cayena, tal vez unas almendras), pero rara vez probaré el de 60%.

Para abandonar los viejos hábitos y crear otros nuevos, hay que crear las condiciones necesarias.

En primer lugar, hay que asegurarse de que el valor de la recompensa del viejo hábito está actualizado. Por eso hemos practicado por extenso la segunda marcha.

En segundo lugar, hay que encontrar la oferta imbatible.

Por ejemplo, adquirir la conciencia de que fumar no sabe bien reduce el valor de la recompensa de los cigarrillos (segunda marcha), pero la gente no se queda de brazos cruzados en sus descansos para fumar, sin hacer nada si no está fumando. La inactividad rápidamente da paso a la intranquilidad y al aburrimiento, que en sí mismos no son particularmente agradables. En muchos paradigmas del tratamiento de las adicciones, la solución pasa por una conducta de sustitución. Comer caramelos puede ocupar el tiempo y satisfacer un deseo (hasta cierto punto), pero alimenta el proceso habitual: impulsados por el ansia, aprendemos a comer caramelos en lugar de fumar, lo que activa su propio bucle de aprendizaje basado en recompensas, y es el sospechoso habitual para el aumento de peso de unos siete kilos de media que suele producirse al dejar de fumar.

En tercer lugar, para un cambio de hábito duradero, hay que encontrar *un tipo especial de oferta insuperable*, no cualquier oferta antigua.

Hay que encontrar una recompensa que resulte más gratificante y que no alimente el bucle del hábito a través de la mera sustitución por otra conducta diferente.

El mindfulness podría encajar a la perfección. Esto es muy importante, por lo que voy a repetirlo: *el mindfulness podría aportarte recompensas más satisfactorias*, como una sustitución que ofrece una oferta insuperable, pero sin el lastre de alimentar el ansia (más tarde o más temprano).

Sigamos utilizando el estrés como ejemplo. ¿Y si en lugar de fumar o comer magdalenas recurrimos a la curiosidad consciente como nueva conducta de sustitución? Aquí surgen dos diferencias exclusivas: 1) hay un cambio de conductas externas (comer, fumar, etcétera) a internas (curiosidad); y lo más importante, 2) el valor de la recompensa es materialmente diferente. También podemos sustituir conductas internas como la preocupación por la curiosidad consciente, porque esta última siempre será mejor que la ansiedad.

Específicamente, mi laboratorio ha estudiado el valor de la recompensa de diferentes estados mentales y emocionales, y ha descubierto algo realmente fascinante. Estados como la agresividad, el estrés, la ansiedad y el ansia no solo tienen peores consecuencias (por ejemplo, son menos gratificantes) que la bondad, la admiración, la alegría y la curiosidad, sino que parecen más cerrados en comparación con estas últimas, más abiertas y expansivas. Recordemos que esto tiene sentido desde la perspectiva de la supervivencia. Si huimos del proverbial tigre dientes de sable y este nos arrincona, ¿qué es lo que haremos instintivamente? Nos acurrucamos en una pequeña bola para ofrecer un blanco lo más pequeño posible y proteger nuestros órganos vitales.

Mi laboratorio ha descubierto que incluso la sensación de estar ocluidos[8] –el estado mental de contracción– se alinea con la activación de las regiones cerebrales por defecto, como la corteza cingulada posterior (de la que hablamos en la «Parte I»). En cambio, una curiosa conciencia de la experiencia presente no solo se correlaciona con la sensación de apertura o expansión, sino que reduce la activación de las mismas regiones cerebrales. Cabe destacar que la última sienta mejor que la primera: su valor de la recompensa es superior.

Realicemos un experimento de treinta segundos para ilustrar este concepto y conservarlo como una forma de conocimiento basado en la experiencia.

Piensa en un momento reciente en el que el miedo o la ansiedad se apoderaron de ti. Recuerda los acontecimientos o elementos a fin de sentir esa emoción en el plano físico.

Descubre *en qué lugar* de tu cuerpo se manifiesta.

Ahora, examina la naturaleza de la sensación. ¿Se asemeja más a una emoción cerrada, inhibida o constreñida, o es más bien abierta y expansiva?

Ahora piensa en un momento reciente en el que has sentido alegría. Recuerda los acontecimientos o elementos a fin de sentir esa emoción en el plano físico.

Descubre en qué lugar de tu cuerpo se manifiesta.

Ahora examina la naturaleza de la sensación. ¿Se asemeja más a una emoción cerrada, inhibida o constreñida, o es más bien abierta y expansiva?

En cuanto realices el experimento por ti mismo, te parecerá una obviedad, pero te sorprendería saber hasta qué punto hemos tenido que confirmarlo en el laboratorio. Así pues, bajo la dirección de una colega posdoctoral de mi laboratorio, la doctora Edith Bonnin, medimos el valor de la recompensa de un grupo de estados emocionales en cientos de sujetos. Descubrimos que, casi universalmente, las personas preferían estados abiertos a cerrados. Al aplicar el experimento en ti mismo, habrás descubierto que la alegría es una emoción expansiva, mientras que el estrés y la ansiedad son constrictivas.

Esto es lo que la conciencia plena puede aportarnos: 1) nos ayuda a actualizar el valor de la recompensa de nuestras viejas conductas, 2) se trata de una práctica interiorizada (es decir, no hay que acudir a la tienda o pedir por Amazon cuando nos quedamos sin *stock*), y 3) es una gran mejora respecto a la rueda de hámster del bucle del hábito.

Esta es la tercera marcha explicada en pocas palabras: encontrar una oferta irresistible (es decir, una conducta de sustitución) que, al ser más grande y mejor, se convierta en una conducta preferida al viejo hábito. Debido a su mayor valor de la recompensa, al principio esa oferta irresistible nos ayuda a abandonar el viejo bucle del hábito una y otra vez, y en cuanto se afianza, se convierte en la nueva favorita de tu cerebro (es decir, en un nuevo hábito).

El resto del libro lo dedicaremos a aprender y practicar diferentes técnicas de mindfulness, a fin de descubrir cuáles de ellas caen en tu rango del 70 % de placer.

Si regresamos otra vez a la analogía del caballo y el jinete, la conciencia plena no modifica la fuerza de nuestros deseos ni aumenta nuestra fuerza de voluntad. En cambio, modifica la relación entre ambos. En lugar de esforzarse en domesticar el caballo, nosotros, en cuanto jinetes, aprenderemos a cabalgar más hábilmente. Cuando la conciencia encauza la energía y la fuerza del impulso nocivo, ambas se funden armoniosamente en una, trascendiendo y transformando las dualidades enfrentadas en algo semejante a una danza.

LA TERCERA MARCHA, DEFINIDA

Voy a ofrecer dos definiciones de la tercera marcha: en primer lugar, una más amplia y luego otra más específica y sostenible. Y a continuación las explicaremos.

Definición general: cualquier cosa que nos ayude a salir de nuestro viejo bucle del hábito.

Definición específica, sostenible: una oferta imbatible, interiorizada, que nos ayuda a dejar atrás el viejo bucle del hábito.

El problema fundamental de la definición general es la expresión *cualquier cosa*. Por ejemplo, si simplemente pretendemos abandonar un viejo hábito –digamos, comer una gran cantidad de pastel– y nos golpeamos con un objeto contundente cada vez que incurrimos en él, en teoría vamos a tener éxito. Pero ese no es el tipo de modificación del hábito que buscamos aquí.

Para un cambio sostenible, necesitamos algo práctico y siempre a mano que podamos utilizar cada vez que sea necesario (y que no sea un mazo). Y cabe destacar que el tipo de recompensa adherida a una conducta es fundamental. No solo tiene que ser más gratificante que la vieja conducta, sino que no puede reforzar el antiguo bucle del hábito en el proceso. Antes hemos visto cómo esta estrategia llega a fracasar, al sustituir los cigarrillos por caramelos, lo que puede provocar un considerable aumento de peso.

Para ilustrar la importancia de todo esto, recurriré al ejemplo de una de las participantes en nuestro programa Eat Right Now, que escribió lo siguiente:

> Algo me molesta hoy, y me siento muy incómoda al respecto. Normalmente buscaría comida o un *snack* especialmente dulce o sabroso para ahogar el malestar emocional... Estaba en la pastelería, contemplando todos los dulces, tartas y galletas, pensando en qué podría comer para no sentirme demasiado culpable. Decidí darme una vuelta antes de decidir. Encontré un paquete de moras frescas y pensé que sería un buen capricho para mí, mucho mejor que un pastel. Compré el paquete en lugar de adquirir algún producto en la pastelería, tomé asiento en un café y disfruté de cada una de las moras. Poco después, me sentí bastante satisfecha. Salí de la tienda sin un postre tradicional. Mientras estoy aquí, sentada, aún me siento algo inquieta y molesta por el acontecimiento que tuvo lugar por la mañana. Y pese a regalarme las deliciosas moras frescas, aún tengo que colmar un agujero interior, aún hay una inquietud que deseo apaciguar. Quiero llenarla con algo. Normalmente sería comida. Pero no quiero comida. Por lo tanto, ¿qué hago en un momento así, en esos momentos de gran zozobra emocional en los que habitualmente buscaba comida para sentirme mejor?

Esta persona describe con claridad su bucle del hábito: el detonante es un acontecimiento emocionalmente perturbador; come como una forma de ahogar su incomodidad. Comer se ha convertido en el sustituto habitual de su inquietud emocional (¿recuerdas a Dave? Él también comía para evadirse de su ansiedad). Conductas de sustitución como evadirse o comer son ofertas más grandes y óptimas, pero siguen alimentando el bucle del hábito.

Si de verdad pretendes convertirte en un maestro *jedi* de tu propia mente, y no sustituir un hábito por otro, no servirá cualquier oferta irresistible. Dave lo descubrió por sí mismo y tiró el hábito de comer a la basura antes de dominar su ansiedad.

Así pues, ¿cómo supera esta persona ese momento doloroso? Recordemos que necesita algo fiable, por lo que llamar a un amigo o a un familiar no cuenta. Después de todo, ¿y si no contestan? Y sustituirlo por imágenes de cachorros adorables es una estrategia que alimenta el bucle del hábito, aunque subraya otro elemento que aún no hemos abordado: la habituación.

Piensa en la época en la que no habías probado el alcohol. Esa primera bebida tal vez te sentó como un puñetazo, al que quizá siguió una resaca. La reacción de tu cerebro consistió en ajustar los receptores de acetilcolina para poder manejar esa conducta en caso de que volviera a repetirse. Y si seguiste bebiendo con regularidad, tu cerebro redujo el número de receptores (habituación), de modo que desarrollaste una tolerancia a los efectos del alcohol; con el tiempo tuviste que beber más para conseguir el mismo efecto.

Del mismo modo, si sustituyes tu viejo hábito por vídeos de cachorros en Instagram, tu cerebro, al igual que ocurre con el alcohol, se acostumbrará a esas adorables imágenes: se habituará. En otras palabras, tu cerebro dice: «Esto ya lo he visto». Y al igual que necesitas más copas para colocarte, necesitarás más y más cachorros preciosos para colmar tu dosis de cachorros. No parece una solución a largo plazo, ¿verdad?

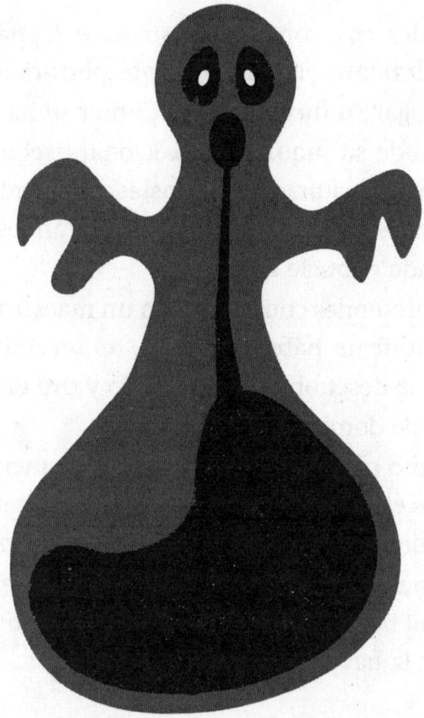

En algunas tradiciones, se dice que este proceso es un fantasma hambriento. Imaginemos a un fantasma con un estómago enorme y una garganta muy larga y estrecha. No importa cuánto coma, nunca se saciará, porque será incapaz de introducir la comida en su tripa a la velocidad suficiente como para llenarla: su esófago es tan largo y estrecho que la comida que llega al estómago es digerida antes de que este órgano pueda llenarse.

Como los grandes estómagos vacíos, los huecos no sientan bien; cuando nuestro cerebro se enfrenta a uno, piensa: «¡Haz algo! ¡Llénalo! ¡Es espantoso! ¡Voy a ser absorbido por este espantoso pozo de desesperación!». Pero no podemos llenar un hueco; al intentarlo, perpetuamos el bucle del hábito.

Sin embargo, cuando advertimos que este hueco está formado por pensamientos, emociones y sensaciones corporales, podemos dar un paso atrás, asegurarnos de que no alimentamos el bucle y dejar que la conciencia haga el trabajo mientras avanzamos en primera, segunda y, ahora, en tercera marcha. La conciencia es el proceso impulsor esencial en cada una de ellas. En la tercera marcha, aplicar una conciencia amable y curiosa a esas sensaciones y esos sentimientos contribuirá a hacernos avanzar desde la sensación de que tenemos que arreglar la situación a observar nuestra experiencia y descubrir cómo los problemas se atenúan y desaparecen por sí solos.

La curiosidad aplaca la inquieta naturaleza del imperativo «¡haz algo!», porque, como hemos dicho antes, resulta muy diferente: es más abierta y expansiva. Y aún mejor, esa sensación abierta y expansiva que procede de la curiosidad sienta bien. Como la conciencia curiosa resulta gratificante –es una conducta interiorizada que nos permite superar el bucle del hábito, y sentirnos bien y receptivos al aprendizaje– en sí misma es esa oferta especial, más grande y óptima. Más adelante, cuando hayas tenido la oportunidad de conocerla y experimentarla, exploraremos cómo influye en la preocupación y en otros bucles del hábito.

¿Listo para la práctica de la tercera marcha?

Empieza mapeando las ofertas más grandes y óptimas que utilizamos como sustitutos de nuestros viejos hábitos. ¿Fomentan el bucle del hábito? Una pista: ¿acaban por generar inquietud, inhibición, soluciones temporales y más deseo (señales todas ellas de un proceso de habituación)? ¿O te ayudan a empezar un camino diferente?

CAPÍTULO 16

LA CIENCIA DE LA CURIOSIDAD

> No tengo un talento especial. Solo soy apasionadamente curioso.
>
> ALBERT EINSTEIN

En 2007, la ciudad de Nueva York hizo algo radical (aunque en el sistema de metro de Londres, esta «innovación» llevaba décadas vigente, como en Washington D. C., Toronto y San Francisco); instaló «relojes de cuenta regresiva» para informar de la llegada de los trenes en la mayoría de las estaciones y en buena parte del metro.[1] ¿Valió la pena la inversión de 17,6 millones de dólares? Seguro.

Los planificadores urbanos del metro solucionaban un problema propio de todos los viajeros, uno que relaciona la curiosidad con nuestra forma de aprender, como una forma de apaciguar la mente y facilitar los desplazamientos.

Para ayudarnos a comprender cómo y por qué hicieron esto, empecemos con una definición de *curiosidad* encontrada en internet: «Un fuerte deseo de conocer o aprender algo».

La curiosidad es una capacidad innata, natural y universal que todos compartimos, y prospera de forma más plena y natural cuando somos niños. En la infancia nos inspira nuestra curiosidad, nos ayuda a descubrir el mundo, atrayéndonos hacia el asombro infantil. Leon Lederman, segundo director de Fermilab y ganador del Premio Nobel de Física en 1988, dijo:

> Los niños nacen como científicos [...]. Se comportan en todo como tales. Comprueban la resistencia de las cosas, miden la caída de los

cuerpos, se balancean, hacen todo tipo de cosas para descubrir la física del mundo que los rodea; todos ellos son científicos perfectos. Hacen preguntas y enloquecen a sus padres con «por qué, por qué, por qué».[2]

Sin embargo, no todos tenemos la misma curiosidad. Y no siempre se ha considerado algo bueno.

Podríamos argumentar que la curiosidad motivó la expulsión de Adán y Eva del Jardín del Edén. En el siglo XVII, el filósofo Thomas Hobbes describió la curiosidad como la «lujuria de la mente», y, en el mismo siglo, Blaise Pascal aseguró que la curiosidad no es más que «vanidad».

A pesar de todo, saber cómo funciona la curiosidad desde una perspectiva neurobiológica es el primer paso para volver a despertar nuestro asombro infantil y aprovechar su potencial.

LA CURIOSIDAD VIENE EN DOS SABORES: AGRADABLE Y DESAGRADABLE

En 2006, los psicólogos Jordan Litman y Paul Silvia especificaron los dos principales «sabores» de la curiosidad, a los que bautizaron como *curiosidad-I* y *curiosidad-P*.[3] La *I* de la curiosidad-I significa «interés» y representa los aspectos placenteros del hambre de saber, y la *P* de la curiosidad-P representa la «privación», la idea de que, si carecemos de información, caemos en un estado intranquilo, desagradable, en el que necesitamos saber.

En otras palabras, la curiosidad –nuestra necesidad de información– puede inducir un estado placentero o abocarnos a un estado de aversión.

Curiosidad por privación, el tipo cerrado, inquieto y ansioso por saber: hay que rascarse el picor

La curiosidad por privación está impulsada por la falta de información, normalmente de un tipo específico. Por ejemplo, si vemos una imagen de una estrella de cine o de otro famoso y no recordamos su nombre, nos estrujaremos el cerebro para recordar quién es («oh, salía en aquella comedia romántica..., aquella que... Demonios, ¿cómo se llama?»). Intentar recordar nos hará incurrir en un estado un tanto contraído, como si quisiéramos exprimir la respuesta de nuestro cerebro. Si esto no funciona, escribimos en Google el título de la película en cuestión para encontrar la respuesta. Al ver el nombre, experimentamos una sensación de alivio porque ya no estamos privados de la información. Esto también se extiende a los mensajes de texto y a las redes sociales. Si estamos en una reunión o en una cena, y de pronto sentimos u oímos que un mensaje de texto ha llegado a nuestro teléfono, de pronto nos resultará difícil prestar atención, porque no saber lo que dice el mensaje nos hace sentir inquietos. Es como si el teléfono nos quemara en el bolsillo o el bolso. Ese fuego de la incertidumbre se aplaca cuando miramos el teléfono y leemos el mensaje o descubrimos quién nos lo ha enviado.

Pongamos otro ejemplo. Pensemos en lo que se siente al estar atrapados en un atasco de tráfico sin saber cuánto va a durar. En cuanto miramos Google Maps o Waze y descubrimos el tiempo de demora, nos sentimos mucho mejor. El tiempo de espera no ha variado un ápice, pero la ansiedad se alivia simplemente al saber cuánto tiempo estaremos parados. Hemos cubierto el hueco de conocimiento y reducido la incertidumbre. La reducción del estrés es la razón por la que la ciudad de Nueva York instaló señales digitales en su sistema de metro para indicar a la gente exactamente cuánto tiene que esperar para subir al próximo tren. Los viajeros prefieren saber que el siguiente tren tardará quince minutos a no saber que solo faltan dos para que llegue al andén.

El alivio del estado negativo, rascarse el picor, es en sí mismo gratificante. Por esa razón los programas de televisión tienen finales con suspense: para incitar la curiosidad por privación. ¡Tenemos que saber lo que pasa, y nos damos un atracón de televisión!

Curiosidad por interés: el asombro abierto y maravillado del descubrimiento

La curiosidad motivada por el interés se manifiesta cuando estamos interesados en aprender sobre una determinada cuestión. Normalmente, no se trata de una información específica (como el nombre de una estrella de cine), sino de una categoría más amplia. Por ejemplo, ¿sabes que hay animales que siguen creciendo hasta la muerte? Este fenómeno se conoce como *crecimiento indeterminado*, e incluye a tiburones, langostas e incluso canguros. De hecho, se encontró una langosta de nueve kilos que, por su tamaño, se pensaba que tenía ciento cuarenta años de edad. ¡Una langosta realmente anciana! ¿No es fascinante?

La curiosidad motivada por el interés es como navegar por internet y, horas después, descubrir que hemos aprendido mucho y que nuestra sed de conocimiento se ha saciado. Aprender algo nuevo sienta bien. Es diferente a subsanar un déficit, sencillamente porque, para empezar, no había ninguna carencia (es decir, ignorábamos esa información sobre las langostas, pero al descubrirla, nos resultó intrigante y deleitable). A diferencia de la curiosidad por privación –que tiene que ver con el destino–, la curiosidad por interés se centra en el viaje.

Así pues, ¿por qué sentimos curiosidad? Este fenómeno se apoya en (¡sorpresa!) el aprendizaje basado en recompensas.

Recordemos que el aprendizaje basado en recompensas descansa en el refuerzo positivo y negativo. Queremos repetir las conductas que sientan bien y evitar las que nos resultan desagradables. En la prehistoria, esto era fundamental para ayudarnos a encontrar alimento y evitar el peligro.

Lo mismo podría pasar con la curiosidad.

La idea de que la curiosidad está en consonancia con el aprendizaje basado en recompensas ha sido avalada por un creciente corpus de investigación.

Un estudio de Matthias Gruber y sus colegas en la Universidad de California-Davis presentó a los estudiantes una serie de cuestiones de cultura general y les pidió que calificaran su nivel de curiosidad en relación con el conocimiento de la respuesta.[4] En la cima de la curiosidad, las vías de dopamina en el cerebro se estimulaban con una intensidad reforzada y había una conexión más poderosa entre los centros de recompensa y el hipocampo, un área cerebral asociada a la memoria. La máxima curiosidad motivó a los estudiantes a recordar más información, no solo las respuestas a sus preguntas.

Otro estudio, realizado por Tommy Blanchard y sus colegas en la Universidad de Rochester y la Universidad de Columbia, examinó cómo la curiosidad relacionada con la búsqueda de información está codificada en la corteza orbitofrontal[5] (recordemos que esta región cerebral está asociada al valor de la recompensa y asigna valores a diferentes elementos: brócoli *versus* pastel). De hecho, en estudios con primates, el equipo de Blanchard descubrió que estos animales prefieren renunciar a recompensas como tomar un vaso de agua a cambio de información.

Sumados, estos estudios sugieren que la expresión *sed de conocimiento* es algo más que metafórica. La adquisición de información sigue la misma vía conductual básica que el aprendizaje basado en recompensas, e incluso posee un valor de la recompensa literal en el cerebro. Podemos añadir la información a la lista formada por la comida y el agua cuando se trata de supervivencia. El cerebro primitivo (busca comida, evita el peligro) se empareja con el cerebro reciente (consigue información para planificar y predecir el futuro) para ayudarnos a prosperar hoy. Sin embargo, en lo que respecta a la curiosidad, ¿existe la sobredosis de información?

DIFERENTES SABORES, DIFERENTES RECOMPENSAS, DIFERENTES RESULTADOS

Cada «sabor» diferente tiene un «aroma» distinto. Cae en una categoría distinta en función de cómo lo sentimos en nuestro cuerpo: la privación parece cerrada, el interés es abierto. ¿Qué pasa entonces con las estructuras de recompensa que impulsan estas conductas? Con la curiosidad impulsada por la privación, obtener la respuesta es gratificante, pero con la curiosidad impulsada por el interés el propio proceso de sentir curiosidad sienta bien.

Esto es fundamental por dos razones. En primer lugar, en la curiosidad impulsada por el interés, no necesitamos algo externo para recibir una recompensa –la curiosidad es gratificante en sí misma–, y, en segundo lugar, debido a su naturaleza, no se agota.

Además del potencial de la curiosidad impulsada por el interés como recurso infinito, también sienta mejor (por ejemplo, es más gratificante) cuando se la compara con el áspero y exasperante picor de la privación.

Por lo tanto, ¿cómo podemos utilizar este conocimiento para optimizar el aprendizaje impulsado por la curiosidad? Primero, representemos la curiosidad y el conocimiento en la forma de una curva en forma de U invertida. Imaginemos la curiosidad en el eje vertical y el conocimiento en el horizontal. Si tenemos un escaso conocimiento respecto a algo, nuestra curiosidad será muy baja. A medida que adquirimos conocimiento, nuestra curiosidad sube y acaba en una meseta. Si sigue aumentando el conocimiento, la curiosidad decrece porque los huecos en nuestra información han sido cubiertos.

En otras palabras, la curiosidad parece seguir la regla de Ricitos de Oro en lo que respecta a la información. Una baja incertidumbre en relación con algo no suscita la curiosidad (del tipo impulsado por la privación); una excesiva incertidumbre provoca ansiedad. Alcanzar el punto óptimo de la curiosidad requiere permanecer en la parte superior de la curva en forma de U invertida y disponer de la información suficiente como para sostener la curiosidad.

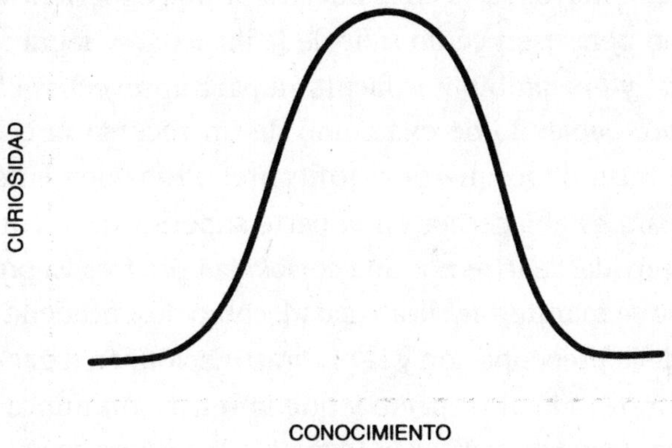

UTILIZAR LA CURIOSIDAD PARA EL APRENDIZAJE Y EL CAMBIO DE HÁBITOS

La mayoría de nosotros nos enfrentamos al mundo con la curiosidad por privación, como un problema que hay que resolver. Sin embargo, nos encontramos en el lugar perfecto para fomentar y sostener la curiosidad contraponiendo la privación y el interés. Y podemos potenciar la interacción entre ambas para ayudarnos a romper con los viejos hábitos y crear otros nuevos. En este punto del libro, hemos reunido cierto conocimiento sobre el funcionamiento de nuestra mente y nuestro cerebro: hemos aprendido mucho sobre la formación de hábitos al identificar las recompensas. Esto nos ayuda a ascender en la curva de la curiosidad, en forma de U invertida, a medida que nos interesamos cada vez más en cómo aprovechar nuestro cerebro para establecer nuestra puja, en lugar de ser esclavos de nuestros deseos y hábitos. Y sí, esto se relaciona con la mentalidad de crecimiento de Carol Dweck: estar abiertos e interesados en aprender de nuestras experiencias en lugar de cerrarnos a la primera señal de «fracaso» (y deslizarnos por la U invertida hacia la falta de interés o la frustración).

Con suerte, en este momento dispondremos de la suficiente información conceptual para situarnos en el punto óptimo y cultivar una curiosidad aún mayor respecto a nuestra propia experiencia. Esto nos permitirá no pensar en cómo salir de la ansiedad y lograr el cambio de conducta, y en cambio nos facultará para aprovechar el poder de la curiosidad, bebiendo de ella como de un recurso interior que se nutre de sí mismo (porque es gratificante). Probablemente esto nos preparará para establecernos en la parte superior de la curva en forma de U invertida: sentiremos una curiosidad progresiva por el aspecto con el que se manifestará la ansiedad, cómo desencadena los bucles del hábito de la preocupación y la procrastinación, en lugar de asumir que lo sabemos todo al respecto y que la sensación nunca cambiará o que tenemos que encontrar la técnica o la píldora mágica para superarlos. También nos ayudará a trabajar nuestros hábitos y sentir más curiosidad respecto a lo que podemos aprender cuando quedamos atrapados en un bucle del hábito.

Como señaló Einstein, «la curiosidad tiene su propia razón para existir. No podemos evitar sentir asombro al contemplar los misterios de la eternidad, de la vida, de la maravillosa estructura de la realidad. Basta con intentar comprender un poco de este misterio cada día. Jamás pierdas la curiosidad sagrada».[6]

CURIOSIDAD: NUESTRO SUPERPODER INNATO

De todas nuestras capacidades humanas, la curiosidad ocupa el lugar más encumbrado en mi lista. Desde ayudarnos a sobrevivir en el mundo hasta aportarnos el gozo del descubrimiento y del asombro, la curiosidad es, realmente, un superpoder.

En el otoño de 2019, dirigí un retiro de meditación silente de siete días para el equipo olímpico estadounidense de waterpolo femenino. Es un grupo de mujeres asombrosas que han ganado medallas de oro consecutivas en las dos últimas olimpiadas. Cuando llegaron, acababan de conquistar el Campeonato del Mundo y una medalla de oro en los Juegos Panamericanos. Son, literalmente, el mejor equipo del mundo de waterpolo. ¿Qué podría enseñarles yo respecto a ser atletas de élite?

Dirigía el retiro en las montañas de Colorado con mi buena amiga, la doctora Robin Boudette, con quien a menudo organizo retiros y talleres de fin de semana. A los tres días de empezar, llevamos al equipo de excursión hasta un mirador con una inspiradora vista del valle que se extendía más abajo. Entonces decidí lanzar la bomba. Durante toda la semana, Robin y yo habíamos destacado la importancia de sentir curiosidad por todo, desde la meditación a la comida, pero nos guardamos nuestro método para fomentar la curiosidad hasta el momento oportuno. Y ese momento había llegado.

A la cuenta de tres, Robin y yo rompimos el silencio con un poderoso *hmm* (el tipo de sonido que emitimos cuando algo despierta nuestra curiosidad y que no hay que confundir con el tradicional mantra de la meditación, *om*). Les pedimos que lo repitieran con nosotros, y un *hmm* colectivo reverberó en el techo del mundo. Este acto nos arrancó de nuestra mente y nos arrojó a la experiencia directa de la curiosidad.

El resto de la semana el equipo se adaptó a esta práctica de la curiosidad como pez en el agua. Cuando se sentían frustradas o atascadas en una práctica de meditación, el *hmm* parecía ayudarlas a explorar sus sensaciones físicas y mentales (en lugar de intentar transformarlas o enmendarlas). Al quedar atrapadas en el bucle del hábito de la preocupación o la autocrítica, el *hmm* contribuía a poner la tercera marcha y salir del bucle. En lugar de dejar que su mente perdiera el control y alimentar la autocrítica, descubrieron que el *hmm* podía ayudarlas a distanciarse y reconocer los componentes del bucle del hábito: pensamientos y emociones.

La curiosidad también las ayudaba a estar presentes en su experiencia sin que mediara el juicio crítico. Demostró ser más fuerte que cualquier tipo de fuerza o voluntad a la que recurrieran (habitualmente), y también aportó una actitud lúdica y gozosa al retiro de meditación (es difícil tomarte muy en serio cuando murmuras *hmm* todo el santo día).

Con el paso de los años he descubierto que puedo enseñar esta sencilla herramienta para ayudar a los demás –independientemente de su lengua, cultura o contexto– a sumergirse directamente en su experiencia y aprovechar su curiosidad natural. También evita la «trampa mental» de intentar cubrir el hueco de conocimiento, instalando a la persona en el punto justo de apertura, compromiso y curiosidad.

La curiosidad (impulsada por el interés, no por la privación) se ajusta perfectamente a todas las condiciones de la tercera marcha: representa una conducta interiorizada (y, por lo tanto, siempre disponible) de la oferta imbatible que nos permite salir de nuestros viejos bucles del hábito de una forma sostenible.

Uno de los pacientes de nuestro programa Unwinding Anxiety nos ofreció un ejemplo de cómo la curiosidad resulta útil:

> Cuando empecé el programa, no creía mucho en los beneficios de la curiosidad. Hoy me asaltó una oleada de pánico, y en lugar del miedo y el temor inmediatos, mi respuesta automática ha sido: «Hmm, esto es interesante». ¡Eso lo cambió todo! No me limité a decir que era interesante, lo sentí realmente.

A veces me preguntan «¿y qué pasa si no soy curioso?».

Mi respuesta: «Utiliza el mantra para sumergirte en tu experiencia. *Hmm,* ¿qué sentimos al no experimentar curiosidad?». Esto les ayuda a abandonar el estado mental racional y ávido de soluciones y alcanzar una conciencia curiosa de las sensaciones y las emociones físicas directas; dejan atrás la mente pensante y acceden a su cuerpo sensible.

CÓMO PONER EN PRÁCTICA LA CURIOSIDAD

Repasemos el ejercicio de la curiosidad que enseño a todos los presentes el primer día en la aplicación Unwinding Anxiety. Este ejercicio funciona como una especie de «botón del pánico» cuando la ansiedad nos golpea. Hacerlo lleva un par de minutos.

En primer lugar, encuentra un lugar tranquilo. Puedes sentarte, echarte o incluso permanecer de pie; tan solo necesitas poder concentrarte sin experimentar distracción alguna.

Recuerda tu enfrentamiento o «incidente» más reciente con un bucle del hábito. Comprueba si recuerdas la escena y pon la segunda marcha retrospectiva: concéntrate en la propia conducta.

Procura volver a vivir la experiencia, concentrándote en lo que sentiste en el momento exacto, cuando te disponías a manifestar la conducta habitual. ¿Cómo sentiste el impulso de seguir adelante y «actuar»?

Ahora, compruébalo en tu cuerpo.

¿Cuál es la sensación más intensa que experimentas ahora? De la siguiente lista de palabras o frases, selecciona solo una, aquella que percibas con mayor intensidad:

- ☐ Opresión.
- ☐ Presión.
- ☐ Contracción.
- ☐ Inquietud.
- ☐ Respiración jadeante.
- ☐ Ardor.
- ☐ Tensión.
- ☐ Agarrotamiento.
- ☐ Ardor
- ☐ Nudo en el estómago.
- ☐ Zumbido/vibración.

¿Se da más en el lado derecho o en el izquierdo? ¿En la parte frontal, media o trasera de tu cuerpo? ¿Dónde la percibes más intensamente?

Ahora libera tu *hmm* interior: ¿lo localizas a la derecha o a la izquierda? ¿En la parte media, delantera o trasera de tu cuerpo?

No te preocupes por la zona elegida. Todas son perfectas.

¿Has notado algo al sentir curiosidad por la parte de tu cuerpo en la que has percibido la sensación? ¿Sentir curiosidad te ha aproximado a la sensación?

Si la sensación persiste, descubre si sientes curiosidad y qué más eres capaz de percibir. ¿Hay otras sensaciones? ¿Qué sucede cuando las observas con curiosidad? ¿Cambian? ¿Qué ocurre cuando sientes una gran curiosidad por ellas? Quédate con ellas durante treinta segundos, sin hacer nada al respecto, tan solo observándolas. ¿Se modifican si las observas con una actitud curiosa?

Uno de los participantes en el programa Unwinding Anxiety nos brinda un ejemplo:

> ¡El test de estrés es asombroso! Sentir en qué lugar del cuerpo se acumula el estrés y «profundizar» en las verdaderas sensaciones altera por completo la experiencia. En el proceso de afrontar el estrés y la incomodidad, descubro que [las sensaciones físicas] se transforman en una fuente de gran interés y pierden el «aroma» negativo que yo volcaba en ellas. ¡La curiosidad vence a la ansiedad! Lo había oído muchas veces, pero sentirlo en tu interior te sitúa en otro nivel. Entiendo cómo funciona y eso refuerza mi confianza en mis capacidades.

Este pequeño ejercicio está concebido para darte a conocer la curiosidad; para fomentar tu capacidad natural de ser consciente y sentir curiosidad por lo que sucede en tu cuerpo y en tu mente justo ahora, en lugar de dejarte atrapar en un bucle del hábito. Si al sentir curiosidad has ganado incluso un microsegundo en el que eres capaz de habitar tus pensamientos, emociones y sensaciones físicas en relación con el pasado, habrás dado un gran paso hacia delante.

Es la tercera marcha: un proceso para salir de tus viejos bucles del hábito y acceder al momento presente. Al utilizar *hmm* como mantra, invocamos la fascinación infantil, especialmente si no hemos recurrido a él en un tiempo. El *hmm* nos ayuda a volcarnos en nuestra experiencia directa, en lugar de quedar atrapados en nuestra mente intentando hacer algo a propósito de los fastidiosos bucles del hábito o arreglarnos a nosotros mismos.

Cuando se presente el impulso de repetir una conducta habitual

–o incluso en mitad de esa conducta– procuremos poner la tercera marcha. Intentemos aplicar la actitud de la curiosidad incluso en la segunda marcha, cuando nos preguntamos «¿qué me aporta esto?», a fin de abrirnos a la experiencia y acceder a la mentalidad de crecimiento (observar y aprender).

CAPÍTULO 17

LA HISTORIA DE DAVE, TERCERA PARTE

En este punto Dave multiplicó su curiosidad para vencer el miedo y la ansiedad.

En una visita a la clínica, Dave me contó que su padre lo agredía físicamente cuando era niño. Él estaba sentado, ocupado en sus asuntos y, de repente, su padre lo golpeaba. No había una razón aparente (y no es que deba haberla para golpear a un hijo); daba la impresión de que Dave era, simplemente, un saco de boxeo que su padre tenía a mano. Dave se dio cuenta de que, debido a esta violencia, su cerebro había estado en constante alerta desde la infancia, siempre atento al peligro. Su cerebro nunca había sido capaz de determinar qué ambientes eran seguros y cuáles eran legítimamente peligrosos, porque su padre le pegaba aleatoriamente, no de forma sistemática (¿recuerdas el concepto de refuerzo intermitente del capítulo 3? No solo se aplica a la adicción de los individuos a las redes sociales y las máquinas tragaperras). El cerebro de Dave no podía utilizar sus procesos de aprendizaje basados en recompensas para calificar las conductas como seguras o inseguras, por lo que sencillamente asumía que nada era seguro (era más seguro así). Había pasado más de tres décadas en un gran estado de alerta (con una gran ansiedad).

Esto produjo una epifanía en Dave. Descubrió que este nivel de alerta elevada era un hábito que había asumido como una identidad.

Para combatirlo, le enseñé una sencilla práctica. Le pedí que, cuando sintiera un grado extremo de alerta, aplicara la curiosidad para descubrir lo que sentía, y que además comprobara si había un peligro real. Le pedí que lo intentara en la consulta y me contara su experiencia. Acabado el ejercicio, comentó: «¡Vaya, esas sensaciones desaparecen cuando las observo!».

–¿Hay peligro ahora? –le pregunté.

–Ningún peligro..., calma –dijo Dave.

El hábito de la alerta extrema podía concebirse como lo que era: un conjunto de sensaciones asociadas al peligro. En ausencia de peligro, por el mero hecho de sentir curiosidad por esas sensaciones, Dave pudo ver por sí mismo que aquellas no solo eran inexactas (señalaban un peligro inexistente), sino que desaparecían por sí solas.

Lo envié a casa para que practicara. Necesitaba cierto tiempo y ensayos para actualizar los viejos sistemas de memoria de su cerebro y pasar de «inseguro» a «seguro». En gran medida, no intentaba convencerlo de que estaba a salvo, ni le pedía que se convenciera a sí mismo. Más bien lo entrenábamos para que ofreciera a su cerebro una información exacta.

Con el tiempo, aprendió que no necesitaba estar ansioso todo el tiempo. Irónicamente, mientras disfrutaba de significativos periodos de calma, que parecían extraños y diferentes, su cerebro daba la voz de alarma, preguntándose si algo andaba mal (las viejas gafas del hábito), si debería sentirse ansioso.

Dave demostraba la clásica *conducta de la sabana*. Recordemos que nuestro cerebro evolucionó para asumir un planteamiento vital en el que «la seguridad es lo primero». Si exploramos una nueva zona de la sabana, hemos de estar atentos por si hay peligro. Solo podemos relajarnos al explorar el territorio una y otra vez y no descubrir ninguna señal de alarma. De aquí procede la moderna noción de *zona de confort*. Cuando estamos en un lugar seguro y conocido, nos sentimos cómodos. Puede tratarse de un lugar físico (como nuestra casa), una actividad en la que destacamos (por ejemplo, jugar a nuestro deporte favorito o tocar nuestro instrumento predilecto) o incluso un espacio mental que habitamos (por ejemplo, impartir seminarios sobre el cambio de hábitos es mi zona óptima; enseñar matemáticas, no tanto).

Cuando salimos de nuestra zona de confort, el cerebro de supervivencia empieza a advertirnos de que estamos internándonos en una zona desconocida; podría haber peligro ahí fuera. Si consideramos el mundo como seguro o como inseguro, las únicas opciones son la comodidad o el peligro: o estamos en la zona de confort o en la de peligro (que muchos de mis pacientes llaman *zona del pánico*, porque se sienten tan inquietos que los ataca la angustia). Así es como Dave me lo describió: no tener ansiedad le daba ansiedad porque era una situación desconocida para él. En otras palabras, la incomodidad de habitar un nuevo espacio mental, aunque ese nuevo lugar sea un jardín de serenidad, incitaba a su cerebro de supervivencia a buscar el peligro. Quién sabe, la calma podría ser amenazante.

Sin embargo, en realidad hay otra opción. Volviendo una vez más a la mentalidad fija *versus* la mentalidad de crecimiento de Carol Dweck, podemos añadir una zona entre el confort y el peligro: la proverbial zona de crecimiento. El mundo que hay más allá de nuestra zona de confort no siempre es peligroso. Tan solo tenemos que comprobar que no lo es. Tanto si exploramos una nueva idea, un lugar desconocido o una persona a la que acabamos de conocer, podemos acercarnos al nuevo ámbito con miedo o con una actitud de curiosidad. Cuanto mayor sea nuestra curiosidad, más abiertos estaremos a aprender y a crecer a partir de la exploración, en lugar de cerrarnos en banda o huir a nuestro lugar seguro al primer indicio de inquietud. Todos necesitamos tenerlo presente: el cambio puede dar miedo, pero no tiene por qué ser así. Cuanto más aprendamos a apoyarnos en la incomodidad de la diferencia –reconociendo que podemos estar nerviosos simplemente porque algo nos resulta novedoso–, más nos sentiremos en casa en nuestra zona de crecimiento. Después de todo, así es como aprendemos y crecemos. Y como extra, cuanto más cómodos nos sintamos en nuestra zona de crecimiento, mayor será su tamaño.

Dave y yo lo hablamos recurriendo a la metáfora de los amigos. A veces los viejos amigos nos resultan cómodos porque los conocemos, pero no necesariamente lo pasamos bien en su compañía (pensemos en aquel amigo de la infancia que siempre se reía de nosotros). Dave también podía aplicar la conciencia a este aspecto, y advertir que,

debido a la familiaridad que tenía con ella, la ansiedad le resultaba extrañamente cómoda, y, sin embargo, ya la había superado. Al desaprender el viejo bucle del hábito de la ansiedad, Dave aprendió a vivir progresivamente en su zona de crecimiento, y así es como se familiarizó y se sintió cómodo con la serenidad, la calma e incluso la alegría. Encontró nuevos amigos, que tal vez podrían llegar a ser compañeros de por vida.

A lo largo de este libro he destacado la curiosidad. He dicho que es un superpoder que nos ayuda a sustituir las viejas conductas habituales por la sencilla «conducta» de la conciencia atenta. Cuando se presenta algo desagradable (en especial, la ansiedad y el pánico), tendemos a huir de ello, y entonces se transforma en un comportamiento aprendido. Sin embargo, gracias a la curiosidad, aprendemos a afrontarlo, e incluso aceptamos los aspectos desagradables. Esta curiosidad contribuye a liberarnos y abandonar nuestros viejos bucles del hábito (es sorprendente hasta qué punto la preocupación es reconfortante, ¿verdad?) a medida que aprendemos a explorar las sensaciones en nuestro cuerpo y nuestra mente, y a entenderlas como lo que son: pensamientos y sensaciones que simplemente vienen y van.

La curiosidad es diferente a la voluntad o la determinación. La determinación tiene que ver con la resolución, pero exige una gran cantidad de energía, que se agota, dejándonos en un punto bajo (extenuados o derrotados). En pocas palabras, el esfuerzo exige esfuerzo. Cuando practico ciclismo de montaña, la voluntad me ayuda a poner una marcha baja y «sudar» colina arriba, hasta llegar a la cima. Durante una bajada técnica o una sección difícil de raíces y piedras, el esfuerzo no me lleva a ninguna parte. Si dirijo la rueda delantera a las rocas e intento impulsarme solo con mi propia fuerza, acabo por caerme.

La curiosidad es diferente. Cuando sentimos curiosidad por algo, esta nos hace avanzar sin esfuerzo, porque en sí misma sienta bien y es gratificante. Cuanto más curiosos y abiertos estemos a nuestras experiencias, mayores serán nuestras reservas de energía para explorar. Con la bicicleta de montaña, la curiosidad lo es todo; en lugar de lanzarme ciegamente a una sección técnica, investigo todas las posibilidades de hacerlo de forma creativa.

Cuando se trata de nuestros propios hábitos, barreras y obstáculos mentales, tenemos mucho camino por recorrer, especialmente mientras descubrimos el rico e infinitamente fascinante territorio de nuestra mente. No debemos cansarnos y forzar el paso. Dejemos que la curiosidad nos abra el camino, reforzando nuestra capacidad para afrontar nuevos desafíos en el futuro y ahorrando nuestras fuerzas para cuando sean necesarias.

Asimismo, la curiosidad nos hace pasar de una mentalidad fija a una de crecimiento. Cuanto mayores sean la curiosidad y la apertura ante nuestras experiencias, mayores serán las reservas de energía de las que disponemos para explorar. La función de la curiosidad es ayudarnos a aprender, y solo lo podemos hacer a través de la participación activa.

En el transcurso de unos pocos meses, Dave descubrió el poder de la curiosidad. Me escribió un correo electrónico:

> Creo que es importante que la gente entienda que he pasado de sentir terror al levantarme de la cama a conducir un Uber por Rhode Island. Hace tres semanas, estaba demasiado asustado como para llevar a mi novia al aeropuerto. Ayer llevé a unos pasajeros [al aeropuerto] sin sentir ansiedad. Ahora no me angustia ir a comprar, pero hace dos meses ni siquiera podía entrar en Whole Foods. He hecho muchos progresos, afortunadamente. No estoy enganchado a las pastillas ni dependo de ellas para hacer mi vida. Estoy cambiando mi mentalidad por completo y soy una persona más feliz.

Esto no quiere decir que la ansiedad de Dave haya desaparecido por arte de magia. Apoyándose en su curiosidad y sustituyendo la respuesta del miedo por la oferta imbatible cuando surge la ansiedad, en lugar de dejarse consumir por ella, Dave ha vuelto a tomar las riendas y explora la vida en sus propios términos.

TÓMATE UN RESPIRO

Los adultos tienden a ser conscientes de muchas cosas; entre ellas, decir *hmm* en público (o incluso para sí mismos), aun cuando parece delicado o aparentemente espontáneo. Pero esto no quiere decir que no podamos empezar a poner en práctica la curiosidad en lugares donde nos sintamos menos conscientes, como en la ducha, mientras cae el agua, donde nadie puede oír nuestro canturreo («*hmm*, ¿a qué huele realmente este jabón?»). Si tienes hijos, podrás observar la curiosidad «en estado salvaje» y unirte a ellos. Pero también voy a enseñarte una técnica que se emplea en la tercera marcha y que podrás utilizar como herramienta para abandonar los bucles del hábito. Se trata de una práctica sutil para disipar la inseguridad y que podrás realizar en compañía de otros e incluso en el trabajo.

Ejercicio de respiración

La tercera marcha se centra en encontrar la oferta imbatible disponible que nos ayude a abandonar el viejo bucle del hábito y que, sin embargo, no alimente, precisamente, el proceso de los bucles del hábito.

Cuando los profesionales médicos empleamos un código hospitalario con un paciente que está enfermo, empezamos con V-R-C, que representa las *vías respiratorias*, la *respiración* y la *circulación*. Empezamos con las vías respiratorias, porque si estas están bloqueadas, ¿cómo podría respirar el paciente? Luego pasamos a R, la *respiración*. Si el paciente respira, tiene muchas probabilidades de estar vivo, y el personal médico puede detenerse allí sin causar más daño.

Si estamos en una reunión de trabajo, lo más probable es que todo el mundo respire. Y si todos respiran y descubrimos que estamos a punto de sumirnos en un bucle del hábito, como interrumpir a los demás o ponernos a la defensiva ante sus comentarios, podemos mantener la máscara de la normalidad y prestar atención a nuestra propia respiración para evitar alimentar a esa bestia del hábito. Hemos de entender que la respiración es una oferta insuperable y que opera con la tercera marcha:

1. Tu respiración siempre está presente.
2. Prestar atención a tu respiración te ayuda a evitar el viejo bucle del hábito.
3. Respirar no alimenta el propio proceso del bucle del hábito.

Hay miles de instrucciones y libros enteros dedicados a enseñarnos a prestar atención a la respiración como una forma de «anclarnos» en el momento presente. Puedes leerlos con entera libertad (uno de mis favoritos es *El libro del mindfulness*, de Bhante Henepola Gunaratana).

Aquí presentaré la versión breve a la que podremos recurrir en una reunión.

Toma asiento, algo que probablemente ya habrás hecho, o permanece de pie (si la reunión así lo exige) en una postura cómoda. No cierres los ojos, o todos pensarán que te caes de sueño. Pregúntate: «¿Cómo sé que estoy respirando?», y aplica la curiosidad para descubrir dónde percibes las sensaciones físicas (un silencioso *hmm* es apropiado aquí). Advertirás las sensaciones físicas de tu abdomen al inspirar y espirar; notarás cómo tu pecho se estremece si estás algo nervioso y tu respiración es entrecortada (si respiras por la nariz, llevarás la iniciativa, algo que puede ser muy sutil).

En cuanto hayas detectado dónde se concentran las sensaciones físicas de la respiración, podrías seguir prestando atención a su ritmo, o si esto te resulta aburrido o difícil, podrás ampliar el objeto de tu curiosidad y aplicarla a la observación de los procesos físicos naturales que determinan el ciclo de tu respiración, como cuando la inhalación/exhalación se detiene e invierte su curso, o cuánto tiempo transcurre entre inspiración y espiración (confía en mí, ¡es realmente fascinante observar cómo respiramos!).

Para aplicar la práctica de la respiración a los momentos de ansiedad, impulsividad u otros aspectos relacionados con los bucles del hábito, probemos con esta variación.

Utiliza tu curiosidad para comprobar en qué parte de tu cuerpo se localiza con más intensidad la sensación de ansiedad o el impulso de corregir a tu compañero de trabajo. Respira lentamente a través de la nariz, y centra la atención en esa zona del cuerpo (no te preocupes por la exactitud anatómica; déjate llevar). Deja que el aire inunde la sensación de ansiedad o impulsividad, y mantenlo ahí durante unos segundos antes de espirar. Si esto no te parece lo suficientemente místico, al exhalar, parte de esa sensación sale con el aire. Si la trascendencia no es lo tuyo, comprueba si la sensación desagradable ha cambiado con ese ciclo de la respiración. Repítelo otra vez. Respira lenta y profundamente, e imagina que esa sensación agradable y atenta envuelve tu ansiedad. Deja que la respiración cubra la sensación de ansiedad con un cálido manto de curiosidad y bondad, durante un instante, y luego exhala y déjalo correr. Comprueba hasta qué punto la sensación desaparece al espirar.

Repítelo durante unos pocos ciclos más, uno o dos minutos, o hasta que tu jefe sospeche de tu aspecto sereno y satisfecho.

Este es un ejemplo real de uso productivo de la conciencia de la respiración; el testimonio pertenece a un sujeto que se sometió a la prueba piloto de nuestro programa Unwinding Anxiety. Se encontraba en el trabajo:

> Estaba en una reunión y sentía ansiedad al tener que plantear una cuestión difícil. Sentí que mi respiración se aceleraba un tanto, por lo que apliqué la curiosidad y la observé un poco: «Me pregunto por qué...»; «Oh, aquí está la ansiedad». ¡La dejé atrás y desapareció! ¡Gracias a la tercera marcha!

En realidad, este ejemplo muestra una mezcla de respiración, curiosidad y una práctica de observación que aprenderemos más adelante, pero que creo que comprenderás.

He aquí otro ejemplo:

> En una reunión de hoy recibí un *feedback* negativo que no me esperaba. Fue interesante percibir el rubor en el rostro y mi reacción de estrés, y cómo me alejé de ella. Fui capaz de mantenerme callado por más tiempo, escuchar con más atención y detectar cómo el estrés se extendía entre todos los presentes. El siguiente paso fue alcanzar el nivel de serenidad necesario para pensar con claridad y formular una respuesta coherente.

Hay que tener presente que la curiosidad no es un superpoder que por arte de magia nos dota de clarividencia y de respuestas coherentes, claras e inmediatas que dar a nuestros compañeros de trabajo. Tan solo nos ayuda a distanciarnos y a no quedar atrapados en el bucle del hábito.

La respiración es un objeto apropiado al que aferrarnos, como si fuera la raíz de un árbol, cuando empezamos a deslizarnos hacia el acantilado del bucle del hábito de la ansiedad. ¿Qué sienta mejor? ¿Quedar atrapado en un bucle del hábito que hemos intentado cambiar desde siempre (y tal vez fustigarnos por ello) o abandonarlo?

Podríamos preguntarnos por qué prestar atención a la respiración no constituye una distracción. Bien, no ocurre así porque nos mantiene en el momento presente de una manera fehaciente. En otras palabras, somos uno con la experiencia directa, en el instante, en lugar de intentar escapar saliendo fuera de nosotros mismos.

Por lo tanto, en el momento presente, conviene que pruebes a trabajar explícitamente los músculos de la curiosidad mental, si aún no lo has hecho, y descubras cómo te sienta añadir una pizca de conciencia de la respiración. Ambas son grandes prácticas de la tercera marcha que te ayudarán a mantenerte lejos de tus viejos bucles del hábito y a crear otros nuevos y más gratificantes.

CAPÍTULO 18

¿QUÉ TIENEN DE BUENO LOS DÍAS DE LLUVIA?

Antes de la invención de internet y otras armas de distracción masiva, quedarse en casa en un día de lluvia solía implicar tener que recurrir a la imaginación y encontrar algo con lo que entretenerse. Para mí, equivalía a encontrar un juguete que destruir en nombre de la ciencia. Bajo la bandera de «vamos a ver cómo funciona esto», buscaba un martillo, un destornillador o cualquier otra herramienta que necesitara para desmontar el juguete y descubrir cómo funcionaba.

Un día estaba en mi cuarto y me enfrentaba a un problema de demolición particularmente espinoso, y pensé, estúpidamente, que para solucionarlo me hacía falta un cuchillo. Como era *boy scout*, había aprendido a manejarlo correctamente, y se me permitía poseer (y a veces llevar conmigo) uno o dos de estos utensilios. Por desgracia, en el proceso de disección, presioné excesivamente y la hoja resbaló, provocándome un buen corte en el pulgar. Impulsado acaso por el sexto sentido de un futuro médico, seguí instintivamente el protocolo de soporte vital básico de «llamar primero a Urgencias», que antes de la llegada de los teléfonos móviles equivalía a bajar las escaleras y encontrar a mi madre. Mientras corría, hice un «torniquete» apresurado con el material que tenía a mano: el dedo índice y el pulgar de mi otra mano. Debí llegar hasta ella con la suficiente sangre en la cabeza como para no desmayarme, porque recuerdo haber gritado, con la sinceridad de un muchacho que no sabe nada de anatomía o medicina: «¡Creo que me he seccionado la arteria!» (para ser justo conmigo mismo, debo decir que el corte era tan profundo que aún conservo la cicatriz, que divide en dos mitades casi perfectas la huella del pulgar). Mi madre, más mayor y más sabia que yo, reaccionó con serenidad, me aseguró que no había pasado tal cosa y me ayudó a vendar el dedo.

¿Qué había sucedido? Pues bien, estaba tan inmerso en desmontar el juguete que ***había dejado de prestar atención*** a cómo lo estaba haciendo.

- Detonante: frustración por no poder desmontar un juguete.
- Conducta: ignorar el protocolo del correcto manejo del cuchillo; agarrar el objeto afilado y presionar.
- Resultado: filete de pulgar.

Y para explicar el bucle del hábito que acabo de mapear, no es que yo tuviera el hábito de cortarme el pulgar, sino que tenía la arraigada costumbre de sumergirme tan profundamente en lo que quería hacer, que no me concedía el tiempo necesario, no me tomaba un respiro y no reunía las herramientas adecuadas para la tarea, tanto si se trataba de un tornillo suelto en algún lugar de la casa como de un nuevo artilugio que requería montaje.

- Detonante: frustración, al no querer dejar de hacer algo para buscar la herramienta adecuada para la tarea.
- Conducta: insistir en usar la punta de un tenedor para intentar apretar el tornillo suelto en el armario de la cocina.
- Resultado: tornillo defectuoso que había que sacar y sustituir.

Me interné profundamente en la edad adulta antes de descubrir ese patrón del hábito. Y lo que me ayudó a entenderlo fueron todos los tornillos y pernos estropeados al utilizar el utensilio más a mano (segunda marcha), y hasta qué punto terminaba el trabajo con más rapidez y limpieza si me tomaba los treinta segundos necesarios para ir al garaje y conseguir la herramienta adecuada (tercera marcha).

Las reglas dejan de existir cuando quedamos atrapados en los bucles del hábito. ¿No has intentado utilizar reglas para cambiar hábitos antes, como «no más azúcar» o «sé siempre amable» o «una copa solo si los Cleveland Browns ganan la Super Bowl»? ¿Cuáles han sido sus efectos? Después de tres días sin tomar azúcar, nos acosa la abstinencia; gruñimos irritadamente a todo el mundo para que se aparte de nuestro camino hacia la vitrina de los licores; y lo de los Cleveland no cuenta porque, lo sabemos de buena tinta, estábamos borrachos al hacer esa promesa.

El problema es que las reglas están para transgredirlas, sobre todo por los niños, que las consideran «tontas». ¿Por qué? Porque los niños no han aprendido de la experiencia. La corteza prefrontal puede decirle al sistema límbico que los cuchillos son peligrosos, pero el sistema límbico no responde a la razón. Tiene que sentir el dolor de la herida para aprender la lección. Y, evidentemente, eso fue lo que me pasó a mí: no hizo falta que nadie me dijera que tenía que estar más atento al utilizar los cuchillos en el futuro. Aprendí la lección con aquel fatídico corte, y desde entonces he seguido la regla del sentido común consistente en estar atento al usar cuchillos.

Quedar atrapados en un bucle del hábito y no prestar atención puede abocarnos a la aciaga combinación de miedo («me he cortado y veo sangre, seguro que es algo muy malo») y premura en las conclusiones («me he seccionado una arteria»). A continuación, presentamos otra historia para ilustrar hasta qué punto es importante prestar atención y cómo conservar la calma cuando hay sangre de por medio.

Una tarde, cuando yo era estudiante de tercero de Medicina y exultaba por estar en un hospital y atender a los pacientes, todo estaba muy tranquilo en las salas, por lo que el médico responsable (el líder del equipo) reunió a los estudiantes y residentes para fortalecer el espíritu de grupo a través de un «momento pedagógico». Los momentos pedagógicos solían implicar procedimientos prácticos con guantes, heces y ritos de paso, así que me preparé para lo que estaba a punto de pasar.

Sin embargo, en lugar de obligarnos a realizar un procedimiento para fortalecer nuestro carácter, nos contó una historia de cuando él mismo era un joven médico residente. Antes de empezar, nos dijo que recordáramos la frase: «Si alguien muere, primero tómate tu propio pulso».

En su época de médico residente, estaba en la UCI, pensando en sus cosas, cuando oyó que el monitor cardiaco de uno de sus pacientes pasaba del habitual *bip, bip, bip,* «paciente vivo, todo va bien», al sonido *biiiiiiiiip*, «el paciente podría estar muerto». El doctor cruzó la habitación y en el espacio de milisegundos hundió su puño derecho en el centro del pecho del paciente, administrándole un golpe precordial que potencialmente podría salvarle la vida (*golpe precordial* es el término técnico que recibe este tipo de manotazo en el pecho, que, de forma tal vez contraria a la intuición, es una buena forma de que un corazón parado vuelva a latir).

Para su sorpresa, el paciente dijo: «Eh, ¿por qué ha hecho *eso*?». Al hacer la autopsia a la secuencia de eventos (porque el paciente estaba obviamente vivo), mi atribulado profesor se dio cuenta de que el monitor del ritmo cardiaco se había desenganchado del paciente mientras este dormía... y desde el otro lado de la habitación, si no se comprueban las constantes vitales, es muy fácil confundir a un paciente dormido con un fallecido.

El médico nos explicó que: 1) estaba prestando atención a otra cosa (no a su paciente), 2) se asustó, y, como resultado, 3) llegó a una conclusión, en lugar de recordar que tenía que comprobar las constantes vitales. Por lo tanto, 4) realizó una acción equivocada y causó un daño potencial a su pobre paciente.

De haberse tomado su propio pulso, habría echado un vistazo y descubierto que su paciente tenía pulso y que el monitor se había desenganchado. Sin estrés, y sin que su corteza prefrontal quedara inactiva, el doctor habría razonado que tenía que conectar, lenta y suavemente, el monitor a su paciente afortunadamente dormido.

Por suerte, lo único que resultó dañado fue el ego de mi profesor.

A menudo, intentar romper un viejo hábito puede ser agotador. De hecho, podemos tener la voluntad de hacer lo que sea para conseguirlo. Este planteamiento de victoria a cualquier precio tiene, en realidad, un coste significativo, incluyendo un aumento de la frustración y del estrés cuando la fuerza bruta no funciona. Si así ocurre en nuestro caso, encontrar la forma de ayudarnos a prestar atención y cabalgar las olas de estrés en lugar de sumirnos en los bucles del hábito de la frustración contribuirá a mantener la corteza prefrontal activa y a no empeorar las cosas. La curiosidad es una gran actitud, y la práctica de la tercera marcha para estimularla resulta útil en situaciones similares a las afrontadas por mi profesor. Unos pocos ciclos de atención a la respiración son otra forma de mantener activa la corteza prefrontal, o tomarnos el pulso durante uno o dos milisegundos, evitando consecuencias perniciosas. A continuación se incluye otra práctica de la tercera marcha que puede ser especialmente útil en situaciones tan molestas como el ansia o la impulsividad, por no hablar de los ataques de pánico.

PRÁCTICA RAIN

La angustia y la ansiedad se apoderan de nosotros, y antes de que nos demos cuenta estamos completamente atrapados en un bucle del hábito u otro. Pero no tenemos por qué ser esclavos de esos bucles. Si somos conscientes de que los impulsos y las ansias son meras sensaciones físicas que nos arrastran, estaremos en condiciones de aprender a liberarnos de ellos.

Presentamos un acrónimo que nos ayudará a habitar el momento presente y a no asustarnos ante la embestida del bucle de la ansiedad (Michele McDonald, profesora estadounidense de meditación, lo inventó hace décadas; yo lo he adaptado ligeramente a partir de la práctica de la notificación, popularizada por Mahasi Sayadaw, maestro birmano de meditación, en sus últimos años).

- RECONOCER/RELAJAR lo que se manifiesta (por ejemplo, el ansia).
- ACEPTAR/ACOGER la sensación.
- INVESTIGAR las sensaciones corporales, las emociones y los pensamientos.
- NOTIFICAR lo que sucede a cada instante.

La notificación es similar al efecto del observador en el campo de la física, según el cual el acto de la observación influye en el fenómeno observado. En otras palabras, cuando advertimos (y notificamos) las sensaciones físicas que surgen en nuestro cuerpo y constituyen un anhelo, su poder de adherencia disminuirá gracias a la observación. Ofreceré instrucciones específicas sobre la notificación como práctica independiente en un capítulo posterior.

Esta es la práctica RAIN básica.

En primer lugar, RECONOCE la llegada del estrés y RELÁJATE para recibirlo.

¡No aprietes los dientes ni te prepares para el impacto! Relájate y siente cómo llega; de todos modos, no tienes ningún control sobre él. Incluso es bueno sonreír un poco. De verdad.

ACOGE y ACEPTA la oleada, tal como se presenta. No intentes alejarla o ignorarla.

No te distraigas ni intentes hacer ninguna otra cosa. Esta es tu experiencia. Aquí la tienes.

Para asimilar la ola de la ansiedad, tienes que estudiarla cuidadosamente, INVESTIGÁNDOLA mientras sucede. Hazlo preguntándote: «¿Qué es lo que ocurre en mi cuerpo justo ahora?». No lo busques. Descubre lo que surge de forma más destacada en tu conciencia. Deja que llegue a ti.

Siente curiosidad. ¿En qué lugar de tu cuerpo se origina la sensación?

¿Cómo la sientes realmente?

¿Como una opresión en el pecho? ¿Una sensación de ardor en el vientre? ¿Es una inquietud que te impulsa a hacer algo, a huir?

Por último, NOTIFICA la experiencia. Esto te mantendrá en el aquí, atento y concentrado, cabalgando la ola. Hazlo de manera sencilla, con frases breves o palabras sueltas. Eso te ayudará a eludir el «modo pensamiento» o «imaginación», y te mantendrá anclado a la experiencia directa de lo que te está sucediendo. Por ejemplo, podrás percibir tensión, inquietud, ardor, calor o desasosiego cuando las emociones se manifiestan y alcanzan su punto más alto, y luego vibración, opresión, hormigueo, alivio, relajación, distensión y expansión cuando disminuyen. Si aparecen los pensamientos, ilimítate a notificar: «Ha surgido un pensamiento», y no te dejes atrapar por el análisis o el impulso de solucionar las cosas! Notifica tu experiencia real.

Sigue la ola hasta que desaparezca por completo. Si te distraes o tu mente pasa a otra cosa, vuelve a la investigación. Sé curioso y pregúntate: «¿Qué ocurre en mi cuerpo en el momento presente?». Acompaña el sentimiento hasta que se haya desvanecido por completo.

Habrás descubierto que RAIN se basa en la práctica de la curiosidad tal como la hemos aprendido. Investigar tus emociones te ayudará a concentrarte y a sentir curiosidad por tu experiencia mientras esta se manifiesta. A medida que saques partido de tu curiosidad y mejores en esta práctica, descubrirás que incluso llega a ser un tanto divertida (¡de veras!).

Este es un ejemplo de una de nuestras participantes en el programa Unwinding Anxiety.

En primer lugar, mapea su mente para ser más consciente de sus bucles del hábito (primera marcha), e incluso explora los resultados (segunda marcha):

> He reflexionado sobre mis bucles del hábito, intentando observarlos a lo largo del día. En el trabajo me he centrado, fundamentalmente, en los detonantes. Descubrí que uno de ellos consistía en que, en una reunión, cuando uno de mis supervisores toma la palabra des-

pués de mí, tengo la sensación de no haberme explicado bien. Esto inicia la reacción de miedo a no transmitir valor a mis proyectos y sentir timidez al hablar. Algo que me pone nerviosa. A veces guardo silencio. En otras ocasiones, procuro «redimirme» añadiendo algo que luego lamento, lo que refuerza mi inhibición a la hora de hablar.

A continuación, pone la tercera marcha por medio de la práctica RAIN:

> Hoy he tenido una experiencia interesante con RAIN. Tuve que acudir y participar en una reunión en la que no sabía que habría alguien a quien me daba miedo ver. Éramos amigos, pero luego él me ignoró, por lo que siento mucho dolor y emociones negativas cada vez que lo veo. Descubrí mi temor al pensar en la reunión, y sentí curiosidad por ver cómo me afectaba ese miedo. También decidí que, como estaba preparada para que la ansiedad se manifestara durante la reunión, debía intentar hacer todo lo posible para notificar internamente esas sensaciones. ¡Y funcionó muy bien! Fui capaz de señalar la «opresión» o «un ritmo cardiaco superior». Al principio me preocupaba que la notificación resultara difícil, ya que tenía que participar en la reunión, pero como notificar apenas dura un instante, no fue para nada complicado. En realidad, creo que me ayudó, porque para notificar tenía que estar presente en la conversación, en lugar de perderme en un bucle de pensamiento de sufrimiento y autocrítica. Así que, aunque la reunión no fue un pícnic, me sentí orgullosa de mi forma de gestionarla. También fui capaz de apreciar el éxito, lo que me ayudó a mejorar mi valoración de la jornada.

Señalemos que su función cortical prefrontal permanece activa después de la breve práctica RAIN. Es capaz de estar presente y participar en la conversación en lugar de perderse en el bucle del hábito de la autocrítica.

La próxima vez que empiece a formarse la ola de un bucle del hábito, procura aplicar la práctica RAIN.

Esta es una versión de la práctica RAIN del tamaño de una tarjeta, para que puedas fotocopiarla o fotografiarla con tu móvil, y llevarla contigo como una referencia.

RAIN

Reconocer lo que acontece en el instante presente.

Acoger/aceptar: no desprenderse de ello ni intentar cambiarlo.

Investigar las emociones, los pensamientos y las sensaciones corporales: preguntar: «*Hmm*, ¿qué es lo que pasa en mi cuerpo justo ahora?».

Notificar lo que acontece en nuestra experiencia.

CAPÍTULO 19

TODO LO QUE NECESITAS ES AMOR

Hace un tiempo conocí a una mujer de treinta años que me fue transferida para ayudarla con su trastorno por atracón (BED, por sus siglas en inglés). Se incluía en la categoría de obesidad extrema, con un índice de masa corporal (IMC) superior a 40 (lo normal es que se sitúe entre 18,5 y 25), y cumplía todos los criterios de BED: comer a una velocidad superior a la normal; ingerir alimentos hasta sentir una saciedad incómoda; comer grandes cantidades cuando no tenía hambre; y sumirse en la tristeza, la depresión o la culpa después de los atracones.

Cuando me contó su historia, supe que su madre había empezado a abusar emocionalmente de ella cuando solo tenía ocho años. Como resultado de este trauma crónico, con el tiempo descubrió que podía «anestesiar» las emociones desagradables por medio de la comida. Cuando acudió a mi consulta, devoraba grandes *pizzas* enteras veinte días al mes, muchas veces repetía el mismo día.

Hagamos una pausa para mapear lo que está pasando:

- Detonante: emoción desagradable.
- Conducta: atracón.
- Resultado: breve alivio en forma de adormecimiento.

Sin embargo, tanto en su caso como en muchos otros, tan pronto como los malos sentimientos se desvanecen y su corteza prefrontal vuelve a activarse, la conducta no deseada suscita un sentimiento de culpa y recriminación, que en sí mismo es un detonante de más emociones negativas que vuelven a desactivar la corteza prefrontal y reinician el cerebro primitivo; este último insiste en reiterar la conducta de los atracones. Hemos de pensar en ello como en un *bucle del hábito en eco*, suscitado por el bucle de los atracones original.

Ella caía en un bucle del hábito en eco porque su cerebro antiguo operaba unidireccionalmente: solo se planteaba cómo sobrevivir, aunque su cerebro racional, la corteza prefrontal, sabía que su conducta era profundamente irracional. Su voluntad no podía seguir el ritmo. Ser capaz de mapear los procesos del bucle del hábito fue un gran paso adelante. No había un médico «predicándole» o que la hiciera sentir mal por su falta de voluntad (lo que, potencialmente, podría despertar sus detonantes). En cambio, se sintió más segura en relación con una de sus más profundas inseguridades, y descubrió que yo comprendía de dónde venía. Esa empatía contribuyó a abrir la puerta a la confianza y a los pasos siguientes.

La traté en mi clínica durante varios meses, ayudándola a mapear sus bucles del hábito, descubriendo qué le reportaban y aprendiendo prácticas de mindfulness para salir de ellos. Pero si la he traído a estas páginas es por su bucle del hábito en eco:

- Detonante: sentir culpa por los atracones (emoción desagradable).
- Conducta: atracón (otra vez).
- Resultado: breve alivio en forma de adormecimiento.

En cuanto empezó a entender que este bucle del hábito no le resultaba útil, la intensidad, la frecuencia y la duración de sus atracones empezaron a disminuir. Y lo más importante, como parte de su proceso de curación reconoció otro bucle del hábito: el de la autocrítica. Se dio cuenta de que, casi siempre que se miraba al espejo, se juzgaba a sí misma por ser demasiado gorda o poco atractiva. Esto influía en otros aspectos de su vida, como salir o citarse con alguien. El bucle del hábito de la autocrítica se intensificó a medida que aumentaron su aislamiento y su depresión. Aunque la voracidad alimentaria era menor, en conjunto no se estaba curando.

El siguiente paso fue presentarle una práctica de mindfulness conocida como bondad amorosa.

BONDAD AMOROSA

La práctica de la bondad amorosa (también conocida como *metta*, según la antigua lengua pali) puede ayudarnos a atenuar la visión que tenemos de los otros y de nosotros mismos, y a aceptarnos tal y como somos. Nos ayuda a liberarnos de lo que ocurrió en el pasado y a aprender a avanzar en el presente.

La bondad amorosa no es un monólogo interior positivo ni una palmadita en la espalda cuando nos sentimos mal. Por el contrario, la bondad amorosa es una capacidad que todos poseemos y en la que nos podemos inspirar en todo momento (una condición para una oferta insuperable sostenible). Se basa en los buenos deseos genuinos que nos ofrecemos a nosotros mismos y a los demás. Como he escrito previamente, mi laboratorio ha demostrado que la bondad amorosa puede reducir la actividad en las regiones cerebrales donde se originan los bucles del hábito de la autocrítica, como la corteza cingulada posterior.[1] Al practicar la bondad amorosa, también aprendemos a ver con mayor claridad cuándo hacemos lo contrario, es decir, cuándo nos juzgamos a nosotros mismos. Y cuando vemos con claridad que el juicio no resulta útil, tendemos a abandonarlo, porque la bondad sienta mejor.

La práctica de la bondad amorosa consta de tres partes:

1. El uso de algunas frases de bondad amorosa que nos ayudan a centrarnos.
2. Visualizar la imagen del ser a quien enviamos la bondad amorosa.
3. Reconocer la emoción de la bondad que surge en nuestro cuerpo mientras practicamos.

Para empezar, siéntate en una postura cómoda, en un lugar tranquilo, y deja que tu mente descanse en la sensación de tu cuerpo mientras respira (advertencia: ¡abstenerse de conducir!).

Ahora –y como contraste a la bondad amorosa–, trae a la mente una situación que te haya hecho sentir estresado o ansioso recientemente. Descubre sus efectos en tu cuerpo. Físicamente, ¿te contraes o te expandes? Observa por un momento las sensaciones que se presentan.

Ahora imagina que un amigo querido cruza la puerta, alguien a quien no has visto en mucho tiempo. ¿Qué emociones despierta en ti?

Señala las diferencias entre esta emoción y las sensaciones que surgieron al recordar la situación que despertó tu ansiedad. ¿Cuál parece más oclusiva o contraída? ¿Cuál parece más cálida, abierta e incluso expansiva?

Ahora vuelve a traer a la mente a este querido amigo, o tal vez a alguien que ha sido un ejemplo en tu vida, o una persona que te ha tributado un cariño, una generosidad o una sabiduría incondicionales. Puede tratarse incluso de un animal doméstico; son realmente buenos a la hora de manifestar amor incondicional.

Piensa en la bondad y en el cariño que ha manifestado hacia ti. Detecta cualquier emoción que brote en tu cuerpo. ¿Calor, expansión, tal vez en el pecho o en el corazón?

Si no notas nada de inmediato, eso también está bien; sigue observando tu cuerpo mientras continúas con el ejercicio.

A continuación, elige unas frases con buenos deseos para esta figura. Te presentamos algunas sugerencias (pero asegúrate de seleccionar frases que realmente sientas, o elimina las frases por completo y, simplemente, ancla el sentimiento en tu corazón).

«Deseo que seas feliz», inspira; «deseo que seas feliz», deja que inunde todo tu cuerpo.

«Deseo que tengas buena salud», inspira; «deseo que tengas buena salud», deja que inunde todo tu cuerpo.

«Deseo que estés libres de todo daño», inspira; «deseo que estés libre de todo daño», deja que inunde todo tu cuerpo.

«Deseo que cuides de ti con bondad», inspira; «deseo que cuides de ti con bondad», deja que inunde todo tu cuerpo.

Repite estas frases en silencio y a tu propio ritmo durante aproximadamente un minuto. Utiliza las frases y el sentimiento de amor incondicional en tu cuerpo como ancla para mantenerte en el momento presente. Si el sentimiento parece débil o forzado, relájate y concéntrate en las frases. En cuanto vuelvas a despertar esta capacidad natural, se hará más fuerte con el tiempo; no intentes forzarla. Además, si tu mente divaga, descubre adónde se ha marchado, repite las frases y ánclate en el sentimiento de amor incondicional, que este inunde tu pecho.

A continuación, tráete a ti mismo a tu mente. Trae a la mente algunas de tus mejores cualidades. Descubre si hay alguna oclusión o resistencia a actuar así. Sí, somos buenos juzgándonos faltos de mérito. Limítate a observar eso y apártalo a un lado, por ahora. ¡Por supuesto, más tarde podrás volver a juzgarte a ti mismo!

Ofrécete a ti mismo las mismas frases que brindaste a los demás.

«Deseo que seas feliz», inspira; «deseo que seas feliz», deja que inunde todo tu cuerpo.

«Deseo que tengas buena salud», inspira; «deseo que tengas buena salud», deja que inunde todo tu cuerpo.

«Deseo que estés libre de todo daño», inspira; «deseo que estés libre de todo daño», deja que inunde todo tu cuerpo.

«Deseo que cuides de ti con bondad», inspira; «deseo que cuides de ti con bondad», deja que inunde todo tu cuerpo.

Como antes, repite estas frases silenciosamente y a tu propio ritmo. Utiliza las frases y la sensación de amor incondicional, cálido y expansivo en tu cuerpo como anclas para mantenerte en el momento presente. Cuando tu mente divague, averigua adónde ha ido, vuelve a repetir las frases y detecta cualquier sentimiento de calor y expansión en tu pecho. Si percibes resistencia u opresión, u otras sensaciones corporales, activa la curiosidad: «*Hmm*, opresión, interesante». Limítate a señalarlo y vuelve a repetir las frases.

Y ahora concluye la práctica guiada.

Puedes aplicar este ejercicio no solo a ti mismo y a tus seres queridos, sino a las personas que conozcas, incluso a aquellas presencias difíciles en tu vida. Por último, descubrirás que la práctica de liberar la contracción y aceptar las cualidades cálidas y abiertas hará aflorar la bondad en tu corazón.

LA BONDAD AMOROSA NO SIEMPRE ES UN PASEO POR EL PARQUE

Al principio, la práctica de la bondad amorosa puede resultar un desafío.

Cuando descubrí su existencia, yo era muy reacio a practicar la bondad amorosa, porque me parecía demasiado cursi; mi medidor de kumbayá era hipersensible. Me llevó años de práctica entender hasta qué punto es útil y valiosa.

Cuando inicié mi periodo de residencia, llevaba meditando unos diez años, y solo unos pocos practicando la bondad amorosa. Al recurrir a ella, notaba que el calor se expandía por mi pecho y que la contracción en mi cuerpo se desvanecía. No todo el tiempo, pero sí a veces. Por aquel entonces vivía a unos kilómetros del hospital e iba a trabajar en bicicleta. De camino, sentía una contracción física cada vez que alguien me pitaba o me gritaba. Descubrí que había desarrollado un extraño bucle del hábito:

- Detonante: un coche nos pita.
- Conducta: gritar, hacer la señal universal de disgusto o seguir pedaleando, a propósito, delante del vehículo.
- Resultado: sensación de arrogancia.

El problema es que me llevaba esa arrogancia opresiva al hospital.

Consciente de que no transmitía exactamente una actitud positiva a mis pacientes, puse a prueba qué podría pasarle a mi contracción (y actitud) si, en lugar de gritar a los coches, utilizaba sus bocinas como detonante para practicar la bondad amorosa. Primero, una frase a mí mismo: «Deseo ser feliz» y luego otra para el conductor: «Deseo que seas feliz». Esto me ayudó a romper el ciclo del bucle del hábito de la arrogancia y del sentimiento opresivo que se manifestaba junto a ella.

- Detonante: un coche nos pita.
- Conducta: ofrecer una doble bondad amorosa, una frase para uno mismo, otra para el conductor.
- Resultado: sentirse más abierto y ligero.

Muy pronto advertí que llegaba al trabajo sintiéndome más ligero. La opresión había desaparecido. Y entonces caí en la cuenta: no tenía que esperar a que nadie me pitara para enviar buenos deseos a los demás. Podía hacerlo con cualquier persona. Lo puse en práctica y llegaba al trabajo de buen humor la mayor parte de los días. Descubrir las diferencias entre los resultados de ambos bucles del hábito –la contracción opresiva en el primero y la expansión gozosa en el segundo– me ayudó a entender que la bondad amorosa era más gratificante. No suponía un gran esfuerzo.

Como me ocurrió a mí, la práctica de la bondad amorosa te puede parecer difícil al principio. Tal vez te cuestiones a ti mismo, o juzgues la práctica, o te angustie no poder llevarla a cabo, o no hacerlo correctamente, o te sientas demasiado mal para aplicarla. Si es así, voy a parafrasear un verso de la canción «Anthem», de Leonard Cohen: «No te preocupe ser perfecto». Esa grieta que todos tenemos y que creemos un defecto o una debilidad es, en realidad, nuestra fuerza.

RESOLUCIÓN

En el caso de mi paciente y su problema con los atracones, le presenté la bondad amorosa como la oferta insuperable que podría ayudarla a salir de la espiral descendente de aislamiento y depresión. Costó un poco de práctica, pero después de un tiempo, empezó a usarla como su recurso ideal cuando un detonante le salía al paso y se sentía tentada a juzgarse a sí misma. La mayoría de las veces fue capaz de liberarse de su cavilación depresiva, y por último abandonó los atracones casi por completo, hasta el punto de que puse fin al tratamiento porque ya no necesitaba mi ayuda.

Volvió cuatro meses más tarde para una visita de seguimiento, solo para asegurarnos de que todo iba bien. Había perdido cuarenta kilos, y, lo más importante, me contó esto: «Estoy agradecida a este enfoque porque siento que he recuperado mi vida. Puedo comerme una porción de *pizza* y disfrutarla de verdad».

Hay que señalar que no tuvo que recurrir a la evasión ni a ninguna otra estrategia para abandonar su(s) bucle(s) del hábito. Y lo que describía no era un milagro: era el resultado de unir las tres marchas y aplicarlas en la vida real. Fue capaz de mapear sus bucles del hábito (primera marcha), entender que meterse el dedo en el ojo era doloroso (segunda marcha) e introducir la oferta insuperable de la bondad amorosa (tercera marcha) para salir de ellos y acceder a algo hermoso: ella misma.

Dale una oportunidad a la bondad amorosa en tu vida. Empieza explorando cómo la curiosidad y la bondad te pueden ayudar a actuar de una forma tal que te beneficie a ti y a los demás. Te permitirá acceder a una mejor posición para resolver los problemas e interactuar con el mundo. Podrás practicarla formalmente, sentado en una silla o en un cojín de meditación, o mientras yaces en la cama, listo para dormir. Incluso podrás practicarla mientras caminas por la calle, recitando las frases para ti y para el resto de los transeúntes. Cuanto más practiques, en lugar de juzgarte a ti mismo o echarte las culpas, más se afianzará el hábito de la apertura, de la presencia en el instante actual, lo que te permitirá ser sencillamente humano, y aprovecharás en mayor medida las recompensas naturales que albergas en tu interior: calidez, expansión, paz o aquello que describa tu experiencia.

CAPÍTULO 20

EL BUCLE DEL HÁBITO DEL PORQUÉ

Amy (no es su nombre real) es una de mis pacientes. Tiene casi cuarenta años, está felizmente casada y tiene tres hijos adolescentes. Está muy ocupada y afronta el imposible malabarismo que tantas mujeres emprenden: ser la principal cuidadora de sus hijos (y de su marido) a la vez que trabaja. Muchas mujeres lo tienen peor que ella –mi madre, ¡mi heroína!, crio a cuatro hijos mientras iba a clases nocturnas en la Facultad de Derecho–, pero Amy vino a mi consulta con un cuadro de ansiedad provocado por el intento de conciliarlo todo.

Cuando empecé a trabajar con ella, al final de la primera visita la envié a casa pidiéndole que empezara a mapear sus bucles del hábito. Es útil que mis pacientes hagan algunos deberes entre las consultas. Al mapear los bucles del hábito en el contexto de sus vidas reales, no en un entorno terapéutico, no solo comprenden mejor lo que está pasando, sino que el progreso durante el tratamiento es más eficiente. En la siguiente visita nos centramos directamente en los bucles del hábito en lugar de invertir un precioso tiempo clínico en intentar averiguar cómo han sido las cosas a partir del recuerdo de lo que pasó la semana o el mes anterior.

En una visita reciente, Amy llegó con aspecto nervioso. No perdió el tiempo; nada más sentarse, lo soltó. Explicó que cualquier cosa la arrojaba a una fatigosa ansiedad. Tenía muchas responsabilidades –eso en sí mismo no era un problema–, pero últimamente todo resultaba demasiado pesado, hasta el punto de que gritaba, y sin motivo aparente, a sus hijos y a su marido (y no es que tenga que haber una razón para gritar a nuestros seres queridos). También contó que, aunque le gustaba su trabajo y este no era estresante, la mera idea de conducir para ir a trabajar despertaba su ansiedad. Con el aumento de la ansiedad, la lista de tareas pendientes se convertía en una montaña, porque en lugar de tachar los elementos, se angustiaba con solo verla, el estrés la dejaba agotada y dormitaba buena parte del día, solo para despertar y repetir todo el proceso. No utilizaba su energía de forma productiva. Su ansiedad la desviaba; y se estaba consumiendo, azuzada por la insignificancia de los detonantes.

En aquella sesión, hizo un comentario que me dio una buena pista de su situación: «Siento que la ansiedad se apodera de mí y me sigo preguntando por qué estoy ansiosa», explicó.

Amy dijo que la ansiedad se presentaba de pronto, sin que nada en particular la despertara. Por otra parte, su marido y sus bienintencionados amigos le preguntaban qué andaba mal, y a continuación le decían: «¿No estás yendo a un psiquiatra?».

Yo le pregunté: «¿Te están preguntando por qué no estás mejor ya?».

«¡Sí!»

Ella continuó: «Si tan solo pudiera descubrir por qué...».

Como tantos otros, Amy había caído en una trampa mental: pensar que si somos capaces de descubrir la razón de nuestra ansiedad, ese descubrimiento solucionará el problema como por arte de magia. Esto funciona a la hora de arreglar coches y lavavajillas, pero nuestra mente no es un electrodoméstico.

Esta es la trampa. Nos quedamos atrapados en la idea de que los psiquiatras son como mecánicos: los visitamos para que arreglen nuestra ansiedad. Habitualmente, esa «reparación» adopta la forma de intentar descubrir qué ha causado el problema. Y en cuanto somos conscientes de qué lo ha provocado, estaremos curados.

Los detonantes son el resultado del aprendizaje de una conducta que hemos asociado a un estímulo. El detonante puede ser cualquier cosa. Ver o sentir algo, o incluso un mero pensamiento, puede provocar una reacción habitual que pone en marcha el bucle del hábito. Naturalmente, creemos que si podemos identificar esos detonantes, podremos evitarlos en el futuro o, mejor aún, repararlos. Así pues, nos obcecamos en intentar solucionar el pasado. Sin embargo, no lo podemos cambiar: tan solo podemos aprender de él y modificar nuestras conductas habituales en el presente, lo cual contribuye a crear nuevos bucles del hábito.

Amy se había introducido en la madriguera de conejos del *porqué*. Intentaba descubrir desesperadamente por qué sentía ansiedad, en la creencia de que, de obtener respuesta, podría superarla y que su ansiedad se desvanecería para siempre. Irónicamente, en el proceso, se hundía cada vez más en el bucle del hábito del porqué.

- Detonante: ansiedad.
- Conducta: intentar descubrir por qué se experimenta ansiedad (y fracasar).
- Resultado: más ansiedad.

Durante los primeros diez minutos de esta visita, incurrió tres veces en el bucle del hábito del porqué, mientras intentaba describirme a qué se enfrentaba (¡no hay nada como exponer el problema ante nuestro médico para que él o ella se hagan una clara idea de lo que está pasando!).

Después de esa tercera vez, le pregunté: «¿Cómo te sientes al no poder descubrir por qué?».

«Hace que todo empeore», dijo Amy.

Aunque podía identificar claramente un detonante, el detonante no era el problema. Su problema era, en realidad, el hecho de preguntar por qué. Lo primero que hice fue pedirle que respirara profundamente, para relajarse. A continuación, mapeamos juntos el bucle del hábito del porqué. Esto bastó para reducir su ansiedad, porque fue capaz de ver cómo la estaba alimentando en ese momento. Entonces me incliné y sugerí algo radical.

«¿Y si el porqué no importa?», pregunté.

«¿Cómo?», respondió ella, confusa.

No importa qué provoca la ansiedad o la preocupación, pero sí cómo reaccionamos a ellas. Si Amy cae en un bucle del hábito del porqué, no hace más que añadir leña al fuego, empeorándolo todo. Si es capaz de aprender a salir del bucle, no solo apagará el fuego de la ansiedad, sino que aprenderá a no encender otro en el futuro. En el entrenamiento con mindfulness, la distinción *qué/por qué* es esencial. En lugar de atascarse en el porqué, las personas ansiosas aprenden a concentrarse en qué sucede en el momento presente. ¿Qué pensamientos surgen? ¿Cuáles son sus emociones? ¿Qué sensaciones se manifiestan en su cuerpo?

Le puse a Amy unos deberes.

«En cuanto notes que está surgiendo un bucle del hábito del porqué, respira profundamente tres veces. Inspira profundamente, y al espirar, debes a decirte a ti misma: *"El porqué no importa"*».

El objetivo era ayudarla a descubrir cuándo aparecía la ansiedad, concentrarse en lo que sucede en el momento presente y no quedar atrapada en el bucle del hábito del porqué. Practicamos juntos el ejercicio de respiración para asegurarnos de que podía hacerlo y, con una herramienta sencilla pero concreta que la ayudara a abandonar sus bucles del hábito del porqué, Amy volvió a casa a practicar.

Todos caemos en modo automático de vez en cuando, y pensamos que nuestro cerebro es como un coche. Por supuesto, si hay algún problema fisiológico (como un tumor cerebral), la medicina occidental es fantástica aportando soluciones. Sin embargo, intentar arreglar un asunto del pasado que desencadena un bucle del hábito no funcionará, porque el pasado es el pasado. Aquí es donde entra en juego el dicho sobre el perdón que mencioné en el capítulo 14: «El perdón es renunciar a la esperanza de un pasado mejor». Si probamos el método de intentar evitar los detonantes, no solo nos resultará prácticamente imposible (¡aunque eso no impide a mis pacientes seguir intentándolo!), sino que no alcanzaremos la causa profunda del problema. Tenemos que aprender a dejar ir el pasado y concentrarnos en el presente, porque solo podemos trabajar con lo que está *aquí y ahora:* los bucles del hábito que estamos representando en el momento presente. Cada vez que quedamos atrapados en un bucle del hábito del porqué, nos quemamos nosotros, a la vez que añadimos leña al fuego.

Descubre si tienes un bucle del hábito del porqué (o dos) y descubre qué se siente al quemarse. Luego, concéntrate en el qué (no en el porqué); descubre qué sucede cuando lo mapeas y abandonas el bucle por medio de algo tan sencillo como el ejercicio de respiración que le enseñé a Amy (recordándote a ti mismo que el *porqué no importa*). Y presta atención a lo que pasa a continuación.

TUS OJOS COMO UNA VENTANA A TU ALMA (O AL MENOS A TUS EMOCIONES)

¿Alguna vez te has preguntado por qué los jugadores profesionales de póquer llevan gafas de sol en los campeonatos? Es para que sus ojos no revelen sus planes. Lo peor que un jugador de póquer puede hacer es tener un *tell:* un cambio en la conducta o en el comportamiento que ofrezca pistas de su mano de cartas.

Es realmente difícil detener o enmascarar las expresiones y los movimientos involuntarios de los ojos; de ahí las gafas de sol.

Tus ojos pueden ser una verdadera ventana a tu actual estado emocional. Si comprendes cómo tus ojos conectan con tus emociones, podrás aplicar una sencilla práctica basada en ello que te ayudará a trabajar la ansiedad, el miedo, la frustración y otros estados emocionales. Al mismo tiempo, esta práctica te ayudará a establecer el hábito de la curiosidad. ¿Listo para explorarla? Vamos a ello.

Empecemos con un poco de ciencia. Cuando estamos asustados, nuestros ojos se abren de forma instintiva. En el siglo XIX, Charles Darwin teorizó que, ante la incertidumbre, abrimos mucho los ojos para reunir la mayor cantidad posible de información sensorial visual, a fin de determinar si existe peligro «ahí fuera».[1] La apertura de ojos, combinada con otras expresiones faciales de miedo, también actúa como señal social que permite a otros saber que estamos asustados. El contraste entre la esclerótica (la parte exterior blanca del globo ocular) y el resto del ojo lo hace especialmente pronunciado en los seres humanos. Alguien puede mirarnos a la cara e interpretar rápidamente: «Eh, tal vez haya algún peligro ahí fuera», sin que pronunciemos una palabra.

De hecho, esta involuntaria apertura de ojos puede aumentar el procesamiento cognitivo de acontecimientos ambientales tanto en la persona que abre los ojos como en quien observa cómo otro los abre. Esto fue demostrado en un elegante experimento realizado por los psicólogos Daniel Lee, Joshua Susskind y Adam Anderson en 2013.[2] Lo primero que pidieron a los participantes fue posar como si tuvieran miedo, luego con una expresión facial neutral y más tarde con disgusto. Los investigadores descubrieron que la expresión de miedo, en particular, mejoraba la capacidad de los sujetos para realizar correctamente una tarea cognitivo-perceptiva, mientras que el rostro disgustado (en el que se entrecierran los ojos) entorpecía su habilidad para realizarla.

En un segundo experimento, los investigadores se concentraron en si las respuestas oculares del miedo transmitían beneficios cognitivos a los observadores. Sin duda, el mero hecho de ver imágenes de ojos muy abiertos (con una mayor superficie de la esclerótica visible) mejora el propio rendimiento en una tarea cognitiva.

Abrir mucho los ojos no solo está relacionado con el miedo; también sucede con otro tipo de recopilación de información. Cuando estamos muy interesados en aprender algo, nuestros ojos tienden a agrandarse y ampliarse. En un giro interesante del estudio, los investigadores le dieron la vuelta a las imágenes de los ojos abiertos, de modo que los participantes no pudieran leer la expresión de miedo, sino simplemente el grado de apertura de los ojos. Descubrieron entonces que el miedo no impulsaba la mejora del procesamiento perceptivo; la relación iris-esclerótica (por ejemplo, ojos más abiertos = mostrar una mayor porción blanca de los ojos) explicaba la mejora asociada en el rendimiento de la tarea, no la percepción de la emocionalidad (el miedo) de las expresiones oculares.

El presentimiento de Darwin, ahora corroborado por la investigación, tiene importantes implicaciones para el aprendizaje en general, y nos ofrece consejos y trucos cerebrales específicos para ayudarnos a cambiar de hábitos.

Empecemos con el aprendizaje asociativo. Así es como aprendemos a relacionar sensaciones y posturas corporales con emociones. Desde el punto de vista de la supervivencia, si estamos en peligro, encogemos instintivamente nuestro cuerpo, reduciendo nuestro tamaño en la medida de lo posible a la vez que utilizamos brazos y piernas para proteger la cabeza y los órganos vitales.

Cuando vinculamos una y otra vez una postura o expresión facial con una emoción, al final las dos se tornan inseparables. En otras palabras, es difícil tener una sin la otra. Por ejemplo, si tensamos los hombros y los alzamos hacia las orejas, notaremos que nos hace sentir un poco estresados. Esto es así porque, en muchas ocasiones a lo largo de nuestra vida, hemos tensado y alzado los hombros al padecer estrés (cuando estamos felices, tendemos a manifestar una postura corporal más relajada). Este proceso recibe el nombre de *formación de la memoria somática*, porque formamos recuerdos que asocian sensaciones corporales (soma = cuerpo) con pensamientos y emociones.

Podemos verificarlo. Comprueba si hoy o la semana pasada (¡o el año anterior!) has acumulado tensión en los hombros. Ahora inspira profundamente, mantén el aire en los pulmones durante tres segundos y, al espirar, relaja los hombros. ¿Te sientes más estresado o más relajado?

Con tus ojos ocurre lo mismo. Hemos aprendido a asociar la apertura literal de los ojos con la recepción de nueva información. Cuando abrimos mucho los ojos debido al miedo o al asombro, nuestro cerebro recibe la señal de que nos encontramos en un lugar idóneo para recibir nueva información. Si los entrecerramos a causa del disgusto o del enfado, nuestro cerebro recibe la señal de que en ese momento no estamos abiertos al aprendizaje; por el contrario, estamos preparados para actuar.

Vamos a probar esto...

Abre los ojos todo lo que puedas y piensa en algo que te haga sentir disgustado, frustrado o enfadado. Procura mantenerlos muy abiertos y descubre hasta qué punto eres capaz de sentirte disgustado (o airado o frustrado): «¡Oh, estoy realmente disgustado!», o «¡Me siento enfadada de verdad!». ¿Cómo ha ido? Apuesto a que no muy bien. A diferencia de lo que ocurre con el disgusto, cuando estamos enfadados no pensamos: «Hmm, ¿qué ha pasado? ¿Realmente debo sentir enfado? Voy a reunir más información...». Nuestro cerebro no tiene activado el «modo recopilación de información»; por el contrario, está dispuesto a reaccionar ante lo que ha suscitado el enfado, y nuestros ojos se entrecierran en señal de concentración extrema. La expresión de ira con los ojos entrecerrados es tan bloqueante que, cuando abrimos los ojos e intentamos enfadarnos, nuestro cerebro dice «esto no computa», porque hay una discrepancia entre nuestra expresión facial y nuestras emociones. Es muy difícil enfadarse con los ojos muy abiertos.

Ahora probemos otro ejercicio. Entrecerremos los ojos, sin cerrarlos, todo lo que podamos, e intentemos entrar en un estado de profunda curiosidad. Una vez más, no hay suerte: nuestro cerebro está acostumbrado a relacionar la apertura de los ojos con la curiosidad y el asombro. Recordemos que al sentir curiosidad entramos en el «modo recopilación de información». Otra discrepancia: nuestro cerebro dice: «Eh, espera un momento. Si de verdad tienes curiosidad, deberías abrir los ojos. ¿De verdad sientes curiosidad?».

En general, los ojos son un buen indicador de las expresiones emocionales. Hemos relacionado las expresiones oculares con las emociones durante tanto tiempo que las dos están íntimamente interrelacionadas. Una vez que sabemos esto, podemos jaquear este sencillo sistema para ayudarnos a superar la frustración y la ansiedad y acceder a la curiosidad. Esta es la manera.

La próxima vez que sientas ansiedad o frustración, prueba lo siguiente:

1. Detente y simplemente nombra la emoción (por ejemplo, «oh, es la emoción X»).
2. Comprueba el grado de apertura de tus ojos.
3. Abre mucho los ojos (y añade, tal vez, hmm) como medio para suscitar la curiosidad. Mantenlos abiertos durante diez segun-

dos y registra lo que sucede con la ansiedad (o cualquier emoción difícil con la que te hayas identificado). ¿Se fortalece o se debilita? ¿Cambia de naturaleza o se modifica en algún sentido?

En cuanto lo domines, descubre cuántas veces eres capaz de repetir este ejercicio a lo largo del día. Cuando surja una emoción difícil, descubre si este ejercicio te incita a apoyarte en la emoción y aprender de ella (y de ti mismo), al tiempo que consolidas el hábito de la curiosidad.

CAPÍTULO 21

INCLUSO LOS MÉDICOS SUFREN ATAQUES DE PÁNICO

Hasta ahora, la caja de herramientas del mindfulness incluye muchos recursos que podemos utilizar para jaquear nuestro cerebro y pasar de la primera y la segunda a la tercera marcha. La curiosidad es fundamental, la bondad amorosa nos ayuda a abandonar los bucles del hábito de la autocrítica, y la práctica RAIN evita el impulso de comer algo a altas horas de la noche.

¿Qué tal una herramienta que puedas usar en ráfagas cortas en cualquier momento a lo largo del día?

A menudo hablamos de la práctica del mindfulness como de una forma de aprender a *responder* a la vida, más que como una forma de *reaccionar* a ella. El impulso de emprender una actividad de inmediato suele ser una reacción a algo desagradable. Si no prestamos atención, habitualmente reaccionamos para que la emoción negativa desaparezca. Es como conducir en piloto automático, o como dijo una de las participantes en nuestro programa: «Conducir con los ojos cerrados». No sabemos adónde vamos, pero podemos apostar lo que sea a que no se trata de la dirección correcta.

Si prestamos atención y aplicamos una conciencia de aceptación y curiosidad a nuestras emociones desagradables, abriremos los ojos y estaremos en condiciones de responder en lugar de reaccionar. RAIN contribuye a ello al liberarnos de nuestra reactividad habitual.

Uno de los miembros de nuestra comunidad dijo que se sentía «más como *hacer* humano que como *ser* humano». Explicó que se dedicaba a actuar, actuar y actuar para intentar sentirse mejor; pero se había perdido en el proceso de hacer y había dejado de ser.

Con un poco de espacio, tú también podrás *ser* en lugar de *hacer*.

Si mapeas tus reacciones más arraigadas ante emociones desagradables, como el miedo y la ansiedad (primera marcha), y exploras cuáles son los resultados tras tu reacción habitual (por ejemplo, preocupación, evasión, procrastinación, etcétera; segunda marcha), habrás alcanzado la velocidad suficiente para pasar a la tercera marcha y empezar a crear una conducta diferente, como la curiosidad o la práctica RAIN. De hecho, la curiosidad puede ser todo lo que necesitas para subirte a la tabla de surf y empezar a cabalgar las olas.

Tener curiosidad te ayudará a superar tu sistema de aprendizaje basado en recompensas, sustituyendo las reacciones habituales con conciencia y reemplazando la recompensa del estilo del repliegue («me siento un poco mejor») por el de curiosidad expandida («me siento muy bien»). Como la curiosidad sienta mejor que la ansiedad (después de todo, es esa oferta imbatible), reflexionar sobre las sensaciones suscitadas por la curiosidad (en comparación con el estado de ansiedad) reforzará naturalmente la nueva conducta. Y lo mejor de todo, no nos aburriremos de tener curiosidad. Como dijo la escritora estadounidense Ellen Parr: «La curiosidad es la cura para el aburrimiento. No hay cura para la curiosidad».

Concedámonos un momento para ver cómo se aplica la práctica RAIN. Concéntrate en tu actitud mental. ¿Has notado cómo intentabas (sí, intentabas, como si te forzaras a ti mismo) liberarte de los impulsos? Por ejemplo: estoy practicando RAIN, entonces, ¿por qué el impulso no se desvanece?

Este es un ejemplo en el que nos obligamos a pasar de la primera a la tercera marcha demasiado rápido. Recuerda que no puedes pensar en cómo cambiar de hábito; de otro modo, ya lo habrías hecho. Del mismo modo que nos forzarnos a relajarnos, intentar forzarnos a que un impulso o una emoción negativa simplemente desaparezcan a través de la práctica RAIN no hará más que añadir leña al fuego. Corres el riesgo de caer en otro bucle del hábito: «¡Si practico RAIN, me sentiré mejor!». El estrés te lleva a intentar forzar la práctica RAIN:

- Detonante: emoción o impulso desagradable.
- Conducta: practicar RAIN.
- Resultado: frustración cuando la práctica RAIN no logra hacerlo desaparecer.

No podemos forzar la aceptación, y tampoco la curiosidad. Por eso hemos invertido tanto tiempo fomentando nuestra curiosidad antes de pasar a la tercera marcha. Cuando las cosas parezcan forzadas o recurrir a la práctica RAIN dé la impresión de ser una obligación más, hemos de activar la curiosidad y registrar la contracción o la sensación de imposición que se deriva de ello. Y si quedamos atrapados en cierto patrón de reactividad o perdemos el control de nuestros pensamientos, podemos volver a la segunda marcha y preguntarnos: «¿Qué me aporta esto?».

LA TERCERA MARCHA NO ES MEJOR

No lo olvides: *la tercera marcha no es mejor que la segunda o la primera.* Para conducir necesitamos las tres. A veces tenemos que subir una colina y solo disponemos de la primera marcha. Y eso está bien. En otras ocasiones, la carretera es plana y tiene pocas curvas, y podemos circular en segunda o en tercera. Todas las marchas te hacen avanzar. Eso es lo que de verdad importa. *No importa la marcha que utilices, estás avanzando.*

De vez en cuando debes comprobar si no te fustigas por no usar siempre la segunda y la tercera marcha. Tal vez te dices a ti mismo: «Ahora debería ir en tercera» o «Debería librarme de ese mal hábito ahora mismo». Pero ¿y si esto no deja de ser otro bucle del hábito? ¿No deberías dejar de pensar en ti mismo y MAPEAR la situación?

PRÁCTICA DE NOTIFICACIÓN

Probemos otro ejercicio.

Detengámonos en la N del ejercicio RAIN. Como ya sabemos, la notificación es una práctica importante para ayudarnos a abandonar el piloto automático. Sin embargo, ¿sabías que puedes practicar la notificación aun cuando no estás a punto de ser engullido por la ballena del bucle del hábito? Ello contribuirá a fortalecer tus destrezas y te ayudará a estar más plenamente presente en cada instante de tu vida.

Empieza con tus cinco sentidos: vista, oído, tacto, olfato y gusto. Ahora, añade otros dos: la percepción de las sensaciones físicas en tu cuerpo (interocepción) y el pensamiento. Registra cuál es la predominante en cada momento.

Si te paseas por la calle, un movimiento puede reclamar la atención de tu vista, y podrás notificar: «He visto algo». Poco después, oyes un pájaro y notificarás «He oído algo». Si surge un pensamiento («ah, es un pájaro cantando»), podrás notificar «pensamiento», porque en ese momento es lo que predomina en tu experiencia. Así de sencillo.

Puede que el canto del pájaro te haga feliz, por lo que ahora podrás notificar «emoción», porque el sentimiento de felicidad es lo predominante. Cada vez que notificas tu experiencia, te mantienes en el momento presente, en lugar de perderte en el pensamiento o avanzar en piloto automático.

Cuando estamos conectados al piloto automático, es fácil dejarse llevar. Por ejemplo, el pájaro al que oímos cantar nos puede hacer pensar: «Oh, canta un pájaro... Qué maravilla... Me pregunto qué tipo de pájaro es; ¿tal vez una curruca? ¿No he visto un programa sobre las currucas en Discovery Channel, sobre la destrucción de su hábitat natural?... Me cuesta creer que la gente no se preocupe más por el medio ambiente... Mi vecino ni siquiera recicla... ¡Menudo idiota!». Y así sucesivamente.

En un momento estás escuchando, feliz, el canto de un pájaro, y un instante después te enfadas a causa de tu vecino. ¿Cómo ha sucedido? Por el piloto automático. Una mente no entrenada vagará en la dirección que le parezca, y normalmente encontrará problemas en su camino.

La práctica de la notificación te servirá para entrenar el músculo del mindfulness. Te ayudará a no echar más leña al fuego, ya se trate de ira, miedo u otra emoción perniciosa. Cuando tu mente empiece a desbocarse, te limitarás a notificar «pensamiento», «emoción» o incluso «miedo». Usar con éxito la práctica de la notificación (y otras relacionadas con la tercera marcha) reconfigurará tu cerebro para transformar los viejos hábitos en otros nuevos.

Por lo tanto, reserva treinta segundos ahora mismo. Presta atención y notifica el aspecto predominante en tu experiencia: vista, oído, pensamiento, emoción, olfato o tacto.

A continuación, aprecia la diferencia entre actuar así y dejarte llevar por el pensamiento o la emoción. Es la diferencia entre observar cómo un fuego se consume hasta las cenizas y dejar que se inflame y se extienda.

Una persona en nuestro programa habló así de su bucle del hábito de la alimentación inducida por el estrés:

> En el pasado llegué a estar tan ansioso que dejaba lo que tenía que hacer para buscar comida, solo para calmar la opresión en el pecho y la garganta, aunque eso significara llegar tarde a algo. Así de incómodo ha llegado a ser... Y notificar la aparición de estas emociones resulta inspirador. Puedo mirar y pensar: «Eh, no tienes hambre, tienes estrés», y entonces decido qué hacer.

¿Somos conscientes de hasta qué punto la notificación aporta esa pequeña pausa consciente, ese espacio que nos permite descubrir qué es lo que pasa en realidad? Impide que quedemos atrapados en una emoción o en el impulso de hacer algo para que desaparezca.

La práctica de la notificación es relativamente sencilla. Como una tabla de surf que nos mantiene a flote en el océano, nos ayuda a anclarnos en el momento presente, en lugar de dejarnos azotar por la poderosa ola de la emoción y ahogarnos. Si ya estás plenamente presente en el ahora, no habrá necesidad de añadir la notificación, porque ya estarás ahí.

Al iniciar la práctica de la notificación, esta puede asemejarse al trabajo. No te preocupes por eso. Será más fácil en cuanto te acostumbres a ella. Practícala *durante breves periodos, muchas veces al día*. Uso las cursivas para que lo recuerdes; es importante formar una costumbre renovada. Esto contribuirá a crear un nuevo sendero cerebral para formar un nuevo hábito. Mantente atento al bucle del hábito de «tengo que ser perfecto» o «es demasiado difícil, seguro que hago algo mal. Soy un fracaso. Tendría que dejarlo y entrar en las redes sociales o comer un poco de helado», y limítate a notificarlo como «pensamiento».

A medida que robustezcas los músculos del mindfulness a través de la práctica RAIN, la notificación y otros ejercicios, empezarás a entender tus bucles del hábito con más claridad. Con el tiempo, dejarán de manifestarse, por sí mismos, sin tener que desprendernos de ellos.

Intenta practicar la notificación hoy, no solo cuando utilices RAIN, sino mientras caminas por la calle, echado en el sofá o incluso mientras conduces el coche. Recuerda: los breves momentos, espaciados a lo largo del día, son lo que funciona a la hora de establecer un hábito nuevo y sólido.

INCLUSO LOS MÉDICOS SUFREN ATAQUES DE PÁNICO

En la Facultad de Medicina había un código no escrito según el cual los estudiantes tenían que ser duros, casi sobrehumanos. Eso significaba que no podíamos estar cansados ni tener hambre; ni siquiera podíamos admitir que necesitábamos ir al baño. Esta actitud recibía el nombre de *blindaje*. Así, nunca se nos enseñó a gestionar correctamente el estrés o la ansiedad.

Yo era especialmente bueno reprimiendo el estrés, por lo que no fue una sorpresa que, durante mi posterior residencia, empezara a despertarme con graves ataques de pánico en mitad de la noche. Mi corazón se aceleraba y mi vista se enturbiaba, me faltaba el aliento y me abrumaba la fuerte sensación de una fatalidad inminente.

Había empezado a meditar en la Facultad de Medicina, por lo que ya tenía diez años de práctica a mis espaldas cuando sobrevinieron los ataques de pánico. En aquel momento llevaba un tiempo llevando a cabo asiduamente la práctica de la notificación. Por suerte, la primera vez que me desperté con un ataque, recurrí a la notificación –algo habitual en aquel momento– y me limité a consignar los siguientes puntos: opresión, falta de aire, visión borrosa, ritmo cardiaco acelerado, etcétera. Cuando el episodio tocó a su fin, repasé mi lista de diagnóstico mental y pude determinar que, en efecto, había experimentado un ataque de pánico en toda regla.

Aquí está el truco. No fue como «oh, no, he tenido un ataque de pánico». Por el contrario, mi mente simplemente notificó lo que había sucedido sin añadir confusión o comentario alguno. Los comentarios y la confusión son los que transforman los síntomas o los ataques de pánico en un trastorno del pánico: empezamos a angustiarnos por la próxima vez que nos vamos a angustiar; nos da ansiedad la posibilidad de sufrir ansiedad.

Los ataques de pánico pueden presentar todos los síntomas indicadores del pánico, entre ellos la aceleración del ritmo cardiaco, sudoración, temblores, sensación de falta de aire y un fuerte miedo a morir. Sin embargo, para que un individuo sea diagnosticado con un trastorno del pánico, sus ataques «deben asociarse a más de un mes de angustia persistente en relación con: 1) tener otro ataque de pánico o con las consecuencias del ataque, o 2) cambios conductuales de inadaptación y relacionados con el ataque».[1] Se trata de una distinción fundamental de la que yo no era consciente en mis años como médico residente, cuando padecía estos trastornos. Los ataques de pánico son ataques de pánico (lo que no reduce la horrible sensación que puede experimentarse en esos momentos). Solo cuando empezamos a preocuparnos por tener otro ataque esto se convierte en un problema que afecta a nuestras vidas. Dave vino a mi consulta porque temía tener un ataque de pánico mientras conducía, y eso influyó profundamente en su comportamiento: dejó de conducir por la autopista y apenas usaba el coche para ir a la tienda. Dave formó bucles del hábito inadaptados para evitar los detonantes del pánico:

- Detonante: conducir (sobre todo por autopistas).
- Conducta: evitar conducir.
- Resultado: ¡no hay ataques de pánico!

No olvidemos que nuestros cerebros están configurados para la supervivencia. Hacen lo que pueden para que evitemos el peligro, y los ataques de pánico nos parecen peligrosos. Uno de los síntomas más extremos que puedo recordar en mis propios ataques de pánico era la sensación de que iba a asfixiarme y a morir. El cerebro de Dave funcionaba unidireccionalmente: si *X* provoca ataques de pánico, evita *X*.

Afortunadamente para Dave, descubrió que su cerebro era mucho más adaptable. Al descubrir cómo funcionaba, fue capaz de enseñarle nuevos trucos. Uno de los principales hallazgos de Dave fue que la preocupación por los futuros ataques de pánico no era más que un cuento que él se contaba a sí mismo. No equivalía a la realidad. No era más que un relato.

La historia de temor o preocupación que nos contamos a nosotros mismos puede cobrar vida por sí sola. Cada vez que nos la contamos («oh, no, si conduzco, tendré un ataque de pánico») se cosifica y solidifica en nuestro cuerpo, hasta que creemos que es verdad. No solo creemos en los pensamientos, sino que también aprendemos a asociarlos con ciertas emociones, hasta el punto de que un pensamiento («¿tendré un ataque de pánico?») puede desencadenar una cierta emoción (miedo, angustia, etcétera). ¿Recuerdas lo que dije antes de la formación de la memoria somática? También se aplica aquí.

En un capítulo anterior hablé de alguien que se identificó hasta tal punto con el bucle del hábito de la ansiedad que dijo de sí misma que «llevaba la ansiedad en los huesos». No solo nos podemos identificar con los bucles del hábito; podemos sumergirnos hasta tal punto en nuestros pensamientos, emociones e historias que ya no somos capaces de discernir qué es real. Impulsados por un resorte, caemos en la ira o nos disolvemos en un mar de lágrimas cuando un compañero de trabajo o un familiar nos da una palmadita en el hombro o hace algo completamente inocuo.

Durante mis años en la facultad y como médico residente, el mindfulness me enseñó que yo no era mis pensamientos; que yo no era mis emociones; que yo no era mis sensaciones corporales. No tenía por qué identificarme con nada de todo eso. Nuestra tendencia habitual consiste en desprendernos de todo cuanto nos resulta desagradable. Cuando tenía ataques de pánico, notificaba las sensaciones, las emociones y los pensamientos, y podía observar cómo iban y venían sin necesidad de ahuyentarlos. Esto me ayudó a no contar un cuento de angustia y aflicción, lo que permitió poner fin a estos episodios sin embellecerlos ni opinar sobre ellos. Así conseguí no alargar las cosas o transformarlas en lo que no eran. También contribuyó a que no formara recuerdos somáticos asociativos entre experiencias fisiológicas, como sentir que el corazón se me aceleraba o pensar que estaba a punto de tener un ataque de pánico. Experimentar un aumento del ritmo cardiaco después de subir rápidamente un tramo de escaleras no tiene por qué ser un detonante del pánico; tan solo es una señal de que mi corazón funciona bien: bombea sangre a mis músculos.

Gracias a mi práctica de mindfulness, pude evitar ir más allá del horizonte de sucesos y caer en el agujero negro del trastorno del pánico. Saber cómo funcionaba mi mente me ayudó en esa tarea. No me identifiqué con el pánico ni desarrollé el bucle del hábito de la angustia ante la posibilidad de tener otro ataque. Ese año tuve varios ataques de pánico, pero todos acabaron del mismo modo. Y con cada uno de ellos, mi curiosidad y mi confianza se fortalecieron. Sabía que podía trabajar con mi mente.

Podrías pensar: «Vale, ha estado practicando la meditación mindfulness durante diez años. ¡Yo no puedo hacerlo!». Estoy aquí para atestiguar que, independientemente de la naturaleza del hábito, no importa lo antiguo, profundo o arraigado que esté, en realidad sí eres capaz. Crearás buenos hábitos de mindfulness a través de breves prácticas, muchas de ellas a lo largo del día. Como hizo Dave hace unos meses, todos podemos aprender a trabajar con nuestra mente. Tiene que ver con crear buenos hábitos, como la curiosidad, como objetivo último.

CREAR BUENOS HÁBITOS

Si has probado las prácticas que sugiero en este libro, ya habrás descubierto por ti mismo, a partir de tu propia experiencia, las ofertas imbatibles de la curiosidad y la bondad. Puedes añadir la práctica RAIN y la de la notificación a la lista de herramientas de la tercera marcha, porque, como te habrá revelado tu experiencia, formar el hábito de la notificación es, ciertamente, más gratificante que tener un ataque de pánico y preocuparse hasta el punto de desarrollar un trastorno del pánico.

Con todas estas prácticas –y, en este sentido, con toda práctica relacionada con la tercera marcha– hemos de percibir y sentir realmente hasta qué punto son gratificantes. Podemos reforzarlo poniendo la segunda marcha después de una práctica de la tercera marcha (o incluso después de experimentar un momento afín a la tercera). Basta con preguntarnos: «¿Qué me aporta este momento, esta práctica de la tercera marcha?», y paladear las sensaciones que de ello se desprenden. A esto lo llamo turbocompresor de segunda marcha, porque realmente te confiere más velocidad para emprender prácticas de la tercera marcha en el futuro. Es importante destacar que también refuerza el valor más alto de la recompensa de la práctica en el plano cerebral. Esto es especialmente relevante para las personas habitualmente dubitativas (y para todas las demás), que pronto abandonan esos momentos gratificantes. Debido a nuestras vidas agitadas y bulliciosas, cuando el peligro no llama a nuestra puerta, pronto solemos dejar atrás las cosas buenas, de modo que no quedan registradas en nuestro cerebro. En psicología, la tendencia a registrar y detenernos en los acontecimientos y estímulos negativos más que en los positivos recibe el nombre de *sesgo de negatividad* (o *asimetría negativa-positiva*). Esa es la razón por la que el aguijón de un reproche se recibe más intensamente que la alegría de un elogio. Es fácil entender cómo el turbocompresor de la segunda marcha contribuye a equilibrar el terreno de juego. El mindfulness nos ayuda a percibir plenamente tanto lo positivo como lo negativo, y a no quedar atrapados ni en uno ni en otro.

Con suerte, ya habrás descubierto que hábitos como ser amable y curioso son buenos en sí mismos. Siendo claros, la curiosidad y la bondad no te arrastrarán repentina y mágicamente hasta un gimnasio mental, ni te obligarán a trabajar, como un sargento instructor que te grita al oído. Operan su magia de otro modo, atrayéndote de forma natural porque sientan bien. Y si antes estabas atrapado en viejos hábitos de automotivación más propios de un sargento de instrucción, con suerte tu propia experiencia te habrá enseñado hasta qué punto funciona realmente el grito interior (no funciona), por lo que también podrás desprenderte de él.

Desde un punto de vista más amplio, podríamos considerar que los gimnasios son buenos para entrenarse, pero no nos podemos pasar toda la vida en uno de ellos. Sentarse y dedicar cierto tiempo al día a realizar prácticas de meditación más «formales», lo que sencillamente implica crear el tiempo y el espacio para meditar (por ejemplo, la respiración consciente o la práctica de la notificación) de forma ininterrumpida puede resultar útil, similar a ir al gimnasio a levantar pesas. Cabe destacar que, a medida que fortalezcamos los músculos mentales, podremos aplicar las herramientas como RAIN y la notificación en nuestra vida cotidiana. Por último, podremos mezclar lo formal y lo informal cuando nos demos cuenta de que el mundo entero es nuestro gimnasio mental. Del mismo modo que podemos estar activos todo el día yendo por las escaleras en lugar de coger el ascensor, podemos «ejercitar» cada momento del día generando conciencia y curiosidad. Mientras trabajamos las marchas para refinar la jerarquía de valores de la recompensa de nuestro cerebro, los hábitos poco gratificantes se hunden progresivamente en la lista (por ejemplo, el sedentarismo, el consumo de comida basura, la preocupación), y los gratificantes suben posiciones (por ejemplo, mostrarnos activos, la comida sana, la curiosidad). Recuerda: la forma de construir los buenos hábitos conscientes consiste en aplicarlos durante breves momentos, muchas veces al día.

Por lo tanto, si pretendes motivarte para ir al proverbial gimnasio durante más de una semana al planificar tus resoluciones de Año Nuevo, utiliza las herramientas de este libro en lugar de forzarte a ti mismo. ¿Encuentras ejercicios físicos y mentales cuya práctica realmente disfrutas, prestando atención a su recompensa, para que queden fijados en tu cerebro como ofertas imbatibles? Por ejemplo, cuando no siente motivación para correr, mi mujer recuerda lo bien que se sintió después de haberlo hecho la última vez. Este recuerdo suele despertar una sonrisa que la lleva frente a la puerta a velocidad de trote. Y en lo que respecta al ejercicio mental, una buena forma de motivarnos para la práctica de la bondad consiste en recordar un acto bondadoso y el efecto que tuvo en nosotros (a mí, sin duda, me funciona).

¿Encuentras la dulzura que implica comer alimentos saludables, hacer ejercicio, realizar un voluntariado o cualquier otro hábito que pretendas fomentar?

CAPÍTULO 22

FE BASADA EN EVIDENCIAS

Nos acercamos al final del libro. ¿Cómo va todo? ¿Has encontrado, como hizo la pequeña locomotora, un buen mantra o un recordatorio que puedas pronunciar para entrar en un estado de atención consciente y empezar a trabajar con las marchas? ¿Puede el detonante del día transformarse en una campana para el mindfulness (¡ding!) que suscite el cambio a la tercera marcha y a una nueva conducta, cuya recompensa es superior a la de tu viejo hábito?

Si eres como muchos de los pacientes y estudiantes con los que he trabajado, te estarás preguntando: «¿Seré capaz de propiciar un cambio duradero?». Sinceramente, es cuestión de ponerse manos a la obra y trabajar. Es como hacer un examen: si no has estudiado todo lo que crees que podrías o deberías, no te preocupes, sigue estudiando y alcanzarás tu meta.

Estas destrezas mentales no son difíciles de aprender; tan solo hay que practicarlas mucho para que se conviertan en un nuevo hábito. Entrenar tu mente lleva práctica: la práctica de mapear tus bucles del hábito; la práctica de observar cada vez más atentamente las consecuencias de tus conductas; la práctica de liberarte de los impulsos de actuar y aprender a relacionarte con los pensamientos y las emociones que se manifiestan. Y con todas estas prácticas, aprenderás a calibrar tu sistema a fin de reconocer claramente las emociones de contracción y opresión que surgen con el ansia, la impulsividad y las preocupaciones, así como su opuesto: la expansión que producen la bondad y la curiosidad. Aprenderás la diferencia entre las recompensas externas (necesitar algo para sentirte mejor) y las internas (sentir el alivio derivado de la curiosidad y la bondad).

FE

Uno de los elementos más importantes en el aprendizaje de una nueva habilidad es confiar en nosotros mismos, tener fe en que seremos capaces de hacerlo.

Hay dos tipos básicos de fe. El primero es el salto que damos sin haber hecho algo antes, con la convicción de que saldrá bien porque hemos visto a otros hacerlo o porque tenemos la intuición de que es nuestro camino. Este salto de fe suele ser el que más temor infunde porque entramos en territorio desconocido. Probablemente diste este salto la primera vez que superaste completamente un impulso o el ansia utilizando la práctica RAIN.

El segundo tipo de fe se edifica a partir del primero. Lo llamo *fe basada en evidencias*.

En el campo médico, buscamos evidencias de que un tratamiento funciona antes de afirmar que lo hace. Si tomamos medicación para bajar la presión sanguínea, buscamos evidencias que demuestren que cumple con lo prometido. Los investigadores médicos (como yo) realizamos pruebas que las aportan. Es lo que llamo *medicina basada en evidencias*.

Por ejemplo, mi laboratorio ha realizado estudios clínicos para descubrir si enseñar mindfulness a quienes pretenden dejar de fumar, superar los atracones o dejar atrás la ansiedad funciona o no. Aunque en un principio se puso a prueba ofreciendo tratamiento a los individuos en persona y luego en exámenes clínicos mediante terapia digital (una aplicación), nuestros métodos usaron el mismo tipo de entrenamiento que el propuesto en este libro, y los resultados fueron muy positivos.

Recordemos: un estudio demostró que el entrenamiento en mindfulness era cinco veces mejor que el tratamiento líder actual a la hora de ayudar a los sujetos a dejar de fumar. Y el tabaco es la adicción química más difícil de abandonar; sí, más difícil que la cocaína, el alcohol o la heroína.*

---

* Esto se debe a cierto número de factores, entre ellos que, al fumar, la nicotina es

También he mencionado nuestros estudios sobre los atracones (una reducción del 40% en la alimentación desenfrenada y la caída del valor de la recompensa) y la ansiedad (una reducción del 57% en el nivel de ansiedad entre los médicos, y una reducción del 63% en personas con un trastorno de ansiedad generalizada). Y no solo mi laboratorio ha encontrado evidencias que avalan el entrenamiento en mindfulness. En la actualidad existen cientos de artículos científicos publicados sobre la eficacia clínica y las bases neurocientíficas que subyacen en el mindfulness.

Como he señalado antes, mi laboratorio escaneó el cerebro de los sujetos mientras meditaban y descubrió que, con la práctica, la meditación cambia nuestros patrones de actividad cerebral por defecto. Otros investigadores han descubierto que incluso puede alterar el tamaño de nuestro cerebro. La base de evidencias que avalan el entrenamiento en mindfulness es cada día más grande.

Sin embargo, no te pido que confíes en mí o que deposites una fe ciega en este entrenamiento solo porque ha funcionado con otros. Quiero que reúnas evidencias *a partir de tu propia experiencia*. ¿Cuántas veces has practicado y has sentido curiosidad por el modo en que la ansiedad se manifiesta en tu cuerpo? ¿En cuántas ocasiones has sido capaz de mapear tus detonantes y conductas habituales? ¿Cuánto has conducido en las diferentes marchas?

Cada vez que recurres a la respiración para aplacar un impulso, superas el ansia por medio de la práctica RAIN, sientes el calor de la bondad o dejas atrás los patrones de pensamiento destructivo gracias a la práctica de la notificación, estás reuniendo datos y formando tu propia base de evidencias. Cada vez que eres consciente (en comparación con cuando andas perdido), descubres los resultados en tiempo real. Has reunido las evidencias para demostrar que estas estrategias funcionan en tu caso.

Tómate un momento y reflexiona sobre todas las evidencias reunidas durante la lectura de este libro. Considéralas con cuidado. Si

---

absorbida por el torrente sanguíneo a gran velocidad, lo que estimula la producción de dopamina en el cerebro y refuerza la adicción.

has practicado, deberías disponer de muchos datos en este momento. Ahora, reúnelos todos para confirmar tu fe basada en evidencias en este programa. Si afloran la duda o el escepticismo, notifícalos como «duda» o «escepticismo». Recuerda que dispones de una gran cantidad de evidencias que apuntalan tu fe. No es una fe ciega, sino construida sobre evidencias. Puedes hacerlo. Relájate y continúa.

Uno de los participantes en nuestro programa Eat Right Now hizo la siguiente reflexión:

> Debemos tener fe en mantener estas prácticas, una fe que se verá reforzada por la evidencia personal que hemos reunido [...]. He visto cómo funciona el programa y los beneficios de las prácticas cuando las aplico eficazmente. También he descubierto lo fácil que resulta recuperar los viejos hábitos si abandono estas prácticas. Hay que ser diligentes para que arraiguen como nuevos hábitos. En parte, eso requerirá fe en que puedo transformarlas en mis nuevos hábitos, de modo que no me dé por vencido y recupere mis viejas costumbres.

Unas palabras muy sabias. Al igual que cuando aprendemos a tocar un instrumento musical, debemos practicar para mantener nuestra destreza a punto.

Por lo tanto, sigue practicando y construyendo la fe basada en evidencias, notifica la «duda» cuando esta se presente, y descubre la felicidad de dejarla ir en lugar de quedar atrapado en ella.

¿Por qué no intentar estar atento y sentir curiosidad a lo largo del día? Descubre si eres capaz de mantener la atención plena mientras esperas que se prepare tu café, cuando caminas desde casa hacia el coche o hacia el autobús, o incluso en el baño. ¿Hasta qué punto estos breves momentos, practicados asiduamente, te ayudan a conducir en primera, segunda e incluso en tercera marcha, reforzando tu confianza y empuje?

MI BUCLE DEL HÁBITO DE LA PROCRASTINACIÓN

Cuando era niño y tenía una misión, me podía concentrar bastante. Si quería hacer algo, me volcaba en la tarea con toda mi energía. Sin embargo, esa concentración tenía un coste. Como subrayó el incidente con el cuchillo, podía quedar tan atrapado en lo que estaba haciendo que no era capaz de pararme a ver qué estaba haciendo (o a punto de hacer). Esta concentración estaba dirigida por el interés. Cuando estaba interesado en algo, apenas me costaba esfuerzo hacerlo. Si no lo estaba, me tenían que arrastrar, y yo gritaba y pataleaba. E incluso entonces hacía lo mínimo necesario para poner la cruz en la casilla de «tarea realizada».

Durante mi infancia, mi madre pronto descubrió que, en lugar de arrastrarme a la tarea, era mucho más sencillo lograr que me interesara en ella. Entonces no solo emprendía el cometido, sino que lo hacía bien. Cumplidos los veinte, cuando ella ya no estaba ahí para supervisarme, si tenía que realizar una tarea que me inspiraba un escaso interés, encontraba la forma de distraerme.

- Detonante: fecha límite para entregar un artículo.
- Conducta: visitar la página web del *New York Times* (otra vez).
- Resultado: estar al tanto de las noticas, e ir retrasado en el trabajo.

Con los años, mientras practicaba la meditación, estudiaba neurociencia y empezaba a trabajar con pacientes, aprendí mucho sobre el funcionamiento de mi propia mente. Descubrí hasta qué punto la procrastinación era poco gratificante. También empecé a entender por qué procrastinaba. Por ejemplo, cuando tenía que escribir un artículo científico porque era «bueno para mi carrera», me sentaba para poner manos a la obra y notaba que en mi estómago aparecía una bola incandescente de temor opresivo. Pronto descubrí que el analgésico consistía en visitar la web del *New York Times* para comprobar que el mundo no había sido destruido desde mi última visita (cinco minutos antes). Esto seguía una sencilla fórmula que todo el mundo conoce, desde los médicos a los padres y las empresas de *marketing:*

- Detonante: dolor.
- Conducta: tomar un analgésico.
- Resultado: alivio del dolor.

Me costó un tiempo, pero acabé descubriendo que buena parte de mi dolor de estómago se debía a no conocer la materia lo suficientemente bien como para saber qué escribir. No saber lo suficiente sobre el tema solo me dejaba dos opciones nefastas: 1) sentarme, con un dolor abrasador en el estómago, mientras contemplaba el artículo sin terminar en la pantalla del ordenador; o 2) visitar la web del *New York Times* (otra vez). Sin embargo, en cuanto comprendí que mi bucle del hábito no era de ayuda, descubrí que, si me documentaba minuciosamente antes de sentarme a escribir, disminuían mis visitas a esa web a la vez que aumentaba el tiempo dedicado a la escritura.

Y luego descubrí algo que aceleró todo el proceso: la *experiencia real.*

Esta es mi fórmula para aliviar el dolor de la procrastinación: interés + conocimiento + experiencia = placer de la escritura + buen producto = *flow.**

En otras palabras, si era capaz de encontrar un tema que me interesara y que dominara hasta el punto de ahorrarme la opresión en el estómago, podría escribir y disfrutar de esa actividad. Por ejemplo, me interesaban el mindfulness y ayudar a la gente a cambiar de hábitos. Con los años, descubrí y reuní un conocimiento cada vez mayor sobre el aprendizaje basado en recompensas y la neurociencia, y adquirí experiencia a través de mi propia práctica de meditación, traba-

* También conocido como «la zona», el *flow* es el estado mental en el que una persona está plenamente inmersa en una actividad, experimentando una sensación de poderosa concentración y pleno compromiso, disfrutando con el proceso.

jando en la clínica y desarrollando tratamientos. Al sumar todos estos aspectos, no solo pude sentarme y escribir, sino disfrutar del proceso.

Encontré literalmente esta fórmula una crucial mañana de sábado de 2013. Era un frío y soleado día de invierno. Bajé las escaleras relativamente temprano con la extraña sensación de que necesitaba escribir algo. Dispuse los materiales, tomé asiento en la mesa del comedor, abrí el portátil y tres atemporales e ininterrumpidas horas después acabé un artículo titulado «Why Is It So Hard to Pay Attention, or Is It? Mindfulness, the Factors of Awakening and Reward-Based Learning» [¿Por qué es tan difícil prestar atención? Mindfulness, los factores del despertar y el aprendizaje basado en recompensas]. Y cuando digo acabado, me refiero a terminado por completo.

Los artículos revisados por pares suelen necesitar mucha edición, un trabajo minucioso con los revisores a propósito de los detalles y otros aspectos. Pero en este caso no fue así. Lo envié a dos potenciales coautores para asegurarme de que era sólido y, con pocas correcciones, fue remitido para su publicación (fue aceptado con unas pocas sugerencias, algo inusual en el proceso de publicación científica). Al rememorar esta experiencia, me di cuenta de que todo confluyó porque había estado practicando, estudiando y enseñando esa materia el tiempo suficiente como para que el artículo se encontrara en la fase de solución sobresaturada y solo necesitaba un cristal semilla para provocar la reacción en cadena de la cristalización. Para mí, ese cristal semilla había sido una reciente conversación acerca de cómo el mindfulness podría encajar con el aprendizaje basado en recompensas.

Yo había estado jugando con el concepto y la experiencia del *flow*, pero no había caído en la cuenta de que podía acceder a ese estado mientras escribía. Como haría todo científico que se precie, quise saber si el experimento era replicable. Empecé con algunas pruebas piloto (artículos, blogs, etcétera) y a continuación me impuse un gran experimento definitivo: ¿sería capaz de escribir un libro entero en estado de *flow*?

Comprobé si disponía de los elementos adecuados:

1. Interés: estaba interesado en escribir un libro sobre la ciencia del mindfulness y las adicciones.
2. Conocimiento: había estudiado mindfulness durante veinte años, y las adicciones durante otros diez.
3. Experiencia: había practicado el mindfulness durante veinte años y había tratado a pacientes con adicciones durante unos nueve años.

Como esto estaba en orden, dispuse las condiciones apropiadas:

1. Comida.
2. Cero distracciones.
3. Masaje mental.

Pensé que, para estar en mejores condiciones de escribir el libro en un estado de *flow*, era mejor no tener hambre ni disponer de la página web del *New York Times* al alcance de la mano. Lo que necesitaba era algo para liberarme de esas bolas de calor en caso de que mi estómago empezara a contraerse con los pensamientos típicos del escritor, capaces de inducir calambres, como «¿qué se supone que debo escribir ahora?».

Así pues, a finales de diciembre de 2015 dispuse las condiciones para un retiro de meditación de dos semanas en mi propia casa, con toda la tecnología desconectada y nadie para distraerme salvo mis gatos. Mi mujer quiso ayudarme en este «experimento» visitando a unos parientes en la Costa Oeste. Antes de empezar, cociné y congelé comida suficiente para poder calentarla en el microondas en cuanto tuviera hambre.

En cuanto todo estuvo preparado, me di a mí mismo unas sencillas instrucciones: tomar asiento, caminar, ensayar, pero escribir solo cuando accediera al estado de *flow*. Cumpliría el «cupo» de meditación habitual practicando mucho la meditación sentada y caminando, y solo me pondría a escribir si sentía la inspiración. Y lo más importante: abandonaría inmediatamente la escritura y volvería a la meditación al sentir el más mínimo asomo de contracción, que indicaría un movimiento ajeno al *flow* y algún tipo de esfuerzo (mi objetivo era eliminar los calambres del escritor gracias a la meditación).

Dos semanas más tarde acabé un sólido borrador de mi primer libro, *The Craving Mind (La mente ansiosa)*. ¡El experimento había funcionado! Mi hipótesis quedaba demostrada. Y fue un proceso del que realmente disfruté. Sin embargo, la repetición es el sello distintivo de la ciencia. Hay que repetir un experimento para ver si sus resultados son consistentes.

De modo que, a finales de diciembre de 2019 mi mujer voló a la Costa Oeste para ver a unos familiares durante sus vacaciones, dejándome solo con nuestros gatos y listo para emprender un nuevo retiro (advertirás que mantuve la misma época del año, los gatos y el resto de los elementos, para no confundir el experimento). Eran nueve días de retiro y no tenía la intención de escribir un libro –iba a armar una baraja de cartas orientadas al consumidor con breves prácticas para el cambio de hábitos, basadas en las tres marchas–, por lo que no era una réplica perfecta de mi experimento, pero era lo bastante bueno.

Empecé el retiro, practiqué la meditación sentada y caminando durante tres días y medio, y no sentí inspiración para escribir en absoluto. En cuanto asomaba el pensamiento de «debería escribir algo», el malestar se insinuaba en la boca del estómago. Por lo tanto, seguí meditando. Entonces llegó el día siguiente, que resultó ser martes, 24 de diciembre. Ese día no sentí dolor alguno en la boca del estómago, así que tomé asiento a ver qué pasaba. No estaba seguro de si estaba listo para escribir o no, así que me limité a abrir un poco el grifo. Después de todo, no era más que una baraja de cartas. No era un libro ni nada por el estilo, sino algo más modesto. Sin embargo, debía tener cierta presión almacenada en mi sistema, porque todos los fragmentos de mi experiencia y de mi escritura previa salieron a borbotones en la pantalla de mi ordenador. El lunes 30 de diciembre de 2019, siete días más tarde, estaba acabando este último capítulo.*

---

* En realidad, acabó siendo el penúltimo (pero estuvo cerca de ser el último), ya que me sentí inspirado para añadir un nuevo capítulo al principio, a partir de la locura

¿Sirve como repetición?

Sin duda, sugiere que la parte de la ecuación según la cual interés + conocimiento + experiencia = disfrutar de la escritura = *flow*, es cierta.

Volví a disfrutar de la experiencia. Solo el tiempo dirá si la parte final de la ecuación también se sostiene: el buen producto. Y esa parte dependerá de ti a medida que avances en tu viaje. Si crees necesitar algo más aparte de las tres marchas para cultivar tu propia fe basada en evidencias –deseando encontrar, tal vez, la pastilla mágica que haga desaparecer tu ansiedad para siempre o superar milagrosamente tus otros hábitos–, deberías preguntarte honestamente: «¿Cuántos deseos, al margen de en las películas de Disney, se hacen realidad?».

Si prefieres apoyarte en la ciencia y confiar en tu propia experiencia, observa hasta dónde has llegado simplemente aprendiendo cómo trabaja tu mente y sirviéndote de ella. Sigue edificando tu propia fe, momento a momento.

de la COVID-19, y un capítulo conclusivo después de todo lo que fue revelado y lo que sucedió tras la muerte de George Floyd.

CAPÍTULO 23

SOBRIEDAD EN LA ANSIEDAD

Cada semana codirijo un grupo de encuentro *online* para personas que padecen ansiedad o las consecuencias de otros hábitos que quieren cambiar. Durante varios años, personas de todo el mundo se han unido a la doctora Robin Boudette (mi comoderadora) y a mí durante una hora de debate en profundidad a través de la plataforma Zoom. Siguiendo el espíritu de los *realities* televisivos (pero de verdad, porque se trata de personas, no de ganar audiencia), en lugar de un conjunto de conocimientos impartidos por nosotros, Robin y yo invitamos a los participantes a plantear los temas que deseen. Entonces nos sumergimos en una exploración de lo que los aflige, dónde han quedado encallados y cómo desencallarlos. Esto lo hace real, y a Robin y a mí nos mantiene alerta. Nunca sabemos quién planteará una pregunta o qué querrá discutir.

Está muy lejos de ser un grupo de terapia, porque es difícil imaginar qué aspecto tendría un grupo así con más de ciento cincuenta personas en un espacio bidimensional. Usamos sencillos métodos de investigación para comprender su «problema», y después de cierto toma y daca, dándoles ánimos en plan *Misión: Imposible*: «Esta es tu misión, si decides aceptarla», les ofrecemos algunos consejos para poner en práctica la semana siguiente. El truco: intentamos que cada conversación dure unos diez minutos, para abarcar tantos temas como sea posible, y trabajamos con las limitaciones de la atención moderna: las personas tienen a mano sus armas de distracción masiva fuera de la pantalla. Utilizamos las tres marchas como marco, lo que les aporta un andamio para trabajar y además ayuda a los observadores a seguir una narración y aprender del proceso por sí mismos.

Una semana, un treintañero nos contó sus problemas: podía usar la práctica RAIN de la «tercera marcha» y otras herramientas de mindfulness para aplacar su ansiedad en ese momento, pero era incapaz de conservar la serenidad el resto del día. Tras confirmar que podía utilizar las prácticas y que, en efecto, eran útiles, empezaba inmediatamente a preocuparse por el futuro. Tal como él lo expresaba: «¿Qué pasa con las próximas veinticuatro horas?».

Su dilema me recordó el de mis pacientes clínicos; no los que padecen ansiedad, sino los que se esfuerzan en permanecer sobrios. Muchos de mis pacientes están en Alcohólicos Anónimos o en cualquier otro programa de doce pasos que los ayuda con su dependencia química o conductual. En Alcohólicos Anónimos, el proceso implica reconocer que no podemos controlar nuestra conducta (algo revolucionario en un programa que empezó en la década de 1930, contradiciendo a los filósofos, que durante siglos afirmaron que la voluntad era soberana), reconocer los errores pasados, enmendarlos y ayudar a quienes sufren la misma situación. Acaso el lema más célebre de Alcohólicos Anónimos sea «solo por hoy».

Cuando los pacientes llegan a mi consulta después de pasar décadas bebiendo sin control son incapaces de imaginar lo que significa estar sobrios en el plazo de un mes. Normalmente, tampoco se imaginan cómo será llegar a la sobriedad durante una semana, porque uno de los hábitos que han desarrollado consiste en decirse a sí mismos que dejarán el hábito al día siguiente. Se juran a sí mismos que esta es la última copa, y que mañana conducirán sobrios por la carretera de la vida, sin echar un vistazo al retrovisor de su (anterior) vida alcohólica. No son diferentes a los pacientes que pretenden fumar su último cigarrillo o darse un último atracón de helado, en el sentido de que el mañana atrae con promesas, porque hoy ha sido estresante o el día ha descarrilado y merecen ese pequeño capricho. De algún modo, su mente los convence de que, aunque dejar el hábito es lo mejor que pueden hacer para ayudarse a sí mismos, beber hoy es lo mejor que pueden hacer en este momento. (Hago un aparte para mencionar el libro autobiográfico *Lit [Iluminada]*, de Mary Karr, que cuenta de una manera hermosa y conmovedora su lucha contra el alcoholismo, y describe el mantra del «mañana» a la perfección.)

Evidentemente, a la mañana siguiente, el impulso de beber supera a la lucidez de mis pacientes la noche anterior, cuando juraron dejar de destruir su hígado. Se plantean alguna versión de la pregunta: «¿Yo dije eso?». Bien, han pasado muchas cosas entre ayer y hoy. De hecho, pueden pasar muchas cosas entre la mañana y la tarde. Pasar un par de horas sin beber puede parecer una eternidad para alguien cuyo cerebro siente inquietud y ansiedad a medida que baja su nivel de alcohol en sangre. De ahí viene la expresión «solo por hoy».

En cuanto alguien logra pasar unos días sobrio, el mantra «solo por hoy» se convierte en un salvavidas. Si alguien está sobrio en este momento y mañana parece que dista una eternidad, algo demasiado grande para abarcarlo, pueden descomponerlo en unidades pequeñas y afrontar no un día, sino una hora, diez minutos, o incluso un instante cada vez. Cuando mis pacientes están en la consulta y me dicen que probablemente serán incapaces de permanecer sobrios al día siguiente, les pregunto: «Bueno, ¿cómo estás ahora? Ahora estás sobrio. ¿Te ves capaz de no beber en los próximos cinco minutos?». Evidentemente, es una pregunta con trampa, porque están en mi consulta, y no les pregunto al final de la sesión.

Después de pensar si les estoy planteando una pregunta con trampa, suelen responder: «Sí, puedo hacerlo».

«Bien, ¿y qué tal cuando te marches? ¿Te ves capaz de estar sobrio durante una hora?»

Con ayuda de habilidades para afrontar la situación, reuniones y teléfonos de ayuda, la mayoría de mis pacientes se las suelen arreglar. Un aspecto crucial de «solo por hoy» –tal vez, de hecho, la esencia de toda su fuerza– radica en no adelantarse mucho al futuro. Recuerda: nuestros cerebros odian la incertidumbre. Cuanto más lejos esté algo en el futuro, más cosas pueden suceder entre el presente y ese momento. A la mayoría de mis pacientes, que han jurado sobre la Biblia que iban a estar sobrios, les han ocurrido todas las cosas concebibles y que atentan contra la sobriedad entre el momento presente y el día de mañana. Para su cerebro, mañana equivale a una enorme incertidumbre. «¿Cuál, de entre mil cosas que pueden salir mal, saldrá mal?», se empeña en pensar su mente, y empiezan a sumar los minutos entre el instante presente y la hora de acostarse. Pero la posibilidad de una calamidad o error entre este momento y dentro de una hora es muy inferior, y su sobriedad es más segura (y contiene muchos menos minutos). Y entre ahora y dentro de cinco minutos es aún más reducida. Con la certidumbre tiene lugar una reducción de la ansiedad, porque no hay que preocuparse del «desenlace incierto» avalado por la definición de ansiedad. Mis pacientes pueden respirar y planificar el día de hoy; centrándose exclusivamente en la jornada presente. Si esto resulta demasiado pavoroso, pueden concentrarse en una hora o incluso un breve instante de tiempo. Si se suman muchos instantes, se alcanzan horas de sobriedad, y así sucesivamente. Sin embargo, todo depende de afrontar la situación momento a momento.

Y esto me trae a la mente al visitante de Zoom, que me recordaba a mis pacientes cuando juraba sobre la Biblia que no podía controlar su ansiedad. No era capaz de imaginar que no tendría ansiedad al día siguiente, aunque ahora fuera capaz de instalarse en cierta tranquilidad. Así pues, le conté cómo logran estar sobrios mis pacientes. Le dije que no piensan en el día de mañana, porque ese «pensamiento apestoso» los mete en problemas. El hombre asintió, demostrando que lo comprendía, y le pregunté si pensaba que podría aplicar este mismo principio a la ansiedad. ¿Sería capaz de lograr cierta sobriedad en la ansiedad? «No mañana ni esta tarde, sino ahora mismo.» Dijo que podía. Sabía que podía utilizar sus habilidades en mindfulness para calmar su ansiedad durante cinco minutos. Y lo más importante: había descubierto que pensar en que tendría ansiedad al día siguiente despertaba la ansiedad en el momento actual, y que ahora era capaz de salir de ese bucle. Por lo tanto, le encomendé una misión (que aceptó): lograr la sobriedad en la ansiedad no mañana, sino ahora mismo. Si te angustia pensar en el día siguiente, aplica tus destrezas de mindfulness para notificar el pensamiento sobre el futuro, y empieza por ahí.

Se trata de un concepto fundamental para cualquiera que se enfrente a la ansiedad (y, por lo demás, a cualquier otro hábito). Es cierto que la conducta pasada es probablemente el mejor predictor del comportamiento futuro (de ahí la formación del hábito), pero lo que hacemos en el momento presente, y no lo que realizamos en el pasado, determinará la probabilidad de continuar o alterar esa trayectoria. Por mucho que suene a cliché, solo vivimos en este momento. Como ocurre con el montaje de un collar de cuentas, el tiempo es un concepto que une «este momento», que acaba de pasar hace un segundo, con «este momento» del presente. Cuando la cuenta de este instante pasa al pasado, el collar narrativo se hace más largo, dando forma a la historia de nuestra vida. De un modo análogo, también miramos al futuro, buscando cuentas que añadir al collar. Trabajando a partir de la experiencia pasada, nuestro cerebro proyecta qué puede pasar a continuación. Sin embargo, solo podemos esperar, en el momento presente, porque el futuro está por entero en nuestra mente. En otras palabras, pensamos (y a menudo nos preocupamos) en el futuro en este momento, en el presente. Como dijo el músico Randy Armstrong, «la preocupación no acaba con los problemas de mañana. Acaba con la paz de hoy».

Por lo tanto, en efecto, todo lo que tenemos es el ahora. Y lo que hagamos con este ahora dará forma a la cuenta que añadiremos a nuestro collar. El pasado predice el futuro en el presente. Esto es importante, y por eso lo voy a repetir: lo que hacemos en el presente dirige el rumbo de nuestra vida. Si estamos ansiosos, añadimos una cuenta de ansiedad. Si lo repetimos mucho, fabricaremos un collar de la ansiedad que vestiremos (a veces con orgullo) y llevaremos a todas partes. Si en este momento abandonamos el bucle del hábito de la ansiedad, no añadiremos esa cuenta al collar y tendremos la oportunidad de crear otro diferente. Podemos crear collares de curiosidad. Collares de bondad. Y con estas ofertas imbatibles a mano, dejaremos a un lado los viejos collares.

LLEVAR EL EXTREMISMO AL EXTREMO

Soy un extremista.

Mi mujer bromea y dice que tengo dos velocidades: rápida y desconectada. Como habrás descubierto con el incidente del cuchillo cuando era niño, en cierto modo tengo tendencia a tomarme las cosas en plan «o todo o nada». Cuando tenía seis años, quería ser *cowboy*. Llevaba botas de *cowboy*, una funda y una pistola de juguete, un pañuelo y un sombrero de *cowboy* a las lecciones de violín, porque quería ser *cowboy*. En la escuela primaria, intentaba acabar todos los deberes en el autobús, para, al bajarme de este, poder dedicar toda mi energía a empresas más importantes, como jugar en el bosque. Cuando repartía periódicos, competía conmigo mismo para descubrir hasta qué punto podía enrollarlos antes de ponerles la goma elástica (para disgusto de mis clientes) y lo rápido que podía completar mi ruta. En la escuela secundaria, decidí no tomar azúcar (para mejorar mi rendimiento deportivo), y mientras mis compañeros de clase disfrutaban de helado y otros placeres, yo contaba mis días de sobriedad. Y como guinda del pastel de este resumen, mi frase favorita en la escuela de posgrado era «comerse el mundo o volver a casa»; ¿por qué aspirar a una licenciatura en Medicina o a un doctorado si se podían tener los dos?

Echando la vista atrás, puedo atribuir esta actitud a la pasión y la concentración. Pero en realidad es un ejemplo de lo que nuestro cerebro hace en un grado u otro: encuentra algo que le resulta gratificante, y lo busca una y otra vez. Esto es algo bueno, hasta que deja de serlo. Nuestro impulso de supervivencia es una ventaja y un límite: el aprendizaje basado en recompensas nos ha llevado a situaciones en las que no podemos sobrevivir.

Aunque los neurocientíficos apenas han arañado la superficie en términos de comprensión del funcionamiento del cerebro, todos nuestros mecanismos de supervivencia humanos no van a ser seleccionados de forma darwinista en un futuro cercano. Si pretendo ponerme a mí mismo como un ejemplo o examinar la cuestión con mayor amplitud, la investigación sobre el extremismo está muy lejos de ser una ciencia de las certezas. Sin embargo, es evidente que los individuos se tornan extremistas utilizando los mismos mecanismos de aprendizaje que usamos para atarnos los zapatos: al igual que no tropezar mientras caminamos, cierta conducta alivió un dolor y fue reforzada hasta que no somos capaces de imaginarnos haciendo otra cosa. De hecho, hay un vasto experimento social que está sucediendo justo ahora (sin haber dado nuestro consentimiento informado para ser parte del estudio): cada vez que entramos en las redes sociales o en nuevas páginas que utilizan algorítmicamente nuestras preferencias al clicar para mostrarnos selectivamente una serie de ítems en nuestras búsquedas, estamos apostando inconscientemente por un contenido supervisado y gestionado informáticamente, que llega a ser familiar y que, por lo tanto, refuerza nuestras preferencias en futuros clics.

Cuanto más clicamos, mayor será la probabilidad de que nos escoremos hacia posiciones extremas, sencillamente porque la ambigüedad de tener que averiguar algo en detalle o considerar cierto número de hechos u opiniones sienta peor que la sensación grupal de una opinión compartida o una perspectiva única (el blanco y el negro plantean menos incertidumbre en comparación con la gama de grises). Encontramos un sencillo ejemplo en el *feedback* de las redes sociales, que es binario y cuantitativo (número de «me gusta» y retuits) en comparación con la compleja ambigüedad de leer el lenguaje corporal e interpretar el tono de la voz durante una conversación en persona. No sorprende que los adolescentes se sienten unos al lado de otros y, sin embargo, se comuniquen mediante sus teléfonos; la incertidumbre da miedo.

Sin embargo, la sensación de la certidumbre y la seguridad de pertenecer a un grupo tienen un coste significativo. No solo se refuerzan los puntos de vista extremos; al mismo tiempo, se enturbia la percepción de nuestros sentimientos y acciones hacia los demás. El racismo, el sexismo y el clasismo tienen un coste significativo: provocan estrés, ansiedad y traumas en quienes han sido «segregados».

A pesar de todo, en relación con el aprendizaje que resulta crítico para la supervivencia, Charles Darwin hizo una observación interesante, una nota a su teoría de la evolución. La evolución se puede resumir sucintamente en un tuit: «La supervivencia del más apto». Pero Darwin señaló que, aparte de la simple lucha para dominar el gallinero, hay otra fuerza impulsora de la supervivencia. En *El origen del hombre y la selección en relación al sexo*, escribió que «aquellas comunidades que incluyen un mayor número de individuos compasivos prosperarán más y tendrán más descendencia».[1] Podemos interpretar que la bondad se impone a la mezquindad, incluso en lo que atañe a la supervivencia. ¿Se puede llevar al extremo este punto de vista?

En 2004, Dacher Keltner, investigador de la Universidad de California-Berkeley y fundador del Greater Good Science Center, escribió un artículo titulado «The Compassionate Instinct» [El instinto compasivo], en el que resumía un enorme número de trabajos que defienden la base biológica de la compasión.[2] Como ejemplos de ello se cuentan regiones del cerebro asociadas a emociones positivas que se activan en madres que miran imágenes de sus bebés, y regiones similares que se activan cuando los sujetos de la investigación contemplan el daño causado a otros. Keltner llegó a esta conclusión: «Esta consistencia sugiere poderosamente que la compasión no es, simplemente, una veleidad o una emoción irracional, sino más bien una respuesta humana innata incorporada en los pliegues de nuestro cerebro». Sin embargo, parece faltar un puente entre la supervivencia y la compasión: si el valor de la recompensa dirige la conducta, ¿qué lo relaciona con la conducta prosocial? Y más aún, ¿cómo puede esto explicar el extremismo?

Sentía curiosidad por comprobar hasta qué punto los estados emocionales se alinean con el valor de la recompensa, por lo que en el laboratorio creamos un experimento en el que solicitamos a personas de todo el mundo que clasificaran sus preferencias entre catorce estados mentales diferentes, siendo la preferencia un marcador del valor de la recompensa, ya que naturalmente preferimos conductas y estados que resulten más gratificantes. Después de reunir datos de cientos de sujetos que respondieron a un breve cuestionario *online*, descubrimos que los individuos preferían, de una forma consistente y significativa, estados mentales como la bondad y la curiosidad, y conectaban con la sensación de ansiedad, temor o enfado. Estos resultados concuerdan con los argumentos filosóficos que sugieren que prestar atención a cómo nos sentimos al ser malvados en comparación con las sensaciones derivadas de una actitud bondadosa podría proporcionar unos cimientos más sólidos para la conducta ética que las teorías basadas en la razón de Kant y Hume (en *La mente ansiosa* escribí todo un capítulo sobre «aprender a ser malos y buenos», y fue estupendo descubrir que podía respaldarlo con datos).

En otras palabras, así como la ira arrogante puede parecer inspiradora en el momento, la bondad sienta mejor y es más estimulante que la maldad, especialmente al observar las acciones que estas emociones opuestas generan y sus resultados (por ejemplo, no se queman edificios ni nadie es herido durante una «revuelta bondadosa»). Cuando le preguntaron por su fe, Abraham Lincoln respondió: «Cuando hago el bien, me siento bien. Cuando obro mal, me siento mal. Y esa es mi religión». Si el honesto Abraham viviera hoy, podría haber tuiteado eso en respuesta a la violencia que hay ahí fuera, resumiendo el estudio de mi laboratorio con espacio libre extra para el carácter. Tal vez podría haber añadido un *hashtag* del estilo #LaConcienciaHaceDificilOdiar.

Volvamos al viejo dicho según el cual «la investigación es investigación sobre uno mismo». Los resultados de mi laboratorio se ajustan firmemente a mi propia experiencia. Aprendí por las malas que el juicio y la ira resultan dolorosos no solo para mí, sino para aquellos hacia quienes dirijo mis emociones (de hecho, si la regla de las diez mil horas de práctica de Malcolm Gladwell tiene alguna base, me convertí en un experto en juzgar a los demás antes de licenciarme en la universidad). Y en mi autoimpuesta «rehabilitación de la ira» en la práctica de meditación, he descubierto que la bondad supera siempre a la maldad, sin ambigüedades. Se trata, inequívocamente, de una oferta imbatible.

Si esto suena a extremismo, estoy de acuerdo. Al igual que mis pacientes y los participantes en el programa perciben claramente que el sabor del tabaco es espantoso, que los atracones sientan peor que dejar de comer cuando estamos llenos, o que la curiosidad le patea el culo a la ansiedad (de forma amable, por supuesto), yo, ahora, soy un extremista de la bondad. En otras palabras, si estoy sumido en un estado de atención plena, no puedo forzarme a hacer daño a alguien a propósito. ¿Por qué? Imaginar los resultados de mis actos (por ejemplo, ser malo con alguien) me provoca un gran dolor en la boca del estómago. El mero hecho de imaginarlo me sienta fatal. Mi cerebro se ha desprendido por completo de la maldad y se ha entusiasmado por la bondad. Sí, suena extremo, pero créeme, soy más adicto a la bondad que a la cocaína. Darwin tenía razón.

En un mundo de extremos, tanto políticos como ideológicos, y en lo que atañe a la supervivencia, me inclino al «*bondadismo*», y rechazo el racismo, el sexismo y el tribalismo. Creo que todos hemos visto odio y violencia para muchas vidas. Y aunque crecí en un entorno humilde, criado por mi madre soltera en Indiana, mi género y el color de mi piel me protegieron mientras otros sufrían diariamente, ya sea a través de microagresiones, hostilidades o un abuso explícito. Como escribió el reverendo Martin Luther King Jr. desde la cárcel de Birmingham (1963): «La cuestión no es si seremos extremistas, sino qué tipo de extremistas seremos. ¿Seremos extremistas del odio o del amor? ¿Seremos extremistas de la preservación de la injusticia o de la difusión de la justicia?».[3]

En un mundo creado por extremos y progresivamente inclinado hacia ellos, mi llamada a la movilización, expresada en «Who's with me?!» [¡¿Quién está conmigo?!], se remonta a lo que el doctor Martin Luther King Jr. y otros muchos han intentado introducir en nuestros duros cráneos: utiliza tu cerebro. ¿Qué tipo de extremista prefieres ser? ¿Puedes aprovechar tus capacidades innatas para la bondad y la curiosidad a fin de construir una vida y un mundo mejor? ¿O te dejarás arrastrar por la ola de miedo y egoísmo? Si no quieres acabar en el mar, dejando tras de ti un rastro de lágrimas (a sabiendas o ignorándolo), recuerda que debes anclar tu conciencia y prestar atención a los resultados de tus actos. Tienes toda la comprensión y las herramientas que necesitas para desarrollar tu velocidad e impulso mientras calmas tu ansiedad y avanzas en tu viaje hacia una vida más feliz, más amable y conectada.

EPÍLOGO

SEIS AÑOS Y CINCO MINUTOS

En 2013, fui invitado a impartir una charla TED sobre el *flow*. Lo hice en un pintoresco teatro estilo años veinte en Alexandria, Virginia, al otro lado del río Potomac desde Washington D. C. La conferencia fue bien (¡mientras la daba, me sentí inmerso en el *flow*, lo cual fue una gran experiencia!), pero casualmente, mi equipo acababa de completar una primera versión de nuestra aplicación Craving to Quit. Habíamos trabajado en ella durante mucho tiempo, y en aquel entonces el entrenamiento en mindfulness basado en aplicaciones era un concepto tan nuevo que ardía en deseos de que la gente lo probara y descubrir si funcionaba. Habían pasado casi veinte años desde que conocí el mindfulness y ahora disponíamos de una herramienta que podía multiplicar el número de personas que se podían beneficiar de él; básicamente, cualquiera con un *smartphone*. Por decirlo suavemente, mi teléfono ardía, había hecho un agujero en mi bolsillo.

Como estaba cerca de la capital de la nación, visité a Tim Ryan, que representa al decimotercer distrito de Ohio en el Congreso. Es amigo y un gran defensor del mindfulness (incluso ha escrito un libro titulado *A Mindful Nation*), así que, ¿qué mejor que hablar con él sobre la mejora de la atención sanitaria con soluciones de bajo coste?

Tim y yo apenas nos llevamos cuatro meses de edad. Nos habíamos conocido en una fiesta tras una conferencia de investigación sobre ciencia contemplativa el año anterior. Cuando llegué a su oficina, me recibió y me preguntó inmediatamente por las últimas investigaciones. Me impresionó su deseo de comprender los hechos y la ciencia que avalan una realidad, antes de apoyarla.

En la conversación mencioné nuestros recientes descubrimientos en relación con el mindfulness y el abandono del tabaco, y le dije que habíamos desarrollado una aplicación para el entrenamiento digital. Saqué el teléfono móvil y le mostré cómo funcionaba el programa. Sus ojos adquirieron un brillo salvaje y me interrumpió. Se levantó y llamó a uno de los miembros más jóvenes de su equipo: «¡Eh, Michael, ven aquí!». Solo puedo imaginar lo que significa estar «de guardia» todo el tiempo como miembro del equipo de un congresista. Michael entró con cara de no saber qué esperar. «Tú fumas, ¿no?», le preguntó Tim; sonó más como una orden que como una pregunta. Él respondió, dubitativo y en voz baja: «Sí». «Bien, no tienes que dejarlo, pero prueba esta aplicación y dime si funciona», ordenó Tim y lo despidió sumariamente. Michael asintió. Con aspecto confundido, abandonó la habitación para esperar más instrucciones.

Esa misma tarde ya en el tren, de regreso a casa, envié un correo a Michael. «Gracias por ofrecerte como voluntario (o ser ofrecido como voluntario por el congresista Ryan) para ayudarnos a probar nuestro programa Craving to Quit», empecé, y a continuación le di detalles sobre cómo empezar. Dos días más tarde, me escribió para contarme sus progresos. Acabó diciendo: «Gracias otra vez por darme esta oportunidad, no planeaba dejar de fumar, pero ahora que estoy inmerso en el programa creo que es un momento tan bueno para dejarlo como cualquier otro». Al mes siguiente, recibí otro correo electrónico de Michael: «Empecé este programa siendo escéptico, pero descubrí sus beneficios casi de inmediato. He pasado de fumar diez cigarrillos al día, literalmente aterrado ante la idea de salir de casa sin una cajetilla y un encendedor, a dejarlo por completo veintiún días después. Esto no habría sido posible sin Craving to Quit». Mientras leía, las lágrimas caían por mis mejillas. Mi mujer me preguntó qué sucedía, y yo balbuceé: «Realmente puede funcionar».

Un año más tarde, Anderson Cooper visitaba mi laboratorio en el Centro de Mindfulness para filmar un reportaje para *60 Minutes*, de la CBS. Acababa de entrevistar al congresista Ryan. Pregunté por Michael a Denise Cetta, productora del programa. Sí, se acordaba de él; me contó que había dejado completamente el tabaco.

Estupendo.

En el otoño de 2019, Tim y yo dimos dos charlas consecutivas en un congreso. Justo cuando me incorporaba para impartir la mía, Tim se inclinó y me susurró al oído: «Eh, ¿recuerdas al chico que trabaja para mí y que dejó de fumar?».

«Sí, claro.»

«No ha vuelto a hacerlo», dijo Tim, con una gran sonrisa cruzándole el rostro.

Vaya, seis años más tarde, después de una conversación de cinco minutos, un chico que fue «obligado a ser voluntario» y a probar el mindfulness había abandonado el hábito del tabaco para siempre.

Muy bien. Me encanta mi trabajo.

FEEDBACK

Como cualquiera que posea un cerebro, yo aprendo a través del *feedback*. He intentado ofrecer un relato sincero de la forma sencilla en que la ciencia de mi laboratorio se ha unido a mi trabajo clínico (tanto en persona como a través de la terapia digital basada en aplicaciones). Puedes sentirte libre de ofrecer tu *feedback* a través del correo electrónico; puedes contactar conmigo en <www.drjud.com>. Me gustaría conocer todo lo que me he dejado en el tintero, aquello en lo que me he equivocado o lo que podría haber hecho mejor. También sería encantador leer lo que te ha gustado y resultado útil. Para mí, es un continuo proceso de aprendizaje. Cuanto más aprendo, mayor es mi capacidad de mejorar estas herramientas para los demás.

AGRADECIMIENTOS

Si lees la dedicatoria de este libro, descubrirás que es para alguien llamado Adicta a Amazon. No conozco el nombre de esa persona. Tan solo sé que se identifica como mujer. Y lo sé porque escribió una reseña de tres estrellas en Amazon a propósito de mi primer libro, *La mente ansiosa*. El título de la reseña era «Se escamotea información intencionadamente».

Entonces, ¿por qué le he dedicado el libro a ella, y no a mi mujer, o al menos a alguien cuyo nombre conozco? Mi mujer es una académica brillante, tiene un corazón de oro y está comprometida con la mejora del mundo; también es mi mejor amiga. No necesita que yo le dedique un libro para demostrarle cuánto la quiero.

Adicta a Amazon le puso un título con gancho a su reseña, pero lo más curioso, como ocurre con muchas cosas en internet que han sido posteadas inocentemente y luego han adquirido vida propia, recibió los «me gusta» suficientes como para subir al primer puesto de las reseñas. Y gracias a esta posición privilegiada, probablemente se quedará ahí toda la eternidad. Esto me recuerda que el universo tiene sentido del humor. La reseña dice así:

> En su análisis sobre la investigación sobre el ansia, el libro es muy brillante. Como persona que ha recibido clases de neurociencia de nivel universitario y a la vez ha pasado cierto «tiempo en el cojín» (meditando), ha sido un libro fascinante. Sin embargo, ha resultado profundamente decepcionante en un sentido relevante, y por desgracia no puedo recomendarlo. El problema fundamental es que no cumple lo que promete la segunda parte de su título, «Cómo romper

con los malos hábitos»... El autor se presenta como un ser humano verdaderamente compasivo, y me sorprende que no ofrezca a los demás la ayuda que se ha pasado toda la vida investigando.

Las palabras de Adicta a Amazon fueron como un puñetazo o una patada que no vi venir. Había creído erróneamente que la gente podría leer *La mente ansiosa* y aplicar los conceptos a su propia vida para liberarse de sus hábitos y adicciones. Aunque recibí mensajes de personas que fueron capaces de superar adicciones duras después de leerlo, Adicta a Amazon me ayudó a entender que la mayoría de la gente necesitaba algo más que un mapa y una brújula. Necesita un guía. Yo no estaba listo para serlo cuando escribí el libro. No tenía bastante experiencia como psiquiatra de las adicciones y no había realizado la investigación sobre la que has leído en los capítulos precedentes (*La mente ansiosa* se centra fundamentalmente en las distintas formas en que nos volvemos adictos, y en la neurociencia que explica por qué funciona el mindfulness). Con el paso de los años, ver que esa reseña sigue apareciendo en primer lugar ha tenido que dejar una huella subconsciente en mi cerebro, como la pequeña abolladura en tu coche que te hace revivir la situación que la provocó cada vez que la ves y te impulsa a deslizar tus dedos por su superficie, como si esta acción pudiera hacerla desaparecer por arte de magia. Cuando las condiciones fueron óptimas, esa abolladura en mi cerebro se convirtió en el cristal semilla de este libro. Así que gracias, Adicta a Amazon, quienquiera que seas, por ese oportuno puntapié.

Estoy en deuda eterna con todos los individuos que han sido voluntarios en los estudios de investigación de mi laboratorio, y con todos los que trabajan en él y que, con la visión compartida de convertir el mundo en un lugar mejor, han formado un gran equipo para desarrollar nuestro trabajo: Alex[andra] Roy, Prasanta Pal, Veronique Taylor, Isabelle Moseley, Bill Nardi, Shufang Sun, Vera Ludwig, Lindsey Krill, May Gao, Remko van Lutterveld, Susan Druker, Edith Bonnin, Alana Deluty, Pablo Abrante, Katie Garrison, entre otros. Mis pacientes son una constante fuente de inspiración y humildad, y me han enseñado más sobre la práctica de la psiquiatría y la medicina que cualquier libro de texto.

Muchas gracias a mi editora, Caroline Sutton, que entre otras penetrantes observaciones tuvo la brillante idea de convertir la ansiedad en el foco central de este libro, y a Luke Dempsey, que con su método socrático de edición ha llevado mi escritura a un nivel superior. Josh Roman me ha ayudado, con gran competencia, a dar forma y a expresar ideas a lo largo de los años; muchas de ellas aparecen en los capítulos de este libro. Caitlin Stulberg ha hecho un fantástico trabajo encontrando pasajes confusos, así como en la corrección del libro.

Quiero dar las gracias a mi mujer, Mahri Leonard-Fleckman, que, además de ser la mejor compañera de vida que pueda imaginar, dio con el título *Deshacer la ansiedad*. También estoy en deuda con mi agente, Melissa Flashman, que ha sido decisiva en la promoción del libro.

He tenido la suerte de trabajar estrechamente con Robin Boudette y Jacqui Barnett ayudando a los demás a superar los hábitos inútiles y descubrir los superpoderes internos de la curiosidad y la bondad. He aprendido mucho de nuestro trabajo juntos. Me gustaría dar las gracias a Rob Suhoza, con quien he mantenido varias conversaciones iluminadoras que me han aportado color y lucidez a la hora de dar vida a ciertos conceptos en este libro. Mis caminatas y paseos en bicicleta con Coleman Lindsley me han ayudado a mostrar y expresar mis ideas sobre la vida (un paseo en concreto en torno al estanque Walden me fue de gran utilidad para articular las semejanzas y diferencias entre el estrés y la ansiedad).

Cierto número de personas se han ofrecido voluntarias no solo para leer los diversos bocetos de este libro, sino para aportar comentarios y sugerencias meticulosas; entre ellas, Alice Brewer, Vivienne Keegan, Mark Mitchnick, Michael Irish, Brad Stulberg, Kevin Hawkins, Amy Burke, Michaella Baker, Abigail Tisch, Mitch Abblett, Jennifer Banks, Leigh Brasington, Jaime Mello y otros a los que he podido olvidar mencionar sin querer.

Quiero dar las gracias a Julia Miroshnichenko por crear las ilustraciones de tablas y gráficos.

NOTAS

1. La ansiedad se hace viral

1. *The Letters of Thomas Jefferson 1743-1826*; <http://www.let.rug.nl/usa/presidents/thomas- jefferson/letters-of-thomas-jefferson/jefl242.php>.

2. T. Jefferson, carta a John Homles, 22 de abril de 1820; T. Jefferson, carta a Thomas Cooper, 10 de septiembre de 1814; T. Jefferson, carta a William Short, 8 de septiembre de 1823.

3. Anxiety and Depression Association of America, «Managing Stress and Anxiety»; <https://adaa.org/living-with-anxiety/managing-anxiety>.

4. National Institute of Mental Health, «Any Anxiety Disorder», 2017; <https:// www.nimh.nih.gov/health/statistics/any-anxiety-disorder.shtml>.

5. Encuesta de Opinión Pública APA, 2018; <https://www.psychiatry.org/newsroom/apa-public-opinion- poll-annual-meeting-2018>.

6. «By the Numbers: Our Stressed-Out Nation»; <https://www.apa.org/monitor/2017/12/numbers>.

7. A. M. Ruscio *et al.*, «Cross-Sectional Comparison of the Epidemiology of DSM-5 Generalized Anxiety Disorder Across the Globe», *JAMA Psychiatry*, vol. 74, n.° 5, 2017, págs. 465-475; doi:10.1001/jamapsychiatry.2017.0056.

8. Y. Huang y N. Zhao, «Generalized Anxiety Disorder, Depressive Symptoms and Sleep Quality During COVID-19 Outbreak in China: A Web-Based Cross-Sectional Survey», *Psychiatry Research*, 2020, 112954; doi: 1.1016/j.psychres.2020.112954.

9. M. Pierce *et al.*, «Mental Health Before and During the COVID-19 Pandemic: A Longitudinal Probability Sample Survey of the UK Population», *The Lancet Psychiatry*, 21 de julio de 2020; doi: 10.1016/S2215-0366(20)30308-4.

10. E. E. McGinty *et al.*, «Psychological Distress and Loneliness Reported by US Adults in 2018 and April 2020», *JAMA*, 324, n.º 1, 2020, págs. 93-94; doi: 10.1001/jama.2020.9740.

11. D. Vlahov *et al.*, «Sustained Increased Consumption of Cigarettes, Alcohol, and Marijuana Among Manhattan Residents After September 11, 2001», *American Journal of Public Health*, vol. 94, n.º 2, 2004, págs. 253-254; doi: 10.2105/ajph.94.2.253.

12. V. I. Agyapong *et al.*, «Prevalence Rates and Predictors of Generalized Anxiety Disorder Symptoms in Residents of Fort McMurray Six Months After a Wildfire», *Frontiers in Psychiatry*, vol. 9, 2018, pág. 345; doi:10.3389/fpsyt.2018.00345.

2. El nacimiento de la ansiedad

1. Esto merece un análisis más profundo, que se encuentra más allá del propósito de este libro. Si te interesa ampliar tus conocimientos sobre los aspectos científicos relacionados con esta cuestión, te recomiendo el libro de Robert M. Sapolsky, *Why Zebras Don't Get Ulcers*, 3.ª ed., Nueva York, Holt, 2004 (trad. cast.: *¿Por qué las cebras no tienen úlcera?*, Madrid, Alianza, 2019). Para comprender cómo todo esto se relaciona con los traumas y disponer de consejos y herramientas prácticas para liberarnos de la energía con seguridad, véase Bessel van der Kolk, *The Body Keeps the Score*, Nueva York, Penguin, 2015 (trad. cast.: *El cuerpo lleva la cuenta*, Barcelona, Elephteria, 2015), y Resmaa Menakem, *My Grandmother's Hands*, Las Vegas, NV, Central Recovery Press, 2017.

2. A. Chernev, U. Böckenholt y J. Goodman, «Choice Overload: A Conceptual Review and Meta-Analysis», *Journal of Consumer Psychology*, vol. 25, n.º 2, 2015, págs. 333-358; doi: 10.1016/j.jcps.2014.08.002.

3. Y. L. A. Kwok, J. Gralton y M.-L. McLaws, «Face Touching: A Frequent Habit That Has Implications for Hand Hygiene», *American Journal of Infection Control*, vol. 43, n.º 2, 2015, págs. 112-114; doi: 10.1016/j.ajic.2014.10.015.

6. Por qué han fracasado tus anteriores estrategias contra la ansiedad (y contra los hábitos)

1. B. Resnick, «Why Willpower Is Overrated», *Vox*, 2 de enero de 2020.

2. D. Engber, «Everything Is Crumbling», *Slate*, 16 de marzo de 2016.

3. M. Milyavskaya y M. Inzlicht, «What's So Great About Self-Control? Examining the Importance of Effortful Self-Control and Temptation in Predicting Real-Life Depletion and Goal Attainment», *Social Psychological and Personality Science*, vol. 8, n.° 6, 2017, págs. 603-611; doi: 10.1177/19485506 16679237.

4. A. F. T. Arnsten, «Stress Signalling Pathways That Impair Prefrontal Cortex Structure and Function», *Nature Reviews Neuroscience*, vol. 10, n.° 6, 2009, págs. 410-422; doi: 10.1038 /nrn2648; A. F. T. Arnsten, «Stress Weakens Prefrontal Networks: Molecular Insults to Higher Cognition», *Nature Neuroscience*, vol. 18, n.° 10, 2015, págs. 1376-1385; doi: 10.1038/nn.4087; A. F. T. Arnsten *et al.*, «The Effects of Stress Exposure on Prefrontal Cortex: Translating Basic Research into Successful Treatments for Post-Traumatic Stress Disorder», *Neurobiology of Stress*, vol. 1, 2015, págs. 89-99; doi: 10.1016/j.ynstr.2014.10.002.

5. B. M. Galla y A. L. Duckworth, «More Than Resisting Temptation: Beneficial Habits Mediate the Relationship Between Self-Control and Positive Life Outcomes», *Journal of Personality and Social Psychology*, vol. 109, n.° 3, 2015, págs. 508-525; doi: 10.1037/pspp0000026.

6. C. S. Dweck, *Mindset: The New Psychology of Success*, Nueva York, Random House Digital, 2006 (trad. cast.: *Mindset: la actitud del éxito*, Málaga, Sirio, 2016).

7. J. A. Brewer *et al.*, «Mindfulness Training for Smoking Cessation: Results from a Randomized Controlled Trial», *Drug and Alcohol Dependence*, vol. 119, n.os 1-2, 2011, págs. 72-80; doi: 10.1016/j.drugalcdep.2011 .05.027.

7. Historia de Dave, primera parte

1. R. M. Yerkes y J. D. Dodson, «The Relation of Strength of Stimulus to Rapidity of Habit Formation», *Journal of Comparative Neurology and Psychology*, vol. 18, n.° 5, 1908, págs. 459-482; doi: 10.1002/cne.920180503.

2. H. J. Eysenck, «A Dynamic Theory of Anxiety and Hysteria», *Journal of Mental Science*, vol. 101, n.º 422, 1955, págs. 28-51; doi: 10.1192/bjp.101.422.28.

3. P. L. Broadhurst, «Emotionality and the Yerkes-Dodson Law», *Journal of Experimental Psychology*, vol. 54, n.º 5, 1957, págs. 345-352; doi: 10.1037/h0049114.

4. L. A. Muse, S. G. Harris y H. S. Feild, «Has the Inverted-U Theory of Stress and Job Performance Had a Fair Test?», *Human Performance*, vol. 16, n.º 4, 2003, págs. 349-364; doi: 10.1207/S15327043HUP1604_2.

8. Unas breves palabras sobre mindfulness

1. M. A. Killingsworth y D. T. Gilbert, «A Wandering Mind Is an Unhappy Mind», *Science*, vol. 330, n.º 6.006, 2010, pág. 932; doi: 10.1126/science.1192439.

2. M. E. Raichle *et al.*, «A Default Mode of Brain Function», *Proceedings of the National Academy of Sciences of the United States of America*, vol. 98, n.º 2, 2001, págs. 676-682; doi: 10.1073/pnas.98.2.676.

3. J. A. Brewer, K. A. Garrison y S. Whitfield-Gabrieli, «What About the 'Self' Is Processed in the Posterior Cingulate Cortex?», *Frontiers in Human Neuroscience*, vol. 7, 2013, pág. 647; doi: 10.3389/fnhum.2013.00647; J. A. Brewer, *The Craving Mind: From Cigarettes to Smartphones to Love: Why We Get Hooked and How We Can Break Bad Habits*, New Haven, CT, Yale University Press, 2017.

4. Y. Millgram *et al.*, «Sad as a Matter of Choice? Emotion-Regulation Goals in Depression», *Psychological Science*, vol. 26, n.º 8, 2015, págs. 1216-1228; doi: 10.1177/0956797615583295.

5. J. A. Brewer *et al.*, «Meditation Experience Is Associated with Differences in Default Mode Network Activity and Connectivity», *Proceedings of the National Academy of Sciences of the United States of America*, vol. 108, n.º 50, 2011, págs. 20254-20259; doi: 10.1073/pnas.1112029108.

6. K. A. Garrison *et al.*, «Effortless Awareness: Using Real Time Neurofeedback to Investigate Correlates of Posterior Cingulate Cortex Activity in Meditators' Self-Report», *Frontiers in Human Neuroscience*, vol. 7, 2013, págs. 440; doi:10.3389/fnhum.2013.00440; K. A. Garrison *et al.*, «Real-Time fMRI Links Subjective Experience with Brain Activity During Focused Attention», *Neuroimage*, vol. 81, 2013, págs. 110-118; doi: 10.1016/j.neuroimage.2013.05.030.

7. A. C. Janes *et al.*, «Quitting Starts in the Brain: A Randomized Controlled Trial of App-Based Mindfulness Shows Decreases in Neural Responses to

Smoking Cues That Predict Reductions in Smoking», *Neuropsychopharmacology*, vol. 44, 2019, págs. 1631-1638; doi: 10.1038/s41386-019-0403.

9. ¿Cuál es tu tipo de personalidad mindfulness?

1. N. T. Van Dam *et al.*, «Development and Validation of the Behavioral Tendencies Questionnaire», *PLoS One*, vol. 10, n.º 11, 2015, e0140867; doi: 10.1371/journal.pone.0140867.
2. B. Buddhaghosa, *The Path of Purification*, Onalaska, WA, BPS Pariyatti Publishing, 1991, pág. 104.

10. Cómo toma decisiones tu cerebro (por qué preferimos el pastel al brócoli)

1. S. E. Thanarajah *et al.*, «Food Intake Recruits Orosensory and Post-Ingestive Dopaminergic Circuits to Affect Eating Desire in Humans», *Cell Metabolism*, vol. 29, n.º 3, 2019, págs. 695-706.e4; doi: 10.1016/j.cmet.2018.12.006.
2. M. L. Kringelbach y E. T. Rolls, «The Functional Neuroanatomy of the Human Orbitofrontal Cortex: Evidence from Neuroimaging and Neuropsychology», *Progress in Neurobiology*, vol. 72, n.º 5, 2004, págs. 341-372; doi: 10.1016/j.pneurobio.2004.03.006; J. O'Doherty *et al.*, «Abstract Reward and Punishment Representations in the Human Orbitofrontal Cortex», *Nature Neuroscience*, vol. 4, n.º 1, 2001, págs. 95-102; doi: 10.1038/82959.
3. M. L. Kringelbach, «The Human Orbitofrontal Cortex: Linking Reward to Hedonic Experience», *Nature Reviews Neuroscience*, vol. 6, n.º 9, 2005, págs. 691-702; doi: 10.1038/nrn1747.
4. J. A. Brewer, «Mindfulness Training for Addictions: Has Neuroscience Revealed a Brain Hack by Which Awareness Subverts the Addictive Process?», *Current Opinion in Psychology*, vol. 28, 2019, págs. 198-203; doi: 10.1016/j.copsyc.2019.01.014.
5. <https://www.latimes.com/nation/nationnow/la-na-nn-marlboro-men-20140127-story.html>.

12. Aprende del pasado (y crece a partir de él)

1. C. S. Dweck, *Mindset: The New Psychology of Success*, *op. cit.*

13. Ajusta la dosis: el experimento con chocolate de Dana Small

1. D. M. Small *et al.*, «Changes in Brain Activity Related to Eating Chocolate: From Pleasure to Aversion», *Brain*, vol. 124, n.º 9, 2001, págs. 1720-1733; doi:10.1093/brain/124.9.1720.

2. A. L. Beccia *et al.*, «Women's Experiences with a Mindful Eating Program for Binge and Emotional Eating: A Qualitative Investigation into the Process of Behavioral Change», *Journal of Alternative and Complementary Medicine*, *online* antes de la impresión, 14 de julio de 2020; doi: 10.1089/acm.2019.0318.

3. J. A. Brewer *et al.*, «Can Mindfulness Address Maladaptive Eating Behaviors? Why Traditional Diet Plans Fail and How New Mechanistic Insights May Lead to Novel Interventions», *Frontiers in Psychology*, vol. 9, 2018, pág. 1418; doi: 10.3389/fpsyg.2018.01418.

14. ¿Cuánto tiempo se tarda en cambiar un hábito?

1. P. Lally *et al.*, «How Are Habits Formed: Modelling Habit Formation in the Real World», *European Journal of Social Psychology*, vol. 40, n.º 6, 2010, págs. 998-1009; doi: 10.1002/ejsp.674.

2. M. A. McDannald *et al.*, «Model-Based Learning and the Contribution of the Orbitofrontal Cortex to the Model-Free World», *European Journal of Neuroscience*, vol. 35, n.º 7, 2012, págs. 991-996; doi: 10.1111/j.1460-9568.2011.07982.x; R. A. Rescorla y A. R. Wagner, «A Theory of Pavlovian Conditioning: Variations in the Effectiveness of Reinforcement and Nonreinforcement», en A. H. Black y W. F. Prokasy (comps.), *Classical Conditioning II: Current Research and Theory*, Nueva York, Appleton-Century-Crofts, 1972, págs. 64-99.

3. Boll *et al.*, *European Journal of Neuroscience*, vol. 37, 2013, págs. 758-767.

4. V. Taylor *et al.*, «Awareness Drives Changes in Reward Value and Predicts Behavior Change: Probing Reinforcement Learning Using Experience Sampling from Mobile Mindfulness Training for Maladaptive Eating», en prensa.

5. A. E. Mason *et al.*, «Testing a Mobile Mindful Eating Intervention Targeting Craving-Related Eating: Feasibility and Proof of Concept», *Journal of Behavioral Medicine*, vol. 41, n.º 2, 2018, págs. 160-173; doi: 10.1007/s10865-

017-9884-5; V. U. Ludwig, K. W. Brown y J. A. Brewer, «Self-Regulation Without Force: Can Awareness Leverage Reward to Drive Behavior Change?», *Perspectives on Psychological Science*, agosto de 2020; doi: 10.1177/1745691620931460; A. C. Janes *et al.*, «Quitting Starts in the Brain: A Randomized Controlled Trial of App-Based Mindfulness Shows Decreases in Neural Responses to Smoking Cues That Predict Reductions in Smoking», *Neuropsychopharmacology*, vol. 44, 2019, págs. 1631-1638; doi: 10.1038/s41386-019-0403-y.

15. La oferta imbatible

1. W. Hofmann y L. Van Dillen, «Desire: The New Hot Spot in Self-Control Research», *Current Directions in Psychological Science*, vol. 21, n.° 5, 2012, págs. 317-322; doi: 10.1177/0963721412453587.

2. Wikipedia, «Cognitive Behavioral Therapy», <https://en.wikipedia.org/wiki/Cognitive_behavioral_therapy>.

3. Hofmann y Van Dillen, «Desire: The New Hot Spot in Self-Control Research», art. cit.

4. M. Moss, «The Extraordinary Science of Addictive Junk Food», The *New York Times Magazine*, 20 de febrero de 2013; <https://www.nytimes.com/2013/02/24/magazine/the-extraordinary-science-of-junk-food.html>.

5. O. Solon, «Ex-Facebook President Sean Parker: Site Made to Exploit Human "Vulnerability"», *The Guardian*, 9 de noviembre de 2017; <https://www.theguardian.com/technology/2017/nov/09/facebook-sean-parker-vulnerability-brain-psychology>.

6. A. F. T. Arnsten, «Stress Weakens Prefrontal Networks: Molecular Insults to Higher Cognition», *Nature Neuroscience*, vol. 18, n.° 10, 2015, págs. 1376-1385; doi: 10.1038/nn.4087; A. F. T. Arnsten, «Stress Signalling Pathways That Impair Prefrontal Cortex Structure and Function», *Nature Reviews Neuroscience*, vol. 10, 2009, págs. 410-422; doi: 10.1038/nrn2648.

7. J. A. Brewer, «Feeling Is Believing: The Convergence of Buddhist Theory and Modern Scientific Evidence Supporting How Self Is Formed and Perpetuated Through Feeling Tone (Vedanā)», *Contemporary Buddhism*, vol. 19, n.° 1, 2018, págs. 113-126; doi: 10.1080/14639947.2018.1443553; J. A. Brewer, «Mindfulness Training for Addictions: Has Neuroscience Revealed a Brain Hack by Which Awareness Subverts the Addictive Process?», *Current Opinion in Psychology*, vol. 28, 2019, págs. 198-203; doi: 10.1016/j.copsyc.2019.01.014.

8. K. A. Garrison *et al.*, «Effortless Awareness: Using Real Time Neurofeedback to Investigate Correlates of Posterior Cingulate Cortex Activity in Meditators' Self-Report», *Frontiers in Human Neuroscience*, vol. 7, 2013, pág. 440; doi: 10.3389/fnhum.2013.00440.

16. La ciencia de la curiosidad

1. W. Neuman, «How Long Till Next Train? The Answer Is Up in Lights», The *New York Times*, 17 de febrero de 2007.

2. Transcripción de una entrevista con Leon Lederman por Joanna Rose, 7 de diciembre de 2001; <https://www.nobelprize.org/prizes/physics/1988/lederman/26243-interview-transcript-1988-3>.

3. J. A. Litman y P. J. Silvia, «The Latent Structure of Trait Curiosity: Evidence for Interest and Deprivation Curiosity Dimensions», *Journal of Personality Assessment*, vol. 86, n.º 3, 2006, págs. 318-328; doi: 10.1207/s15327752jpa8603_07.

4. M. J. Gruber, B. D. Gelman y C. Ranganath, «States of Curiosity Modulate Hippocampus-Dependent Learning Via the Dopaminergic Circuit», *Neuron*, vol. 84, n.º 2, 2014, págs. 486-496; doi: 10.1016/j.neuron.2014 .08.060.

5. T. C. Blanchard, B. Y. Hayden y E. S. Bromberg-Martin, «Orbitofrontal Cortex Uses Distinct Codes for Different Choice Attributes in Decisions Motivated by Curiosity», *Neuron*, vol. 85, n.º 3, 2015, págs. 602-614; doi: 10.1016/j.neuron.2014.12.050.

6. Albert Einstein, «Old Man's Advice to Youth: "Never Lose a Holy Curiosity"», *Life*, 2 de mayo de 1955, pág. 64.

19. Todo lo que necesitas es amor

1. J. A. Brewer, *The Craving Mind*, *op. cit.*; K. A. Garrison *et al.*, «BOLD Signal and Functional Connectivity Associated with Loving Kindness Meditation», *Brain and Behavior*, vol. 4, n.º 3, 2014; doi: 10.1002/brb3.219.

20. El bucle del hábito del porqué

1. C. Darwin, *The Expression of the Emotions in Man and Animals*, Nueva York, Oxford University Press, 1998 (trad. cast.: *La expresión de las emociones en los animales y en el hombre*, Madrid, Alianza, 1998).

2. D. H. Lee, J. M. Susskind y A. K. Anderson, «Social Transmission of the Sensory Benefits of Eye Widening in Fear Expressions», *Psychological Science*, vol. 24, n.º 6, 2013, págs. 957-965; doi: 10.1177/09567976 12464500.

21. Incluso los médicos sufren ataques de pánico

1. American Psychiatric Association, *Diagnostic and Statistical Manual of Mental Disorders (DSM- 5)*, Washington, D. C., American Psychiatric Association Publishing, 2013.

23. Sobriedad en la ansiedad

1. C. Darwin, *The Descent of Man and Selection in Relation to Sex*, vol. 1, Nueva York, D. Appleton, 1896, pág. 72 (trad. cast.: *El origen del hombre y la selección en relación al sexo*, Madrid, Edaf, 2012).

2. D. Keltner, «The Compassionate Instinct», *Greater Good Magazine*, 1 de marzo de 2004.

3. *Diagnostic and Statistical Manual of Mental Disorders (DSM-5)*. Martin Luther King Jr., «Letter from Birmingham Jail»; <https://www.africa.upenn.edu/Articles_Gen/Letter_Birmingham.html>.

ÍNDICE ONOMÁSTICO Y DE MATERIAS